KU-714-510

大败局

吴晓波◎著

ZHEJIANG UNIVERSITY PRESS
浙江大学出版社

关于“中国式失败”的思考

企业兴盛或衰落、股市繁荣或崩溃、战争与经济萧条，一切都周而复始，但它们似乎总是在人们措手不及的时候来临。

——彼得·伯恩斯坦《风险》

在《大败局》出版6年之后，我决意写作《大败局Ⅱ》。在这个被英特尔公司的传奇拯救者安德鲁·格鲁夫称为“10倍数变革”的数字化年代，6年已足以让一个商业帝国崛起，而我只不过又写了9个企业的兴衰史——我甚至还不能像6年前那样写出10个。

本书所记录的败局均发生在2000年到2007年之间，将它们与《大败局》中的失败案例合在一起来阅读，你将可以看到过去10年里发生在中国商业界的众多兴衰往事。在任何一个商业社会中，成功永远是偶然的和幸运的，而失败则无所不在。商业，就本质而言，是一个关于幸存者的游戏；对企业家来说，失败则是职业生涯的一部分。这是一件让人遗憾、但不可耻的事情，失败往往伴随着伟大的创新和冒险。从某种意义上而言，正是燃烧在企业家内心的那股不甘平庸的勃勃野心，在一次次地颠覆着陈旧的秩序，掀起并发动了商业上的巨浪与革命。

这些年来，我一直在探寻中国企业的失败基因。现在，我称之为“中国式失败”。

“中国式失败”的前提是，存在一个独特的中国式商业环境。在过去的30年里，中国一直处在一个剧烈转型的时代，法制在建设和完善之中，冒险者往往需要穿越现行的某些法规才能成功，这造成很多企业不时运行于灰色的中间地带，企业家不可避免地遭遇商业之外的众多挑战。正如财经专栏作家覃里雯所描述的：“这是一片正在被驯服的莽林，光线正在透入，但是很多地方依然被高大的林木遮蔽，市场经济在很大程度上尚未完全脱离计划经济的子宫，政策的变化依然可以随时摧毁民营企业家脆弱的、积攒多年的心血与精力。”

与此同时，这还是一个有“资本身份”的环境。跟几乎所有发达的商业国家不同的是，我们拥有一个强大的国有资本集团，它们构成了这个国家最重要的资本支柱力量，对这部分资本的变革、壮大和保护是中国国有企业改革最主要的方针和使命之一。与其相伴随的是，国际资本在中国一直受到税收等多个方面的优待，而萌芽于民间的民营资本力量则在成长的过程中处于不利的地位。三大资本在中国经济舞台上的博弈，构成了所有经济现象产生的基本原因。**很显然，对于在竞争中处于弱势地位的民营企业家来说，他们必须学着去警惕及防范纯商业思维之外的种种风险。这种环境分析能力及所需要的应对智慧，并不是西方管理学抑或欧美大牌商学院教授所能够传授的。**

“中国式失败”之一：政商博弈的败局

如果说6年前出版的《大败局》中讲述的大多是经营性败局的话，那么，在《大败局Ⅱ》中则有不少政商博弈的失败案例。在某种意义上，它具有更为鲜明和独特的中国式特征。

在本书中，我们至少可以看到三种政商博弈的景象：

——产权明晰化过程中的政商破裂。从1998年起，中央开始实施“国退民进”战略，国有资本逐渐从完全竞争性领域中次第退出，大规模的企业产权变革由此开始。据国资委统计，从1998年到2003年，国有及国有控股企业户数从23.8万户锐减到15万户，减少了40％。这些企业要么消失，要么改变了产权属性。在这个过程中，一些地方政府与企业家之间发生了产权明晰化思路上的分歧，最终，前者因种种原因选择了抛弃后者的策略。这种破裂直接导致了企业的快速衰败。科龙、健力宝两个案例堪称经典。这两家企业都是在创业型企业家和地方政府的共同艰苦努力下成长起来的，最终却因双方沟通破裂而酿成悲剧。

——宏观调控中的利益分野。在中国企业的发展历程中，宏观调控往往要作为一个半周期性的因素来加以考虑。从1981年开始，中国经济每隔3到5年必有一次宏观调控，而每次整治的重点对象便是民营企业。近年来，随着国有资本在垄断性行业中的权重越来越大，其调控的行业性排斥特征也越来越明显。有些民营企业冒险突进上游重工行业或垄断性领域，其政策风险便往往大于任何经营上的风险。在2004年春夏之际，中国经济进入了新一轮的宏观调控，在重点治理的行业中，便出现了很多著名的败局，如资本市场的德隆、房地产业的顺驰、钢铁行业的铁本等等，它们都因为对宏观形势的判断失误而马失前蹄。

——地方利益竞争格局中的牺牲者。香港的张五常教授认为，中国经济的发展整个儿就是区域激烈竞争的产物。这种状况直接导致了地方经济的快速发展，从而形成了一股自下而上的改革浪潮。同时，它也在客观上造成了资源的区域性分割，相互以邻为壑，楚汉分明，而那些试图通过全国性布局以形成整合优势的企业则很可能在无意间陷入这种利益之争中。在华晨案例中，我们即可看到中国汽车产业最富想象力的企业家仰融如何失陷于此。

诞生于市场竞争领域的民营企业在政商博弈中的弱势地位有目共睹，企业家们为之付出的代价也可谓“血流成河”。企业家冯仑甚至认为：“面对国有资本，民营资本只有始终坚持合作而不竞争、补充而不替代、附属而不僭越的立场，才能进退自如，持续发展。”在今后相当长的时间里，如何有技巧地游刃于越来越错综复杂的政商博弈之中，将成为考验中国企业家的最大挑战。

在中国，企业家应当与政治保持怎样的距离，是一个已经被谈论了将近30年的话题。中国的经济成长越来越呈现出国家商业主义的特征。在未来的数年内，财富积累的重点将主要集中在两大领域：其一是以互联网和移动信息技术为中心，将会有大量的新兴行业和成长机会产生，很多传统行业将在这种变革中被急剧洗牌，利益将在新的交易平台上进行重新分配；其二是以垄断性资源为中心，将发生一系列的资本重组活动，拥有这些资源的政府将把大量的垄断机会以市场化方式出售，而在这一过程中，跨国公司以及民营资本的政治博弈技巧便显得非常重要。往往，巧妙腾挪与弄巧成拙只有一线之隔，一朝得手与稳健拥有不可同日而语。

“中国式失败”之二:创业“原罪”的困扰

“原罪”是一个舶来的宗教名词,在企业界却是一个正宗的中国式拷问。

在过去的30年里,中国企业家阶层经历了数次公众形象的变迁。改革开放最初期,他们是致富的能人和改革家,是一群勇于打破旧体制、改变自己命运的人。一度,他们甚至还被视为走共同富裕之路的带头人,是“国家的新英雄”。当时,对企业家的称颂日渐成为社会主流的声音,就跟20世纪初的美国社会一样,中国进入了一个对商业顶礼膜拜并深信技术进步将洗去一切贫困、不平和忧伤的时代,年轻的知识界也开始朗诵起亨利·卢斯的那句名言:“商人必须被当作最伟大的职业。”

而随着社会商业化程度的日益提高,特别是社会贫富差距的逐渐拉大,人们也与此同时开始质疑企业家财富聚集的正当性。在一个制度渐变的转型国家,任何商业上的突破和创新都意味着可能与现行法制发生冲突,因此便存在着无数的“灰色地带”,几乎所有的企业家在企业初创期的原始积累阶段都有过种种灰色行为。2003年10月,在云南弥勒举行的一次企业家论坛上,主持人请问在座的数百位企业家:“谁敢说你们没行过贿?没有行过贿的请举手!”据当时在场的万科董事长王石记录:“在座的老总就开始你看我,我看你,过了一会儿开始有人举手了,举手的姿势很缓慢,像做贼心虚似的,最后有五六位举手。我想在当时的氛围中,大家都默认:在多数新兴企业中,一定存在行贿,不行贿是不正常的。”很显然,对“原罪”的质疑,既是部分的事实,也是贫富差距拉大后公众心理失衡造成的。企业家身上的“改革者光环”已经日渐褪去,他们渐渐变成了一个独立的、高高在上的却始终被一层质疑的目光环绕着的“金色阶层”。

过去的这些年里,在所有关于中国企业的成长史描述中,都绕不开“原罪”,它仿佛成了悬在企业家头上的达摩克利斯之剑。对“原罪”的清算、否认或道德性批判都不能完全破解这个沉重的难题。透过《大败局》、《大败局Ⅱ》收录的19个案例,我们发现了下述事实:

企业“原罪”是一个变革时代的必然现象。在一个转型时代,任何变革便意味着对现有体制的突破。因此,“天然”地带有违反现行法规的性质,这其实不是某些人的“原罪”,而可以说是一个时代的“原罪”。这一转型时代的特征使很多企业家始终无法完全站立在阳光之下,也造成了很多貌似“偶然”的落马事件。

企业“原罪”是制度建设滞后的产物。中国企业改革的“自下而上”特征，决定了制度的变革往往会落后于企业的实践，使企业家自然养成了“绕道前行”的职业习惯。这也最终成为企业“原罪”滋生的缘由之一。有时候，“原罪”甚至是政商共谋的结果。在铁本案中，我们发现，为了促使钢铁项目的上马，地方政府曾主动为企业出谋划策，将项目分块切小，规避现有的申报制度。当企业最终遭到惩罚的时候，这一切便都成了“原罪”的证据。

企业“原罪”是“监管真空”所纵容出来的产物。在很多企业案例中，我们看到，企业家因自己的行为不被制度所容而铤而走险，但相关的监管部门却令人吃惊地没有恪守监管之责，以致违规行为日渐猖獗。于是，那些冒险者要么成就霸业，要么造成无比惨烈的悲剧。这一特征在资本市场上尤为明显，在吕梁的“中科系”案以及唐万新的德隆案中，其违规手法之大胆和明显都已到了路人皆知的地步，但在相当长的时间里却不见监管者的踪迹，以致其崩塌之际也造成了重大的社会恶果。

当今中国的商业界仍处于潜规则太多的时期。正如学者余秋雨对中国历史所观察的那样，“我们的历史太长、权谋太深、兵法太多、黑箱太大、内幕太厚、口舌太贪、眼光太杂、预计太险，因此，对一切都‘构思过度’”。**我们至今缺少对一种简单而普适的商业逻辑的尊重，缺少对公平透明的游戏规则的遵守，缺少对符合人性的商业道德的敬畏。所有这一切都使得中国企业的神话或悲剧难以避免地蒙上了一层莫名的灰色。**

这个时代，在许多人的眼里，没有对错之分，只有生生不息的成长。事实上，一个国家的商业法则的成熟与确立，往往同那一代企业家的实践和遭遇是分不开的。荣·切尔诺在《洛克菲勒传》中揭示了一个现象：“洛克菲勒和他那一代商业巨子，在经商中表现出来的无与伦比的才智和贪婪，直截了当地向美国提出了有关规模经济、财富分配、企业与政府之间应保持何种关系等一些十分棘手的问题。”这种互动最终推动美国的经济立法及商业精神趋向成熟。而关于“原罪”的讨论、反思及清算，也是中国商业环境日渐成熟的标志。

在这个意义上，“原罪” 最终将是一个伟大世纪生成过程中让人尴尬却很难避免的“黑点”。

“中国式失败”之三：职业精神的缺失

在讨论“中国式失败”的时候，除了体制和制度问题之外，我们还得着眼于“中国式企业家性格”。

哈佛商学院的管理学教授克里斯·阿基里斯曾经写道:“许多具有专业知识及天分极高的人几乎总能做成他们要做的事,所以他们极少有失败的经验,而正因为他们极少失败,所以他们从来不曾学过如何在失败中汲取教训。”

出现在本书中的企业家,都是他们那一代人中的不世豪杰。跟《大败局》中的众多草莽人物相比,一个让人印象深刻的区别是,他们中的不少人拥有令人羡慕的高学历,他们中有教授(宋如华)、发明家(顾雏军)、博士(仰融)、军医(赵新先)、作家(吕梁)以及哈佛商学院总裁班学员(孙宏斌)等等。他们也并非对风险毫不在意,如托普的宋如华在创业之初就曾经专门拜访过落难中的牟其中和史玉柱,向他们当面讨教失败教训。甚至在公司的规范化经营及战略设计上,这些公司也与当年《大败局》中的企业不可同日而语。华晨、德隆、三九及健力宝等公司都曾经重金聘请全球最优秀的咨询公司为其服务,德隆的唐万新甚至还有一个拥有150名研究员的战略研究部门。

然而,败局却如同宿命般地一个个突然降临。在公众眼里,它们倾覆的表象与内因似乎总笼罩着一层莫名的迷雾。但是,当我们将它们进行一番梳理之后竟发现,尽管这些企业的规模已经远远大于当年的三株、秦池,而从失败的“技术含量”来说并没有提高的迹象。

它们仍然失陷于两个因素——

其一,违背了商业的基本逻辑。绝大多数的失败仍然与违背常识有关。在托普、顺驰等案例中我们都可以看到,当企业家冒险突进的时候,所有的业界领袖以及他本人都知道这将是一次无比凶险的大跃进,它不符合一家企业正常成长的逻辑,在现金流、团队及运营能力方面都无法保证常规的运作。所以,它们最后的倾覆变成了一个“理所当然”的败局。从这些败局中,我们可以得出这样的结论:**绝大多数的失败都是因为忽视了经营管理最基本的原则,失去了对管理本质的把握。**

其二,企业家内心欲望的膨胀。对于企业家来说,你很难分清楚“野心”与“梦想”到底有什么区别。拿破仑说过的那句名言“不想当元帅的士兵不是好士兵”被引用了无数遍,它似乎永远是适用的。这是一个不讲究出身与背景的竞技场,机会永远属于那些勇于追求的人。然而,商业终归是一场有节制的游戏,任何超出能力极限的欲望,都将引发可怕的后果。

在《大败局Ⅱ》中,我们更多地看到了一种“工程师+赌徒”的商业人格模式。他们往往有较好的专业素养，在某些领域有超人的直觉和运营天赋，同时更有着不可遏制的豪情赌性，敢于在机遇降临的那一刻倾命一搏。这是企业家职业中最惊心动魄的一跳，成者上天堂，败者落地狱，其微妙性完全取决于天时、地利与人和等因素。

在商业中没有什么是必然的。如果孙宏斌满足于在天津城里当地产大王，如果戴国芳不去长江边建他的大钢厂，如果宋如华专心经营一个软件园，如果顾雏军买进科龙后不再从事其他收购活动，如果唐万新就只专注于他的“三驾马车”，那么，也许所有的败局都不会发生。但是，这样的假设又是不成立的，因为，他们崛起于一个狂热的商业世纪，这个时代给予了那些身处其中的人们太多的诱惑与想象空间，它让每个人都梦想自己在一夜之间能成为一个超越平凡的人。所以，最好的与最坏的结局往往一体两面。但这并不是说所有的悲剧都必然会发生，相反，如果说跨越式的成长是中国企业勇于选择的道路的话，那么，如何在这样的过程中尽可能地规避及消解所有的危机，则是一个十分迫切而必要的命题。

《大败局》、《大败局Ⅱ》所提供的19个案例，正是在这方面给出了反面的教材。我们看到，绝大多数的失败都是因为忽视了经营管理最基本的原则，从而在相当程度上导致了经营的惨败和自信心的丧失。在写作这些案例的时候，我不由得会想起宋代理学家朱熹的那句被咒骂了数百年的格言——“存天理，灭人欲”。对于企业家来说，“存商理，灭人欲”也许是一个值得记取的生存理念。

在苦难中学习成长

这是一个还没有老去的时代，你听到的每一个商业故事都是那么鲜活，你见到的每一个创业者都充满了无限的野心。所有我们从苦难中学到的东西，都不会没有价值。所有的牺牲、失败，对于未来而言都是值得的。美国前总统西奥多·罗斯福在很多年前曾经说道：“我们多么幸运。我们不时遇到麻烦和灾难，我们不能期望逃离生命中的灰暗时期——因为以辉煌或金色为落日的生命不是常有的。”

生命如此，国家如此，企业当然也如此。

对于一段不算太短的商业历史来说，失败并不可怕，甚至还值得期待。在今天的商业世界中，企业失败率最高的地方是美国硅谷，而那里正是全球商业创新的心脏。

就跟6年前我在《大败局》的序言中所表述过的那样，我仍然要说，我们应该为悲剧鼓掌，苦难从来是成熟者的影子。一位青年问俄罗斯天才电影导演谢尔盖·帕拉杰诺夫："要成为一个伟大的导演，我还缺少什么？"后者认真地对他说："你缺少一场牢狱之灾。"事实上，对于所有的中国企业家而言，他们都正在经历着一场从智慧到命运的"牢狱历练"。

我最后要强调一点的是，本书所描述的失败都发生在一场史无前例的伟大试验之中。

哈佛大学的商学史教授理查德·泰德罗在一本关于美国企业家的著作《影响历史的商业七巨头》中，开宗明义地写道："本书介绍了美国人最擅长的活动——成立和创建新的企业。"这是一种多么自信而让人羡慕的描述方式。我也同样渴望用这样的语言来讲述中国企业家们的传奇。在过去的30年里，一个伟大的"中国梦想"正在变成现实。在商业精神层面，它跟20世纪初的那个"美国梦"有时候竟是那么相似：一群没有任何资本背景、没有经受过任何商业训练的人们创造了一个又一个的商业神话。正如泰德罗描述的他那个国家的企业家们一样："这些冲破旧规则束缚、创立新规则的人们，他们创立了一个个新世界，他们决心要掌握控制权，而不再受他人的控制，他们利用同时代人还不太了解的技术和工具为市场服务，而在一些情况下，他们还必须自己创造市场。"

因为要努力冲破和创造，他们可能旦夕成功，也可能瞬间失败。当我在《大败局》、《大败局Ⅱ》中一一记录下这些滴血故事的时候，内心常常有着难以言表的感慨。他们都是有尊严的失败者——尽管有时候，他们会漠视道德的底线和破坏他们自己参与建立的商业准则；但在更多的时候，他们投身于这个时代最伟大的试验，同时也承受着转型社会注定难以避免的阵痛、煎熬和苦难。他们以自己的失败为代价，记录了一个时代所有的光荣、梦想与悲哀。

当你正准备阅读所有败局之前，我真的很想用泰德罗式的语气开始自己的叙述：本书介绍了中国人正在学习的活动——成立和创建新的企业，他们可能成功，也可能失败，不过，他们现在已经越来越擅长。

吴晓波

2007年4月

目　录

02

科龙:一条被刻意猎杀的龙

03

德隆:金融恐龙的宿命

04

中科创业：那个庄家狂舞的年代

05

华晨：“拯救者”的出局

08

三九:中药的“最后一次失败”

09

托普:十年一觉 TOP 梦

健力宝
“东方魔水”是如何变味的

实业家们被无情地阻挡在他们开创的事业殿堂之外，
所谓的资本掮客们则得以轻易地从小门从容进出。
在与这些娴熟的资本庄家的过招中，
地方政府表现得过于轻信和不善博弈。
从中，我们看到了中国国有企业改革中最令人哭笑不得的一幕。

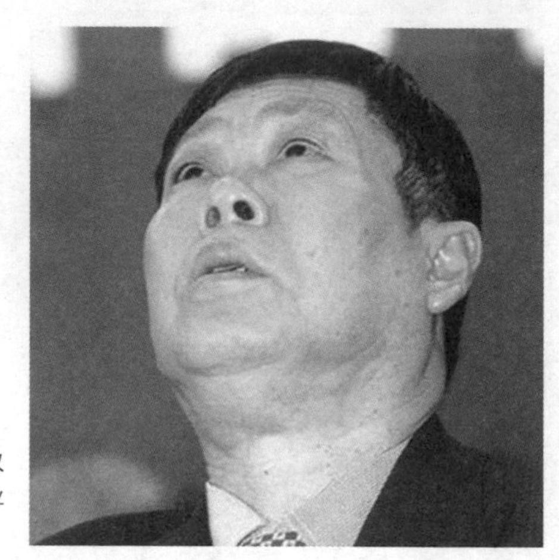
李经纬仰天长叹的定格，是中国企业史上最悲情的时刻

这也许是中国企业史上最悲情的一张照片。

年过六旬的健力宝创办人李经纬坐在会场的一角，身边是既熟悉又形同陌路的地方官员，四周是闪烁不止的闪光灯。他的企业被仓促地出售了，而他开出同等的价格却遭严拒。这是一个人人都承认其创业功绩，却已不再被信任的企业家。

他仰面朝天，泪光闪烁，难掩无限落寞。

对于李经纬来说，最大的悲哀正是，他创立的、曾经显赫一时的公司在数年之后将无人提及，而他留给这段企业史的，则是一张仰天含泪的定格照片。

"东方魔水"：一个橙黄的传说

在相当长时间里，健力宝一直是中国市场上知名度最高的饮料品牌。

1984年，被称为是中国公司的元年。在这一年里，后来成为"中国标杆性企业"的联想、海尔、万科等公司相继创立。在璀璨群星之中，诞生于广东三水县的健力宝是最耀眼的一个。

这年3月，三水县三水酒厂厂长李经纬突然把眼光瞄准了8月即将在美国洛杉矶举办的第23届奥运会。他得到信息，国家体委将在6月份开会决定中国代表团的指定饮料是什么。而此刻，他手上有一种还没有投放市场，甚至连用什么来包装和商标是什么都还没有确定下来的新饮料。

这时的李经纬是个45岁的中年人。他童年丧父，少年亡母，自幼在孤儿院里长大，成年后当上了三水县体委副主任。1973年，受人排挤的他被发配到县里的酒厂当厂长。那是一个只有几口米酒缸的作坊工厂，李经纬去后苦心经营，竟然开发出了一条啤酒生产线，生产出的强力啤酒在当地渐渐站稳了脚跟。1983年，李经纬去广州出差，在街边买了一听易拉罐装的可口可乐。这是他平生第一次喝这种饮料。也就是在这时，他突然萌发了让企业生产饮料的念头。那时，随着可口可乐在中国中心城市的日渐风靡，一些小型的饮料工厂已经在各地冒了出来，有些甚至直接冠上了“可乐”的名号：出现在四川成都的天府可乐是第一个国产可乐饮料，随后河南出现了少林可乐，杭州出现了西湖可乐。据资料显示，当时国内的各类饮料工厂已经超过2000家。体委干部出身的李经纬很“天才”地想到了运动型饮料。一个偶然的机会，他听说广东体育科学研究所的研究员欧阳孝研发出了一种“能让运动员迅速恢复体力，而普通人也能喝”的饮料，便主动找上门去要求合作。在欧阳孝的主持下，一种橙黄色的饮料被开发了出来，它有一个很拗口的名称——“促超量恢复合剂运动饮料”。实际上，它是一种含碱电解质的饮料。

当年的三水酒厂，一年利润不过几万元，李经纬敢于把目光直接投向奥运会，实在是胆识过人。1984年4月，亚洲足联将在广州开一个会，李经纬想把饮料带到这个会上去，这样就有机会接触到国家体委的人。而这时，连饮料的品牌叫什么、商标是怎样的、到底采用何种包装，都还没有一个影子。那时厂里已经有了一个叫“肆江”的品牌，但是李经纬却不满意，他苦思冥想出了一个新的名字——“健力宝”，听上去朗

健力宝在1984年的商品大潮中如石破天惊

朗上口,还含有"健康、活力"的保健暗示。参与产品开发的陈新金医生则自告奋勇设计商标,请自己喜爱书法的哥哥将"健力宝"三个字写在一张宣纸上,李经纬又请县里的广告公司设计出一个由中国书法与英文字母相结合的商标图形。这个新商标的诞生在1984年的商品大潮中可谓石破天惊:"J"字顶头的点像个球体,是球类运动的象征,下半部由三条曲线并列组成,像三条跑道,是田径运动的象征。从整体来看,那个字的形状又如一个做着屈体收腹姿势的体操或跳水运动员。整个商标体现了健力宝与体育运动的血脉关系。它在当时陈旧、雷同的中国商品商标中简直算得上是鹤立鸡群。

李经纬另一个大胆的举措是提出用易拉罐包装健力宝。在当时的消费者眼中,易拉罐无疑是高档饮料的代名词。那时国内尚无一家易拉罐生产企业,三水酒厂更不可能有这样的罐装生产线。李经纬四处奔波,最后竟说动了深圳的百事可乐公司为他代工生产健力宝。就这样,在一番手忙脚乱之后,200箱光鲜亮丽的健力宝准时出现在了亚足联的广州会议上,引起了众人的惊叹。当年6月,健力宝毫无争议地成为中国奥运代表团的首选饮料。跟所有的参评饮料相比,它是唯一的罐装品,品牌形象与体育运动天然有关,而且口感、色泽和质量均无可挑剔。

1984年8月,洛杉矶奥运会开幕,它是当时有史以来规模最大的奥运会,也是第一次由民间操办并有赢利的奥运会。中国奥运代表团在此次运动会上凭借许海峰的射击实现了金牌"零的突破",并最终夺得15枚金牌,金牌数仅次于美国、罗马尼亚、联邦德国,位居第四。奥运会上的成功,极大地激发了全民的热情和民族自豪感,而作为中国奥运代表团的首选饮料,健力宝也获得了难以想象的关注。

在8月7日的女排决赛场上,已经成为民族英雄的中国女排姑娘们以勇不可当之势,直落三局,击败东道主美国队,实现了"三连冠"的鸿鹄伟业,这在当年曾是一件举国沸腾的盛事。在11日的《东京新闻》上,日本记者有贺发表了一篇花边新闻稿《靠"魔水"快速进击?》,他好奇地发现中国女排运动员比赛间歇在喝一种从没有看到过的饮料——事实上,健力宝在当时除了供给中国奥运代表团以外,在中国国内市场上几乎没有任何销量——于是便猜测"中国运动员取得了15块奥运金牌,可能是喝了某种具有神奇功效的新型运动饮品——健力宝的缘故”。很显然，这是一篇信手写来的、没有经过任何采访与核实的新闻稿。中国运动员成绩的大幅度提升曾在国际上引起过很多猜测，这无非是其中还算友好的一种猜想。没有想到，一位随团采访的《羊城晚报》记者看到了这篇新闻稿后，竟妙手改写成了《“中国魔水”风靡洛杉矶》。当这条“出口转内销式”的新闻在晚报上刊出后，居然被迅速广泛转载。“中国魔水”与“东方魔女”(对中国女排的昵称)的交相辉映，在早已沸腾的奥运热上再添了一分充满神秘气息的骄傲，它实在非常吻合一个刚刚回到国际舞台的东方民族的心理满足。从此，健力宝一夜而为天下知。

健力宝开赴洛杉矶奥运会

李经纬就这样交上了好运。1984年，健力宝的年销售额为345万元，第二年飞蹿到1650万元，再下一年达到1.3亿元。在此后的15年里，它一直是“民族饮料第一品牌”。在最紧俏的时候，三水县到处是全国各地前来拉货的大卡车，一车皮健力宝的批条被炒到了2万元。

李经纬第二次让人眼前一亮，则是在1987年。

1987年11月，在广州举办的第6届全运会上，第一次出现了中国企业与国外跨国企业同场竞争的场面。两年多前在洛杉矶奥运会上出足了风头的健力宝此时风头正健。为了得到“六运会指定饮料”的名号，当时已是全国最大饮料企业的健力宝公司与可口可乐公司展开了竞争，后者愿意出资100万元，而李经纬则一口气把价码抬高到250万元，并外加赠送10万元饮料。结果当然是健力宝如愿以偿，而可口可乐只得到了“可乐型”饮料的指定权。这个细节被当时的媒体记者津津乐道了很久。赛会期间，在新建成的广州天河体育中心，大到墙壁，小至痰盂、垃圾桶，都铺天盖地地印上了健力宝

健力宝广告

的广告。最夸张的景象出现在闭幕式上，在当日会场的入口处，200多名工作人员均被要求穿上清一色印有健力宝标志的运动服装，他们还向入场的8万名观众每人赠饮一听健力宝饮料。放眼环形运动场，星星点点全都是健力宝的饮料罐，简直成了一个橙红色的海洋。

"六运会"一过，李经纬趁热打铁召开了全国经销商订货会，短短两个小时，订货额就达2亿元。第二年实现销售额2.7亿元。健力宝的广告也第一次出现在中央电视台上，李经纬亲自拟定的广告词非常实在也很朗朗上口："您想身体好，请喝健力宝。"

乱世纷战：清新一枝不坠泥

健力宝的崛起，意味着中国饮料市场春天的到来。它极大地激发了人们的想象力，一群极富野心的创业家纷纷涌入了饮料食品领域。在珠江三角洲一带相继冒出大大小小的饮料厂和食品厂、保健品厂，"珠江水"和"广东粮""北伐"中国的时代开始了。

就在李经纬大闹"六运会"的同时，在广东东莞的黄江镇，怀汉新创办了太阳神保健品厂，他的创业传奇几乎是李经纬式的翻版。跟李经纬的经历有点相类似的是，怀汉新也是体育系统出身。他在广州市体委当过司机，健力宝的神奇故事让他陡然萌生了创业的冲动。他的岳父在广东省体育医院工作，当时为广东省体工大队研制出了一种将鸡与蛇的提取液进行混合、用于治疗厌食和失眠的滋补液，在试用之后效果很不错。怀汉新便带着这个配方和5万元，跑到黄江镇办起了一个小工厂。

在产品还没有批量生产成功的情况下，怀汉新就学上了李经纬当初的招数。1988年1月，国家体委在广州召开第24届奥运会中国代表团专用运动饮料营养补剂评选会议，怀汉新带着他尚未面市的“生物健”四处公关。评选结果颁布，生物健口服液一举荣获第24届奥运会中国代表团专用运动补剂和中国运动营养金奖。便是带着这样的光环，怀汉新开始了他征服中国市场的旅程。为了让自己的企业更具有现代气息，怀汉新在获奖后，将厂名、商品名和商标都统一注册为“太阳神”，他拿着健力宝的易拉罐对设计人员说：“这是中国最好的饮料，你就按它的样子来设计。”

而此时，在杭州城东的一个街道里，比李经纬小6岁的宗庆后开始筹建娃哈哈儿童保健品厂。这位日后中国最大饮料公司的创办人回忆说，他推出娃哈哈儿童营养液时，广告词“喝了娃哈哈，吃饭就是香”，灵感整个儿是从健力宝“偷”去的。

一个很奇特的事实是，尽管在20世纪90年代初期，太阳神和娃哈哈都取得了令人惊叹的业绩，不过它们却从来没有跟健力宝发生过正面的产品竞争。特别是娃哈哈，它后来从鱼龙混杂的保健品市场全线退出，转而进入到了饮料领域，可是它却没有主推过果汁类的汽水饮料，也没有做易拉罐类产品。究其原因有如下几条：其一，它的主力市场都在二、三线的城镇市场，易拉罐的成本较高，不适合低价位、大批量的产品类型；其二，健力宝的“东方魔水”品牌效应实在太过于强势，使得后来者几乎没有插足和抗衡的空间；其三，由于价位及饮用习惯等因素，果汁汽水及运动型饮料的城镇市场容量无法获得几何级的爆发。

这些原因使得健力宝独步天下，在一个特殊时代因特别机缘而形成的品牌效应如一轮神秘的光环，始终笼罩在这罐橙黄色的饮料身上。此外，李经纬为健力宝设计的游走在饮料与保健品之间的产品定位，在产品区分尚不清晰的城镇市场十分奏效。

魔水效应、售价较高、无人竞争，这些因素形成的综合结果是：在10多年的时间里，健力宝一直是中国销售效益最好、持续销量最稳定的饮料品种之一，国内几乎所有的饮料经销商都靠健力宝赚到了大钱。这也是为什么在它日后溃不成军的时候，仍然有很多经销商愿意自掏腰包出手拯救它的原因。

健力宝的竞争对手始终是它自己。在它创业的前10年，几乎看不到任何危机存在的迹象。

1989年，健力宝的广告投放费用高达1000万元，这在当年中国的消费品企业中名列第一，其产值接近5亿元。

1991年，李经纬异想天开地策划出一个"拉环有奖"的促销创意，凡是购买健力宝的消费者只要拉到印有特别图案的拉环就可以得到5万元的奖金。李经纬宣称每年投入数百万元的奖金——从一开始的200万元，后来递增到1994年的800万元。这个活动在中国城乡获得了意外的成功。尤其让人惊奇的是，"健力宝拉环"竟成为很多乡村骗子的道具。他们坐在长途汽车上，突然惊呼自己拉到了一罐有5万元巨奖的健力宝，然后将之转卖给那些贪小便宜的无辜乘客。这种诈骗游戏一直到2000年前后，还在全国各地的城乡无比愚蠢却又惊险地上演着。①

就靠拉环有奖的促销刺激以及品牌的持续影响力，健力宝的销量水涨船高，一骑绝尘。1994年，健力宝隆重庆祝创业10周年，李经纬包下广州市所有的五星级宾馆大宴宾客，并把彩旗从广州一路插到了35公里外的三水县。这时候的健力宝年销售额超过18亿元，举目国内，无人可及。

然而，便是在这一派喜庆景象中，健力宝正经受着创业以来最艰难的一次煎熬和最惊险的一次考验。

1994年前后，中国的食品市场发生了一场剧烈的膨胀和震荡运动。在过去的4年里，全中国最有野心的企业家们都无比亢奋地拥挤在处于井喷期的保健品和饮料市场上。全国保健品生产企业从近百家增至3000余家，增长了30多倍，品种多达2.8万种，年销售额高达惊人的300亿元，比4年前增长12倍。保健品产业成为全国发展最快、最引人注目的"黄金之地"，而其营销理念和市场辐射对饮料市场产生了巨大的冲击。作为国内第一饮料品牌，健力宝的定位是游走在保健品与饮料之间，冲击可想而知。在国内市场上，健力宝正四处受敌：后起3年的太阳神也把营业额做到了13亿元，利润高达3亿元，其前卫、新锐的品牌形象已隐隐有超越健力宝之势。在主要城市市场，跨国公司和品牌形象甚好的太阳神及广州乐百氏掠去了大块市场份额；在城镇市场，由儿童营养液转入饮料业的杭州娃哈哈凭借其强大的渠道能力让健力宝在竞争中

① 2006年，在国内很受欢迎的喜剧电影《疯狂的石头》中，导演宁浩便把这个情节用到了剧情中。

颇感吃力；而它一向自恃不败的保健概念却被更为大胆的沈阳飞龙和山东三株抢去了风头。

李经纬曾很认真地研究过飞龙和三株的营销策略，如果说他和怀汉新们是靠智谋巧战的话，那么这两家北方企业则纯粹靠势大力沉的“三板斧”取胜。沈阳飞龙推出的产品是延生护宝液，据称对男女肾虚有治疗效果。它不像广东企业那样讲究营销技巧和品牌形象，而是一味地以广告轰炸为唯一手段，其广告不投则已，一投便是整版套红，并且连续数日，同时跟进电视、电台广告，密集度之高，前所未见。这种毫无投放技巧和艺术效果可言的密集型广告轰炸，能够营造出一种让人窒息的炙热氛围，在感性气质很重的城镇市场上居然非常奏效。这家企业的当家人姜伟不盖厂房、不置资产，连办公大楼也不改建，坚持“广告—市场—效益”的营销循环战略。从1991年起，飞龙广告费投入120万元，实现利润400万元；第二年，广告费投入1000万元，利润飙升到6000万元；到1994年，广告费投入过亿元，是健力宝的1倍多，利润达到2亿元。

三株则是一个更夸张的企业。它以毛泽东“农村包围城市”的思想为战略依据，向农村和城镇市场强力渗透。其创办人吴炳新精心设计了农村市场的四级营销体系，即地级子公司、县级办事处、乡镇级宣传站、村级宣传员，采用层层渗透的方式保证三株口服液得以广泛铺货。为了达到促销目的，三株营销人员无所不用其极，他们任意夸大产品的功能，将三株口服液宣传成了一个无病不可医治的神药。同时，他们还极为大胆和富有创造性地推行“让专家说话，请患者见证”的模式。一方面，肆意编造消费者实证；另一方面则首创了“专家义诊”的推销方式，每年在各地举办许多场所谓的“义诊咨询活动”，其目的就是“断定患者有病，并且必须服用三株口服液”。这些让人匪夷所思的营销手法，在当年的中国市场上居然屡试不爽。1994年，创业不久的三株销售额就超过了1亿元，第二年竟冲到了20亿元，赶上了如日中天的健力宝。①

在当时，这些北方企业所取得的市场业绩实在太过于炫目了，以致让前些年获得成功的企业家们又眼热又不安，“中国饮料大王”李经纬无疑就是

① 关于飞龙和三株的败局案例，请参见《大败局Ⅰ》。

被搅得最心烦意乱的一位。在三株和飞龙咄咄逼人的广告攻势下，就连一向自信的健力宝人也有点乱了方寸，它的市场人员开始杜撰三株式的广告文案。1993年秋季旺销时期，健力宝营销部策划了一个实证广告，它宣称收到了消费者的“感谢信”，一些常年卧床不起的老人在喝了健力宝后，居然“神奇”地痊愈了。营销人员还将饮料送到广东省人民医院进行临床观察，得出的结论是：“服用健力宝之后可改善体内环境，恢复精神，消除疲劳，改善胃口，促进体内电解质平衡，对增强精力、体力、消化力、宫缩力有明显的好处。”就这样，以体育营销而取胜的“东方魔水”变成了一罐包治百病的“江湖药水”。

值得庆幸的是，健力宝在这条路上并没有走得太远，李经纬很快发现了这类广告的危险性。在那段时间里，他的市场经理们一再向他抱怨说：“如果我们不这么干，就没有经销商愿意卖健力宝了。”他们甚至蛊惑李经纬：“健力宝的保健概念十分充足，品牌形象又非常之好，现在让飞龙、三株独美于先，大把大把地抢钱，实在太可惜了。现在只要跟着它们走，就一定能让销量得到一次大增长。”

但是，李经纬最终还是严令中止这一类的广告传播。

后来的事实是，在这场长达七八年的营销乱世中，健力宝并没有深陷其中。它没有跟着太阳神大打广告战，其广告投放一直很有节制，并始终以体育运动为投放主轴，以小投入、大效应的新闻公关策划为特色；它也没有跟着飞龙、三株走上任意夸大功能、欺骗消费者的歧路，所以到1997年前后，全国保健品市场信用总崩塌的时候，健力宝并没有受到太大的波及。它甚至没有走上多元化扩张的道路，健力宝的产品

健力宝的户外广告

线一直非常单纯，现金状况极好，资本运作始终在力所能及的范畴内进行。

20世纪90年代中后期的中国保健品、饮料市场，是一个没有道德底线的行业乱世。这里充满了诱惑，到处流行着“劣币驱逐良币”的商业游戏，对秩序和品牌的坚守往往意味着被攻击、低效益甚至遭到淘汰。然而，乱波横渡之中，李经纬展现出了卓越的定力和善良的秉质。在这个乱世中，最后只有两位幸存者：一是娃哈哈的宗庆后，他在1995年前后急流勇退，全面撤出被谎言和激情淹没的保健品市场，转而在稍稍“干净”一点的饮料领域大展雄心；另一个就是拒绝了诱惑的李经纬。

致命一问：健力宝是谁人的

在健力宝的成长史上，有一个让人十分好奇的问题：为什么李经纬能够控制自己的欲望，没有让企业走上迅速扩张的道路？

在中国饮料行业，1996年是一个分水岭。在此之前，这个行业里豪杰寥寥，可口可乐等跨国公司在中心城市精心经营，尚没有完成全国性的布局。在大城市之外，则只有健力宝等极少数全国性品牌和数不胜数的地方小企业。而在这一年之后，纯净水市场突然苏醒，先前在保健品领域完成了原始积累的娃哈哈、乐百氏及养生堂等公司纷纷大举进入，一时间商战爆发，角斗连连。与此同时，康师傅开始主推茶饮料，统一集团推出低浓度的果汁饮料。在广告和舆论的哄炒下，饮料市场被陡然撑大。

然而让人疑惑的是，在这种无比火热的行业爆发时期，有“中国第一饮料品牌”之称的健力宝却始终置身度外，没有给出强有力的响应。尽管公司也曾跟风式地推出了“天浪”牌纯净水、“超得能”功能饮料等，但都没有成为主推的品种，其主打产品仍然是“含碱电解质的饮料”。饮料市场是一个靠流行来驱动的概念型市场，当行业内的若干家大企业开始齐力主推一个概念的时候，大部分经销商和消费者就会被诱导过去。在这个过程中，没有参与或追上这股潮流的企业，则很有可能被遗忘，或无法获取“流行概念”所创造的巨额利润。作为行业领袖的李经纬对饮料流行的大势视而不见，甚至在其他企业的销售规模将要超越健力宝的时候，也没有采取重大对策，实在耐人寻味。

可以解释的理由大抵只有两条：

第一，可口可乐式的自信。李经纬认为，一罐健力宝已经足以打遍天下无敌手。他曾经在很多场合表现出对可口可乐的景仰，这家公司靠一个百年不变的神秘配方成就了全球第一饮料品牌的霸业。健力宝有“东方魔水”的美号，自然也可以重演神话。因此，与其跟竞争对手打得头破血流，倒不如坚守不可竞争的“魔水优势”，稳健而行，逐步成长。

也正是从这个考虑出发，李经纬多年来对健力宝品牌一直非常爱惜，从不涉险做对品牌可能带来伤害的事情。同时，他还花了很大的力气开拓海外市场。早在1991年，李经纬就在美国注册成立了分公司，并试着在全美超市出售健力宝。第二年的圣诞节前后，他甚至还策划了可能的美国第一夫人与第二夫人一起畅饮健力宝的新闻事件。当时，美国总统大选正如火如荼，总统候选人克林顿的夫人希拉里和副总统候选人戈尔的夫人在纽约做助选活动，健力宝为助选大会提供了全部饮料，摄影师乘机拍下两位夫人一起喝健力宝的照片。这张照片先是在《纽约商报》上登了出来，旋即“返销”国内，顿时跟当年的“东方魔水”新闻一样，引起了不小的轰动。1993年底，健力宝还被摆上了联合国安理会的圆形会议桌，之后自然又是一轮新闻热炒。

1994年，就在创业10周年之际，李经纬宣布健力宝进军可口可乐的老家——美国市场。健力宝在纽约开设了自己的办事处，还花了500万美元在著名的帝国大厦买下了一层办公楼。李经纬踌躇满志地对美国记者宣称，健力宝在中国的销量是可口可乐与百事可乐的总和。现在，他将要用这罐“东方魔水”来征服美国的消费者。

李经纬的这些豪言壮语并没有成为事实，健力宝从来没有真正打入过美国的主流市场，多年以来它只出现在唐人街的一些华人小超市里，对企业的经营业绩贡献是微不足道。然而，那一波接一波让人眼花缭乱的、高效率的新闻炒作，却让健力宝的名声一天比一天的响，产生了难以评估其价值的品牌传播效应。它是那么强烈地迎合了国人日渐高涨的民族自豪感，以至健力宝在很多消费者心目中成了民族品牌的象征。在这方面，善于新闻公关策划的李经纬获得了令人称羡的成功。10年后，李经纬与地方政府决裂，健力宝被几个资本玩家再三蹂躏，几乎到了难以续产的地步，可是全国经销商仍然对之痴心不改、情有独钟，每年依然能够产生10多亿元的销售额，其奇特的品牌魅力便是在这时种下的。

李经纬之所以在饮料大战中谨慎避战，另一条可以解释的理由，则要隐蔽和敏感得多了。

事实上，早在1994年前后，李经纬就已经在考虑企业的产权归属问题。健力宝名义上是三水的地方国有企业，而其实却是李经纬独力做大的事业，“没有李经纬，就没有健力宝”，这是一个铁板钉钉的事实。可是在产权归属上，这家公司却与他没有任何关系。三水是华南一个偏远而土地贫瘠的小县，在健力宝成名之前几乎不为外省人所知，在相当长的年月里，健力宝上缴的利税一直是三水地方财政的支柱，极盛之时占到八成的比例。当地曾有文人写过一副对联：“三水流三水，盛产水稻水泥与魔水；龙人传龙人，迭出人类人萃侪强人。”[①]这当中的“魔水”和“强人”，分别指的就是健力宝和李经纬了。在创业的前10年，李经纬是三水民众心目中的英雄、地方政府眼中的财神爷，地方官员们对健力宝的支持也不遗余力，在企业用地划拨及各项优惠政策上都予以倾斜。有记者回忆说：“在很多地方活动的仪式上，县委书记、县长坐中间，旁边接着坐的便是李经纬，再下去才轮到政府的其他官员。”

这种一时无二的尊崇和厚爱，固然让李经纬非常感激与得意，但是并没有解开他内心的那个产权之结。30年来，中国企业的成长从来伴随着企业家产权意识的苏醒，这一点在李经纬身上展露无遗。他早已意识到国有体制不可能让健力宝在激烈的市场竞争中保持持续的生命力。地方政府对企业的倾斜毋庸置疑，可是各种限制也同样严重。比如说为了完成就业率，三水县明确规定健力宝的员工必须保证三水人占到45%的比例，各种裙带关系的输入更是月月发生。在一次接受记者采访中，谈及健力宝的管理体制，李经纬曾拍着自己的办公桌，神情激动地打比喻说：“健力宝好比这张桌子，始终有一条腿是行政上级，另一条腿是军心不定、行事涣散的中层，这两条腿很

---

① 三水濒临西江、北江和绥江，因此得名。1993年，三水撤县建市。2002年12月，撤市为区，并入佛山市。

李经纬在职期间主持健力宝公司的活动

容易垮，我的这点老本也很容易吃光的。”

正是这种深层次的焦虑，使得李经纬在创业10年之后开始重新思考企业的成长路径。在20世纪90年代的中后期，随着一些国有企业在市场竞争中显现出“体力不支”，政府开始尝试“国退民进”的政策，国有资本将从竞争性领域逐渐退出，经营者被允许以各种方式购买企业的资产。在李经纬看来，饮料行业无疑是百分之百的竞争性领域，将健力宝的产权明晰化是完全符合中央政策的。在当时的华南，一些著名企业已经开始了各种形式的实验。就在1996年底，知名家电企业TCL的创办人李东生与惠州市政府签订了放权经营协议。根据约定，李东生团队每年确保国有资产增值10%，政府则承诺经营层可以按一定的比例购买增值部分的企业股权。而在三水附近的顺德市北滘镇，生产小家电的美的集团则被整体出售给了它的创办人何享健及其团队。

这些信息无疑让李经纬非常兴奋。在他设计的蓝图中，健力宝将谋求在香港联合证券交易所上市，在这个过程中，一次性地解决经营团队的股权问题。同时，他决定投资10亿元在广州建造健力宝大厦，然后把公司的总部从偏远而关系复杂的三水迁出。

于是，“股票上市，大厦落地”，成了健力宝最重要的两大战略任务。在这两个目标达成之前，李经纬显然不愿意让企业的规模突然膨胀。他深知，如果健力宝的规模越大、效益越好，那么，他和他的团队购买这家企业的成本就越高，甚至，可能性就越低。

这是一个合理的推论：李经纬控制健力宝的成长速度，是在一个重大谋划下的有意为之。

呵护李宁：小李比老李幸运

现在，让我们且按下李经纬的产权悲剧不表，先说一个幸运者的故事。这是一个从健力宝大树上长出来的旁枝，却因经营者的先觉和李经纬的呵护，而最终修成了正果。

20世纪80年代，李宁是中国最著名的体育运动员。在1982年第6届世界杯体操赛上，这位年方19岁、出生于广西柳州的中国小伙一人独得男子体操全部7枚金牌中的6枚，创造了世界体操史上的神话，被誉为体操王子。1984年，在第23届洛杉矶奥运会上，李宁共获3金2银1铜，接近中国奥运代表团奖牌总数的1/5，成为该届奥运会中获奖牌最多的运动员。1986年，他获第7届世界杯体操赛男子个人全能、自由体操、鞍马3项冠军……在李宁18年的运动员生涯中，共获得国内外重大体操比赛金牌106枚。

李经纬与李宁相识，是在给他们两人都带来好运气的洛杉矶奥运会上。李经纬性情豪爽、精于谋略，李宁则个性纯朴、心机灵敏，因为志趣相投，这对年龄相差24岁的男人很快成了忘年交。

从运动员到企业家，李宁成为中国商业界的一个标志，而他事业的起点就在健力宝

在1988年汉城举办的奥运会上，李宁突然从偶像之巅跌落。在关键的吊环比赛中，他意外失手摔了下来，与金牌擦肩而过。这成为中国奥运代表团最让人失望的事件。从汉城回到北京，失掉金牌的李宁不再成为媒体簇拥和追逐的对象。他黯然

神伤,孤单地从机场的一条偏僻通道悄悄出关……

在灯光暗淡、寂寥空旷的通道尽头,只站着一个高个子的男人,微笑地捧着一把鲜花在等候他。

那个人,就是李经纬。

尝尽世态炎凉的李宁宣布退役。1988年12月16日,在健力宝的赞助下,李宁在深圳体育馆举行了盛大的告别晚会。晚会高潮处,李经纬上台送给他一副纯金的护手,两人相拥,泪流满面。当时的李宁面对多个出路,广西壮族自治区体委邀请他担任区体委副主任,多个国家聘请他为国家队教练,甚至演艺界也邀请李宁加盟,李宁自己则想在深圳创办一所体操学校。李经纬则对他说,你搞体育不能光靠别人赞助,为什么不可以自己做出一个体育企业来?

加盟健力宝几个月后,李宁向李经纬提出,想办一家体育服装厂。在创办资金上,此时已财大气粗的健力宝本可以以投资者身份出现,然而李经纬却十分委婉地建议:“如果能够引入外来资金,就不要全部用健力宝的钱。”也许,在这时,他已经隐隐感觉到了产权不清的后遗症。他陪着李宁出外游说,寻找投资方。或许因为健力宝和体操王子的双重名人效应,一家新加坡公司很快同意出资。就这样,1990年,由三方共同投入的中新(加坡)合资健力宝运动服装公司挂牌成立,其中健力宝出资1600万元,由李宁出任总经理,其服装品牌则被命名为“李宁牌”。

李宁对李经纬的传奇创业经历早已耳熟能详。因此,他的第一次市场出击居然也如法炮制。当时,第11届亚运会即将在北京举行,李宁以250万元拿下亚运会火炬接力传递活动的承办权。整个亚运圣火的传递过程,有2亿人直接参与,25亿中外观众从新闻媒体知道了健力宝和“李宁牌”。1990年8月,在世界屋脊青藏高原,李宁作为运动员代表,身穿雪白的“李宁牌”运动服,从藏族姑娘达娃央宗手里接过了亚运圣火火种。从这一刻开始,“李宁牌”真正诞生了。

健力宝运动服装公司发展得很顺利,每年的营业额都以100%的速度增长。1994年初,李宁遇到北京的股份制改造专家刘纪鹏。刘纪鹏在为公司做诊断时指出,这家公司的产权不清将对今后的发展带来致命的负面效应。因此,他极力鼓动李宁脱离健力宝。

在李宁心中,李经纬对他有再造之恩。因此,对于刘纪鹏的建议,李宁问得最多的一句话是:“如果脱离健力宝,别人会不会说我忘恩负义?”刘纪鹏则反复向李宁阐明产权不清的利害关系,劝告他:“你只是脱离健力宝,并不是脱离李经纬,况且,健力宝并不完全等于李经纬。”最后,性情爽直的刘纪鹏甚至拉开椅子站起来,对李宁说:“如果你拉不下面子,我去跟李经纬谈,跟三水市政府(2002年12月,三水撤市设区)谈。”

正是在刘纪鹏的强烈建议下,李宁遂下定决心与李经纬以及三水市政府摊牌分家。出乎李宁意料的是,原本以为会反应强烈的李经纬对此竟相当大度,完全支持他自立门户。因为这家服装公司是健力宝旗下的子企业,所以李经纬有完全的决定权。1994年底,健力宝运动服装公司从健力宝的母体上顺利脱身,集团历次投入的共计1600万元,由李宁分3次用现金进行了偿还,李经纬甚至没有提出补偿增值部分的要求。1996年初,李宁将公司总部从广东迁到北京,并更名为李宁运动服装公司,彻底告别了健力宝。

就这样,李经纬“扶上马、送一程”,把心爱的后辈朋友李宁带上了一条比他自己要顺畅得多的商业大道。

2004年6月28日,已经是中国最知名、规模最大的国产体育用品公司的李宁集团在香港联合证券交易所上市。开盘当日,开盘价即上涨了8%,在香港公开发售的认购数量为暂定发售股份总数的132.2倍,国际配售也出现了约11倍的超额认购。李宁家族控制着46.29%的公司股票,其身价高达16亿元。站在众多的媒体面前,两鬓已略泛白的李宁淡淡地说:“我是一个有着10多年企业经营史的企业家,请不要再把我看作一个明星偶像。”

当他说这番话的时候,16年前在首都机场捧花等候他的老朋友李经纬却正孤单而屈辱地躺在广州一家医院的病房里。

政商交恶:偏不卖给创业人

1997年,38层高的广州健力宝大厦落成,李经纬按计划把公司总部迁到了广州。这时的健力宝达到了历史的发展高峰:1996年集团的销售额突破了50亿元大关;4月,国家工商行政管理总局评定第一批“中国驰名商标”,健

2009年10月,“健力宝”三个字从这座曾代表着健力宝走到历史高峰的大厦上消失了

力宝赫然在榜;8月,中国饮料协会公布行业数据,健力宝在产量、总产值、销售收入和税利4项上均排名第一;它还被媒体评选为“90年代中国公众心目中的十大知名品牌”之一。

可是,不为人所知的是,李经纬与三水市政府之间的关系已经到了严重恶化的境地。

李经纬在产权上所打的如意算盘在很大程度上是一厢情愿。在三水市政府官员们看来,他的所有举动都无异于叛离。作为地方最大的财政收入来源,健力宝的离心行动越来越让他们坐立不安。据称,健力宝大厦的建造并没有通过三水市政府的批准,而其造价之高更是有转移资产的嫌疑;当总部搬到广州之后,是否意味着这棵摇钱树最终将从自己的土地上“迁走”?这些怀疑如病毒一样在三水市政府官员圈内繁殖和扩散,有人甚至质疑健力宝的海外战略也是一个“圈套”。因为,“上千万美元的钱被投入到美国市场,可是在那里的超市并看不到健力宝的产品”。这些怀疑最终变成了一个坚定的共识,那就是,李经纬已经不跟三水人一条心了。从此,他的所有行动都被打上了可疑的标志。

1997年秋天,在李经纬的精心策划下,健力宝在香港联合证券交易所上市的方案行将通过,在此方案中,包括了经营层的股权分配。然而,三水市政府以李经纬团队“没有香港暂居证,因而不得购买H股原始股票”为理由,拒绝批准这个方案。李经纬一怒之下,放弃上市。从此,矛盾变得公开化。

从1998年开始,三水市政府加强了对健力宝资金的掌控。集团每开发一种新产品都必须通过市政府审批,经过市政府的财政预算,然后划拨经费。知情者解释说,这是因为“三水非常警惕李经纬借开发新产品之名转移资产,因此几乎每一个新的招商引资项目，政府都要亲自审批，资金卡得紧，还主动要求替健力宝寻找合作对象”。

当怀疑像魔鬼一样地横亘在合作伙伴之间的时候，任何理性或善意的判断都会被扭曲和误解。这可能是健力宝案例中最让人欷歔的地方。在将近6年的时间里，个性豪爽而耿直的李经纬始终没有放下架子，主动与政府部门沟通以缓和关系，这也许是他最大的失误。

1999年，三水市政府大换届，一些与李经纬有交情的老官员退休或换岗，一层因历史渊源而形成的温情脉脉的薄纱也最终被揭开了，他的处境更趋艰险。就在这一时刻，健力宝集团提出在公司内部实行员工股份合作制改造的方案，由管理层自筹资金买下三水市政府所持有的股份，李经纬开出的价格是4.5亿元，并在3年内分期付清。三水市政府断然拒绝，理由据称是“风险很大，有用健力宝资金来买健力宝之嫌”。之后，深圳一家咨询公司又设计出一套新的方案，李经纬团队持股75%，三水市政府再给李经纬个人5%的股权奖励。这个方案也遭到三水市政府的否决，理由依然是“担心经营层的钱来历不明”。

健力宝风波中的主角：三水区政府

在这一时期，出售健力宝已成为许多人的共识。一方面，三水自1998年开始的国有企业改制已经完成80%，健力宝成为最后一个待改制的大型国有企业，而地方财政的状况也不是很好。据新上任的市长后来承认，在那些年的某些月份里，“公务员工资都欠发，日子非常难过”。另一方面，健力宝的经营业绩也在大幅度地下滑。自1997年创造了54亿元的骄人业绩纪录后，销售额逐年大幅降低，到2001年跌到31亿元，相当于1994年时的水平，上缴政府的利税也从1亿元降到2000万元左右。因此，尽快将健力宝出手，已经成了一个明摆着的现实，其需要研究的问题仅仅是，把这个正在由“香饽饽”变成“烫手山芋”的企业卖给谁。

一次关键性的会议在2001年7月召开。三水市政府为健力宝召开了转制工作联席会议，市委、市政府领导悉数到场，每个与会的政府官员都被要求依次当场表态。结果，90%的人主张卖掉健力宝，但决不能卖给李经纬团队。

健力宝和李经纬的命运在这一刻被强悍地决定了下来。

当健力宝即将出售的消息被释放出来之后，一群来自四面八方的“鲨鱼”闻腥而动，悄悄向三水围拢。它们均不在阳光下游行，而尖锐的利齿已经凶猛地露出。

张海登台：命运三耍李经纬

最初，新加坡第一食品公司险些成为健力宝的新主人。在那次关键的联席会议后的第三个月，李经纬被通知去参加一个晚宴。就在宴席上，一个名叫魏成辉的新加坡商人被介绍给了李经纬，市长开宗明义地说，市政府已选中魏先生的公司来购买健力宝。

李经纬闻言，如惊雷轰顶。他的愤懑之情可以想见。第二天，在公司内部的工作餐上，他突然失去控制地说了粗话：“他妈的，市里要卖股，我一点都不知道，就只通知我一起吃个饭。”

11月20日，新加坡第一食品公司与三水市政府草签协议，三水市政府作价3.8亿元，将健力宝100%的股份全部售出。在这个协议——以及日后所有协议中，显赫无比的健力宝品牌的评估价格均为零。这一决定让李经纬难以接受，他无法理解为什么市政府宁可把企业出售给素不相识的外国公司，也不肯卖给一手将企业创建起来、为此呕心沥血了一辈子而且还愿意出更高价格的自己。在他的幕后策划下，国内媒体闻风而动，一时间“健力宝被无情贱卖”、“中国第一民族品牌旗帜被砍”等等舆论铺天盖地，其间夹杂的高昂情绪显然让三水市政府难以招架。而健力宝则一方面向外宣称，愿以4.5亿元的价格替健力宝“赎身”；另一方面则对试图进入公司审核查账的新加坡人全面抵制，拒不交出相关的商业资料。①

李经纬的对抗姿态和汹涌而来的舆论攻势，把本来就缺少公关应对能力的三水市政府逼到了一个万分尴尬的墙角。一位三水市政府官员后来颇为光火地说：“媒体的提前介入打乱了我们的计划，使我们完全陷入被动的地步。”新加坡方案很快就流产了，但是，三水市政府与健力宝双方已到了势同水火、无法调和的对立局面。三水市政府必须在最短的时间里找到一个“国内买家”，这样才能“合理合法”地阻止李经纬团队的MBO方案。

最有可能购买健力宝的当然是饮料业同行。当时在国内，与健力宝齐名的饮料公司有广州的乐百氏和杭州的娃哈哈。其中，乐百氏已被法国达能公司收入囊中，不能再谈，娃哈哈成了最后的选择。宗庆后是浙商的典范，为人精明，出手谨慎。他对健力宝自然十分动心，可是却苦于不了解公司的实际家底，也对其强势的企业文化颇为忌惮。与此同时，李经纬则通过各种渠道对宗庆后软硬兼施，力图说服他高抬贵手。于是，三水市政府与娃哈哈的谈判或明或暗，纠缠前行。

这时候的三水局势，已处在一个无比微妙的时刻。三水市政府把出售的时间表卡定在2002年1月底前，因为，“春节前一个月是饮料订货的旺季，一切的变数要在旺季前发生”。可是，跟杭州方面的谈判却始终没有着落，宗庆后显然在做着两手准备，要么给足李经纬面子，要么在最后的时刻狠砍一刀。

2002年1月9日，三水市政府与健力宝团队再次开会对话。此时的李经纬已击退新加坡人、劝止宗庆后，而且在舆论上颇占上风，他认定命运不可能第三次从他手中抢走健力宝了。于是，他以质询的口吻斥问市长，为什么完全抛开健力宝创业团队，一意要将健力宝对外出售，“为什么不让我们买回来？”市长当即表态：“要买可以，我给你们一个星期的时间。”

双方商定，李经纬团队一次性拿出4.5亿元买走全部的健力宝股份，从

① 关于健力宝是否被贱卖了，一直是个有争议的话题。根据三水市政府在2001年底对企业进行的一次资产审计报告显示：健力宝的总资产35亿元，银行负债19亿元，拖欠供应商货款、广告费用及员工工资合计7.5亿元，账面价值6.5亿元。一个可以参照对比的并购数据是，在健力宝被出售的同时，国内另一家饮料公司——广东乐百氏集团被法国达能公司收购，其收购价超过20亿元，乐百氏的年营业额与健力宝相近。

此大路朝天，各走一边。对桌人马话不投机，条款拟定，即冷冷地一拍两散。

眼看着峰回路转，柳暗花明，可是，命运却在这个时刻无比残忍地第三次要弄了李经纬。

此时，年仅28岁的张海登场了。

“法师”张海

张海是近30年中国企业史上最神秘的人物之一。1974年，他出生于河南开封一个小学教师家庭。他的一位小学老师评价他说，“仗着小聪明，喜欢撒谎，而且撒谎从来不脸红”。上初中时，张海突然开了“天眼”，成了一个有特异功能的神奇少年，有人亲眼看到他“把一片大的冬青叶子含在嘴里，过一会儿树叶会自动变小，而且轮廓保持不变，甚是奇妙”。1992年5月，刚满18岁的张海在湖北荆门创办了一个藏密健身中心。半年之后，河南省社会科学院设立了藏密瑜伽文化研究所，张海出任所长。有宣传报道称：6岁时他就在班禅喇嘛安排下到青海，拜在密宗夏琼寺夏日东活佛的座下，后入西藏受到红、白、花教上师们的衣钵真传。这些神乎其神的传说将开封少年张海包装成了一个拥有神秘背景的神童，在他的左右开始聚集起一群虔诚的信徒，他们中的不少人后来都成了他的商业伙伴。

从1995年起，张海南下涉足商海。他入主了一家名叫凯地投资公司的企业，然后在1998年以关联交易的方式进入上市公司中国高科。他后来曾颇为得意地说：“我25岁时担任了中国高科董事长，当时是国内最年轻的上市公司董事长，我们很多董事都是大学的校长。”其后，他又先后染指深南光，炒作银鸽投资，进入方正科技、深天马、飞亚达A、深大通等上市公司。短短几年内，在灰色而惊险的中国资本市场上构筑起了一个威名赫赫的“凯地系”，与唐氏兄弟的“德隆系”、吕梁的“中科系”等成为当时最著名的几大股市庄家。

张海进入健力宝并不是一个预谋中的事件。2001年12月下旬，他从广州到上海办事，在飞机上无聊地翻阅报纸时，突然看到健力宝股权即将转让的报道。飞机一降落上海,他当即买了一张回程机票,匆匆赶往三水市。

张海的出现,让心有不甘的三水市政府如遇旷世知音,尽管所有的人都对他的年轻难以置信,可是他所代表的"凯地系"和中国高科却是如雷贯耳。他给出的名片上更有一个接一个的显赫头衔:东方时代投资公司董事长、中国高科董事长、方正科技董事、香港康达控股董事长、香港慧德基金董事局主席、深圳亿众和投资公司法人代表……淳厚而心急的三水市政府官员们实在分不清楚眼前这个年轻的神秘人物到底哪句话是真的,哪句话是假的。不过,他的背景和开出的条件是让人满意的,张海承诺按李经纬的出价收购,而出面的公司将是浙江国际信托投资公司,一家纯种的国有企业。于是谈判在一切都"看上去很美"的氛围中,以惊人的速度推进着。

2002年1月14日,在三水市政府承诺"一周内筹足钱就卖给经营团队"的第六天,正在四处筹措资金的李经纬突然被紧急召到市政府。他的屁股还没有坐到椅子上,市长就开口告知他:"这事已经定了,我们现在决定把健力宝卖给浙江国投。"

1月15日,在三水的健力宝山庄,一场仓促筹备的签约仪式在众目睽睽下举行了。三水市政府向浙江国投转让健力宝75%的股份,作价3.38亿元。在仪式上,功败垂成的李经纬如一匹被弃的老战驹,默默地坐在会场一角,难掩一脸的落寞神情。第二天,他"含泪仰天,不发一语"的照片被刊登在国内所有的新闻网站和财经媒体上,观者无不为之动容。

这也成为李经纬的最后一次悲怆亮相。从此,这位个性开朗、很喜欢跟年轻记者交朋友的老者再也没有在公开的媒体上说过一句话。

"法师"当家:步步臭棋毁天物

李经纬的厄运还没有到头。在签约仪式举行后的第九天,他在家中突发脑溢血,亲属急拨"120"送他到广州空军医院急救,医生立即为李经纬施行脑内血肿碎吸排空术,当天就把脑内的积血全部抽出。自此,他再也没有离开过病房。举国之内,对他的同情之声大起。2002年10月中旬,病榻上的李经纬收到一纸通知,广东省第九届人大常委会第三十七次会议通过决定,以涉嫌贪污犯罪为罪名罢免了他的全国人大代表资格。检察院的立案案由是:“身为受国家机关委托管理、经营国有财产的人员,无视国家法律,伙同他人利用职务之便,以购买人寿保险的形式,侵吞国有财产331.88万元。”李经纬团队中的4位副总裁,其中3人相继被双规、拘捕,一人“出逃”国外。

至此,扑朔迷离、一波三折的健力宝产权交易事件,以李经纬的涉嫌犯罪而尘埃落定。无论如何,没有人愿意去同情一个贪污犯。然而,让人难解的是,一直到5年后的2007年年初,检察院都一直未对李经纬正式提起诉讼。

李经纬的彻底出局,似乎让很多人大大地出了一口气。三水市政府官员认定张海是最最合适的收购者,市长助理在接受《南方日报》采访时说:“不卖给张海们还能卖给谁?在可选择的买家范围内,他们是最好的买家。”而市长则颇有点轻松地说:“政府目前已全部退出健力宝,健力宝以后的行为均是企业行为,和政府没有关系。”

现在轮到年轻的张海来操盘健力宝了。需要交代的是,尽管这位神奇的“法师”身绕无穷的光环,可是他却没有钱。浙江国投是他控制的方正科技旗下的一个机构,自身已是烂债缠身,难以自保,根本不可能拿出那笔收购资金。不过他好像一点也不畏惧,在资本市场上翻云覆雨的时候,他曾经有过一句名言:“全天下的钱都是我的钱,你说我的资本有多雄厚。”根据他跟三水市政府签订的协议,3.38亿元可以分3次付清,第一次的出资是1亿元。为了这个1亿元,张海找来了一个名叫祝维沙的商人。此人曾创办裕兴电脑,在香港上市时融到一笔钱,后来公司业务萧条,信仰佛教的他追随张海成了一个资本炒家。在一次对张海的评价中,他认为张海“是全中国最聪明的10个人之一”,他则自称是“全中国最善良的人”。在祝维沙的协助下,他们质押一笔国债获得了1亿元的短期融资,而这笔钱的拆借期仅仅只有一个月的时间。据知情者后来透露,当张海拿到健力宝的资产调查数据时,仰天大笑说:“3个亿就是单买下一座健力宝大厦也值得呀!”——况且,他仅凭着一笔只有一个月的短期拆借款,就一口吃下了庞然大物般的健力宝,其以空博大的豪胆实在令人惊叹。

饮料是一个现金流很好的行业,健力宝此时是“瘦死的骆驼比马大”,每年仍然有30亿元的销售额,也就是说每月起码有超过2亿元的现金进账。所以,就财务而言,擅长资本运作的张海不费吹灰之力就可以把1亿元的首付款给“消化”掉。而从日后的事态发展来看,从来没有实业运作经验的张海团队绝没有长久经营健力宝的打算，谁都看得出来健力宝是一个被人为纠纷折腾到谷底的优质公司，只要能让其在市场上重振雄风，就一定可以卖出一个惊天好价格来。所以，张海后来的所有举措都是以此为逻辑起点的。可惜，他对品牌经营和实业运作实在太没有经验了，以致随意挥霍，暴殄了天物。

“法师”张海在健力宝的所有经营决策，都可以一言以蔽之：步步臭棋毁天物。

他走的第一步臭棋是唾弃健力宝品牌。他嫌这个品牌太“老土”，原有的城镇市场没有价值，所以他生造出一个时尚而新锐的“第五季”，要中心开花，主打北京、上海等大城市的青年人群。殊不知广袤的城镇市场却是最肥的一块肉，健力宝多年来之所以能屹立不倒靠的正是在这个天地里的“魔水效应”。而在那几个中心城市，却拥挤着众多的跨国品牌，竞争空前激烈。在过去的10多年里，中国饮料公司鲜有成功的先例，以宗庆后这样的营销奇才也只是几进几出，了无战绩——一直到2004年之后，蒙牛、伊利等纯奶公司靠垄断的奶源优势才稍稍站住了脚跟。张海以一个闻所未闻的新品牌，像愣头青一样扎进这片光鲜而又惨烈的“红海”，又能有什么好的结局？

他走的第二步臭棋是唾弃健力宝现有的营销团队。在李经纬治内，由于积陈多年，整个营销团队确有老化和涣散之虞，舞弊、吃回扣之风蔓延，但是整支队伍还是能征善战，颇为齐整。张海上任后，认定这群人都已“废掉”了，于是一刀砍下去，辞去八成老营销员，同时大量招聘年轻大学生。他更认为，健力宝原有的市场理念是“坐商”，现在应该学习可口可乐的模式，对渠道和市场进行精细化管理。这样，营销队伍一下子从原来的500多人扩充到6000多人，营销成本陡增数倍。许多新手像蜜蜂一样地奔赴全国市场，除了卖力地张贴海报、安装凉篷之外，百无一用。

他走的第三步臭棋是迷信广告，追求轰动效应。他花上千万元拍摄精美的广告片，聘请日本广告公司代理广告业务，在媒体投放上一掷千金。一次在《广州日报》上投放广告，在短短5天内就做了16个整版，密度之大令人咋舌；2002年4月，中央电视台进行世界杯广告的招标，喜爱足球的张海以3100万元拿下了标王，引起轰动。在郑州的“第五季”新品推介会上，他更是放言：“今年至少投入1.5个亿的广告，要在全国撒下天罗地网。”有广告业人士戏称：“李经纬办健力宝，明明是政府的钱，他还省着不肯打广告战；轮到张海了，明明是他口袋里的钱,却花得比谁都不知道心疼。"2002年8月28日,他包下亚洲最豪华的邮轮"处女号",邀请全国300多家经销商和数十家媒体记者游历新加坡和马来西亚,张海在鲜花和掌声中,亲手拉响了起航的汽笛。"8·28起航"极尽奢华,一次活动耗资就超过300万元。为了让"第五季"一炮走红,他一次性采购了500台送货车和5万台电冰箱,还在订货会现场准备了奔驰轿车和别克商务轿车作为抽奖的奖品。这些促销行动看上去轰轰烈烈,但在具体的铺货、理货及经销政策的制定上却没有一项做到了实处,最终导致虽然广告攻势凶猛无比,一时间无人不知"第五季",可是在店铺里却看不到产品。在北京市场,当健力宝花费3100万元购来的世界杯广告播出一个月后,有人向广东要货,得到的回答居然是"北京地区的销售体系还没有建好,还要再等几天"。

他走的第四步臭棋是多品种齐上,没有主打重点。"第五季"系列走的是多元化之路,凡是当时饮料市场上流行的概念,从茶饮料、纯净水、矿泉水,到果汁、碳酸饮料无所不包,品种多达30多个。在"第五季"首战未捷的时候,他又突发灵感地推出了"爆果汽",试图一下子把市场打透。这种没有重点主推的营销方式,让所有的广告都绽放成了绚丽而没有着落的烟花。一年市场打下来,上亿元广告费花出去,却没有人说得清楚"第五季"到底是一种怎样的饮料。

他走的第五步臭棋是邯郸学步,沉迷足球营销。张海酷爱足球,健力宝亦有赞助足球的传统,这倒是一拍即合。2002年底,健力宝集团宣布正式入主深圳足球俱乐部,张海亲自出任董事长,之后足球队的每一场比赛他逢赛必到,从不缺席。2004年6月,亚洲杯足球赛开踢,张海从4月份开始就不管经营事务,一场不落地看球,因而被其他董事讥笑为"玩球丧志"。他还十分热衷于参与足球界的各种口水风波,宣布要发动一场与中国足协相抗衡的"足球革命",以涤清足球圈内的不正之风。在他任内,健力宝在足球上共花了5000万元。他的这些"足球营销"尽管也在各类媒体的体育和娱乐版面上出尽了风头,可是对产品销售却毫无助益,与当年李经纬的大手笔相比更是有云泥之别。

他走的第六步臭棋是借建基地之名,再操重组旧业。资本运作出身的张海很快发现,健力宝要扩大产能就必须在各地建立灌装基地,而这正成了他操作资本重组游戏的最好筹码。从2003年开始,他相继与湖北的双环科技、甘肃的西北化工、江西的华意压缩等上市公司洽谈收购事宜,无一例外的是,上述企业都是经营陷入困境的"空壳公司",而张海的收购条件均是承诺在当地建造一个投资不低于1亿元的“健力宝健康产业园”。这些项目耗去了张海无数精力，但最终均无功而返。

这6步臭棋仅仅是一种粗线条的归纳。中国饮料市场本来就高手如云，竞争十分激烈，出招稍有不慎，就有可能被机警的对手抓住机会，一击而溃。而像张海这样挺胸蛮行、不避箭镞的“豪杰”却已是多年不遇。

“第五季”在2002年度成为饮料行业最大的笑料。之后两年里，健力宝的销量一直徘徊在30亿元上下，可是运营成本却远远高于李经纬时代，其品牌力的丧失和人心之涣散更是一个让人后怕的事实。那些跟着“法师”张海入局健力宝，梦想着靠出售健力宝大赚一票的炒家眼看着这个“全中国最聪明的人”实在不中用，便开始了新的谋划。

盛宴散场：闹剧何日有竟时

2004年7月，正是饮料的销售旺季，然而健力宝只完成了区区1亿元的销售额，离计划中的3亿元相去甚远。

8月23日下午，就在健力宝20周年庆典前的5天，正在海南三亚玩潜水的张海收到一条短信，只有几个字：“董事会决议您不再是健力宝集团董事长兼总裁。”这天上午，健力宝董事会在张海缺席的情况下，免去了他的职务，改由“全中国最善良的人”祝维沙担任集团总裁。

接下来的情节宛如一场没有主角的闹剧：

祝维沙只做了两个月的总裁，却干了不少事。他先是在报纸上刊登《声明》，宣布“张海先生从来都不是健力宝集团的控股股东”。此言一出，把内部矛盾曝光天下，除了造成舆论一时哗然之外，更是引来全国的讨债大军。一时间，三水生产基地和广州总部每天都有人咆哮上门，其热闹程度倒与当年排队提货的景象有得一比。然后，他觉得张海的产品定位有错误，不应该搞什么“第五季”，而应当做“健力神”等健力系列，他嫌“爆果汽”又难看又不好喝，就把仓库里的20万箱产品都销毁掉了。接着就是“正本清源，整肃部队”。他认定张海的人马都很可疑，于是辞掉了采购总监，逼走了营销副总，自任销售总监，整个高层都被清洗了一遍。最后，就是宣布暂停生产。

"健力宝游戏"中的寻猎者:祝维沙(左)、李志达(中)、叶红汉(右)

这个"全中国最善良的人"很快被发现也不灵,于是一个新的出售计划出笼了。过了国庆就有消息传出,台湾统一集团已同意收购健力宝,开价是1亿美元。10月10日,统一方面的人就开进了三水和健力宝大厦,连张海的办公室也被新主人占去了。这对于炒家们来说是一个不错的结果,前后折腾了两年半,总算获得了1倍以上的收益。可是,上天似乎仍不愿意让可怜的健力宝安定下来,节外生枝的事件还是发生了。收购消息传出后,在经销商系统引起了强烈的反响,其原因有两个:一是经销体系的冲突,健力宝的经销商与统一的经销商多年作战,双方多次发生过聚众斗殴事件,积怨颇深。二是健力宝20年来深入人心,经销商对它的忠诚度颇高。各地经销商写来雪片般的请愿书,高呼:"我们无法想象,如果这已是既定的事实,当我们再次拿起一瓶健力宝的饮料时,我们又如何咽得下去!"他们派出代表团赴三水与区政府谈判。在对话会上,经销商史无前例地提出,自愿筹足2亿元现金来解决健力宝的资金短缺问题,帮助公司恢复生产和发放员工工资。有人甚至在会场上领头高呼:"要与健力宝共存亡!"在很多人心中,李经纬出局的阴霾其实一直未散,一腔怨气正无处发泄,现在张海团队捣乱一阵就想套现走人,实在让人气愤。面对这种群情激奋的景象,三水区政府显得无能为力,不得不在10月18日宣布,与统一集团的并购意向破裂。

统一集团的方案搁浅,炒家集团立刻寻找新的下家。这时候,闯进了一个李志达。李志达是深圳小护士化妆品的创办人,不久前他把公司卖给了法国欧莱雅，手中据称握有20亿元的现金。就在统一集团出局后的一个月，张海、祝维沙等人就与李志达签署了股权转让的协议。11月18日，李志达团队进驻三水，全面接管公司。可是，这次股权交易却让三水区政府大为光火，因为整个过程都是瞒着区政府悄悄进行的。官员们已对“错嫁”张海一事十分懊悔，现在又从天上突然掉下一个李志达，谁也不知道他们打算把健力宝捣腾成什么模样。尽管此时区政府手中的股份仅有8.9%，但是仍然决定强势干预：地方法院下文查封了李志达在三水的投资公司；12月3日，三水区政府宣布“有权力采取一切必要措施，协助恢复生产”；12月8日，法院派10多个法警进入健力宝大厦，查封所有账目和公章并冻结公司的账户，李志达派往三水基地的人员全部被“礼送出境”。这个戏剧性的反复让所有人都瞠目结舌，传媒及经济理论界的很多人士认为，“政府以小股东的身份，动用行政权力干预股权交易是一种倒退”。

就这样，健力宝如一片跑马场，几路诸侯轮番杀伐，仅有的那儿分元气也行将失尽。有记者问健力宝员工：“你知道现在谁是公司总裁吗？”员工漠然答道：“爱谁谁。”面对这一派难以收拾的乱局，有人突然又想起了病榻上的李经纬。

12月7日，在赶走李志达的同时，三水区政府以“复产协调领导工作小组”的名义在三水基地召开了全体员工大会，已经两年多没有出现、仍是“双规”戴罪之身的李经纬坐着轮椅出现在了大礼堂。有人记录当时的景象：“他坐在轮椅上，不停地笑，并向所有人挥手，前面的人拼命想跟他握手，后面的人挤不过去，就跟在后面拍手。”更让人意外的是，跟李经纬一起被“双规”和拘捕的三位副总裁也出现在了主席台上，他们被宣布恢复旧职。

健力宝在停产半年后终于恢复了生产。不过，李经纬的归来只是一个象征性的事件。第二天他的儿子就对记者宣称，“去健力宝是为了配合政府的工作”。不久后，由经销商注资激活的方案也因为缺乏可操作性而不了了之。祝维沙下台后，与他同时进入健力宝的叶红汉接管了这家千疮百孔的公司。

2005年3月23日，张海在广州被警方刑事拘留。他当时刚刚和两个朋友结束晚宴，那一顿饭他们花了4000元。刑拘他的理由是“涉嫌挪用资金”。2006年11月，检察机关以“职务侵占和挪用资金2.38亿元”为案由提起公诉，3个月后，佛山市中级人民法院一审判处张海有期徒刑15年。在开庭审理过程中,向来从容淡定、笑如莲花的张海落泪了。他激动而委屈地说:“健力宝卖掉之后,祝维沙等人都落得上亿元的实惠,可我却要在这里坐牢。如果说为了朋友义气,我可以当替死鬼,但不愿做替罪羊。”《经济观察报》的报道中意味深长地问道:“在这场暧昧的资本游戏中,张海是一个下棋的人,还是一颗被人下的棋子?”

日后的种种迹象表明,仍然是统一集团最后成了健力宝的新主人,不过为了避免“意外的干扰”,合作各方都显得异常低调。而今日之健力宝也早已今非昔比,它的品牌号召力和江湖地位也不再那么重要。在中国饮料市场上,可口可乐和百事可乐的霸主地位日渐难以动摇,娃哈哈的销售额已经超过180亿元,康师傅和统一在茶饮料、果汁饮料市场上更有收获,而后起的蒙牛、伊利则凭借独特的奶源优势异军突起。特别是蒙牛,靠着“超级女声”的走红而成为最耀眼的行业新贵,2006年的销售额达到了139亿元。跟这些巨子相比,昔日的龙头老大健力宝已不复当年之勇,人们对发生在它身上的故事也渐渐地失去了兴趣。

这就是“中国第一饮料品牌”健力宝的兴衰实录。一场基于实业公司平台的疯狂的资本盛宴在一片狼藉中曲终人散。

在2000年前后的中国国有企业产权变革大潮中,健力宝案可谓一个经典的范例。**在处置国有企业产权的时候,握有生杀大权的地方政府出于对经营层的极端不信任,转而试图从外部寻找产权改造路径,国有资产成为跨国公司和资本经营者们争相追逐的猎物。在这个过程中,对现有经营层的无情排斥,与对外来力量的盲目信任,形成了鲜明的对比。如果说经营层MBO因为缺少透明的操作流程会产生国有资产流失及不公平现象的话,那么,健力宝式的改造途径则产生了更大的经营风险和交易的灰色性。在这个案例中,所有你能够想象得到的商业戏剧性——神话、欲望、博弈、阴谋、报应、轮回都一一地上演了,它充满了那么多的偶然性,却又仿佛滑行在一条必然的悲剧之轨上。**

2006年12月23日,中国饮料工业协会年会按惯例在北京举行。健力宝集团董事长叶红汉在发言时说,公司已熬过最艰难的生死线,当年实现销售额16亿元。他突然话锋一转,说到了一个几乎已被人淡忘的名字。他说:“健力宝没有死掉。我觉得主要有几个核心，一个是品牌影响力，还有一支忠诚于健力宝的经销商队伍，以及健力宝对品质的一贯坚持。这三个要素我觉得都是当年健力宝的创始者李经纬先生留下的遗产。所以，这里还要感谢李经纬先生。”

他说这段话的时候，四周端坐着全中国最重要的饮料公司巨头们，所有人均不动声色。

【健力宝大事记】

1984年，广东三水县三水酒厂厂长李经纬获得一种新型运动型饮料配方，推出“健力宝”饮料品牌。健力宝成为中国奥运代表团的首选饮料，被日本媒体誉为“中国魔水”。

1987年，广东健力宝有限公司成立。健力宝成为当年全运会的最大赞助商，声名大噪。

1991年，健力宝在美国成立分公司，在全美推广健力宝饮料，并动用巨资购进纽约帝国大厦其中的整整一层。

1994年，健力宝隆重庆祝创业10周年，产品销售超过18亿元，名列全国饮料酿酒行业的首位。

1997年，38层高的广州健力宝大厦落成，健力宝总部迁到了广州，产品销售额突破了50亿元大关。4月，健力宝被国家工商行政管理总局评定为第一批“中国驰名商标”。8月，中国饮料协会公布行业数据，健力宝在产量、总产值、销售收入和税利4项上均排名第一。

1997年秋天，健力宝在香港联合证券交易所上市的方案行将通过，三水市政府以“没有香港暂居证，因而不得购买H股原始股票”为理由，拒绝批准经营团队购买股票，李经纬一怒之下，放弃上市。

1999年，李经纬提出在公司内部实行员工股份合作制的方案，由管理层自筹资金4.5亿元买下政府所持有的股份，方案被政府否决。

2001年，健力宝经营业绩下跌到31亿元，上缴政府的利税也从1亿元降到2000万元左右。7月，三水市政府召开健力宝转制工作联席会议，九成与会官员主张卖掉健力宝，但决不能卖给李经纬团队。

2002年1月15日，三水市政府向浙江国投转让健力宝75%的股份，作价3.38亿元，28岁的张海出任集团董事长。

2002年5月，健力宝全新产品“第五季”正式推出。

2002年10月，广东省人大以涉嫌贪污犯罪为罪名罢免了李经纬的全国人大代表资格。

2002年11月，健力宝集团收购河南宝丰酒业。12月，组建“健力宝足球俱乐部”。

2003年3月，健力宝集团投入2亿元推出“爆果汽”等三大系列新产品。

2004年8月，因经营业绩不佳，张海被免去健力宝集团董事长兼总裁职务，祝维沙任总裁。

2004年10月，台湾统一集团出价1亿美元收购健力宝，受到经销商的狙击未果。

2004年11月，张海团队将股份转让给李志达，三水区政府以小股东身份强力干涉，转让流产。

2004年12月7日，三水区政府出面主导健力宝恢复生产，李经纬以“双规”戴罪之身，坐着轮椅出现在正在召开全体员工大会的健力宝集团大礼堂。

2005年3月，张海在广州被刑事拘留。2007年2月，佛山市中级人民法院以职务侵占和挪用资金罪名一审判处其有期徒刑15年。

2007年，台湾统一集团入主健力宝。

【后续故事】

2009年12月27日，广东省高级人民法院对广东健力宝集团原董事长张海一案作出终审判决，认定张海在狱中检举他人有立功表现，将15年刑期改为10年，所得赃款收缴，发还健力宝集团。

张海获减刑的理由与商业无关。据法院透露，张海于2007年2月7日检举揭发同室服刑的张某曾伙同他人在佛山市禅城区入屋抢劫致人死亡的事实，警方据此侦破该案，构成立功，因此将其原判刑期减少5年。后来，张海再度获减刑。2011年2月5日，坐牢6年的张海刑满出狱。

至于李经纬则一直被“关”在广州的一家医院里。

2010年4月，广东省高级人民法院终审认定李经纬的3位下属犯有贪污罪、受贿罪，其中一人执行有期徒刑18年，其余两人各获刑14年。此案的第一主角李经纬则“因身体健康状况不能参加庭审，法庭中止对他的审理”。据称，年届70的李经纬在当年健力宝改制后中风，身体偏瘫，长期住院休养。一位律师告诉媒体，虽然因病被允许暂时中止审理，但是李经纬身体一旦转好，就要出庭面对贪污的刑事指控。

这就是健力宝故事最具黑色幽默的结局：没有一个人——包括李经纬本人，希望他的身体好起来。

2011年11月，佛山市中级人民法院一审判决李经纬有期徒刑15年。

2013年4月22日，李经纬病故，终年74岁。“一瓶魔水，廿载豪情，从来中原无敌手；半腹委曲，十年沉默，不向人间叹是非。”

【新新观察】

值得检讨的“三水策略”

在2000年前后的“国退民进”中，很多地方政府在出售企业的时候，选择了“宁予外客，不予家人”的策略。其原因有3个：一是担心经营层上下联手，难以控制；二是为了避嫌，害怕承担国有资产流失的责任；三是利益纠缠，难以均衡，索性卖给外来客。健力宝的产权变革便是很典型的一例。自始至终，三水市政府并没有搞垮健力宝的意图，它试图秉持的也是让企业平稳过渡的原则。然而在策略的选择上，由于缺乏经验，则出现了很多值得商榷的地方，其摇摆反复也最终成为一家大好企业被折腾至衰亡险境的原因之一。

●策略一：“先天”性不信任创业团队。

对李经纬团队的先天性不信任，是健力宝危机的起点。或许因为有所顾忌等原因，三水市政府与李经纬从来就没有对这种“不信任”进行过坦诚的对话。这种“心照不宣”的内心对抗，渐渐形成了一种很不正常的氛围，最终影响到了双方的所有决策和举措。

●策略二：过分轻信张海。

三水市政府与张海素昧平生，却在极短的时间内就签订了出售协议，而且跟李经纬毫无商量,其中已颇有赌气的成分在内。正如《财经》杂志在后来的调查中所发现的:“如此巨额资产出让,政府一方既未请财务顾问提供中介服务,亦未对买家的资信进行调查。交易过程更是暗箱操作,长期秘而不宣。”

●策略三:在对大股东的支持上摇摆不定。

在张海被撤职之后,三水区政府的立场摇摆在张海和祝维沙之间,时而倾向前者,时而支持后者,造成新闻舆论上的疑惑和决策层的分裂、动荡。

●策略四:在战略投资商的引进上优柔寡断。

自张海之后,从商业利益和资源整合的角度来看,让统一集团收购健力宝无疑是比较合适的一个选择。然而,面对经销商的激烈反对,三水区政府无法进行理性的说服,畏而退之,丧失了一个适时拯救健力宝的机会。

●策略五:以小股东身份驱逐大股东。

在“一朝被蛇咬”之后,三水区政府对外来的民间资本再也不信任了。当张海团队与李志达达成股权转让协议后,三水区政府以8.9%的小股东身份强势抵制后者的进入,并不惜动用公权力,查封公司账户,将李志达一系人马“礼送出境”。此举在国内舆论界和法律界引起了很大的震动,被指为无视大股东的权益,在合法性上颇有可议之处。中国政法大学李曙光教授评论说:“不论是在什么情况下,政府直接介入都是不合法的,这种介入不仅破坏了第一次交易的合法性,而且使政府主导下的第二次交易不合法。”

●策略六:难以自圆的“体外循环”。

在驱逐李志达后,为了尽快恢复生产,心急如焚的三水区政府以小股东身份接管健力宝,并且成立了一家注册资本只有100万元的国有独资贸易公司——公司法人还是三水区的区长,全面承担企业的销售任务,将营销利润都留存在该公司。这种“体外循环”的方式,很容易让人产生不良联想,且不利于健力宝的正常运营。

●策略七:对李经纬的处理暧昧不决。

对创业者李经纬的处理很让人不解。在将其排除之后,先以贪污罪名罢免了他的人大代表资格,并宣布“双规”,然而又迟迟不进入正常的审理程序。而在企业陷入乱局的时候,又请他到工厂“安抚”人心。在4年多的时间里,始终没有在法律层面上给出一个清晰的结论。这种首鼠两端的处理方式,让法律的严肃性大打折扣。

科龙
一条被刻意猎杀的龙

它曾经是中国最具成长性的家电公司。
从捶打出第一台电冰箱到"全国销量第一"，
它用了7年时间；
从创利6亿元到巨亏36.93亿元，
它也用了7年时间。
经济学家说，科龙的结局是时也，运也，命也。欲哭无泪。

科龙之兴衰,事关两个男主角:潘宁和顾雏军。

我们即将看到的是,中国家电业最具现代气质、资产质量最好的公司是怎样被肢解和蹂躏的。尽管过了很多年,我们似乎仍然能清晰地听到一个展翅飞翔中的巨大飞兽自我毁灭的声音——那肌肉被撕裂的声音,那骨骼被击碎的声音,那翅膀被折断的声音。

那悠长的叹息,至今在时光隧道的深处如幽灵般地徘徊着——

"可惜了,科龙。"

顺德模式:炸平山头建厂房

1984年,在广东顺德的容桂镇,只有小学四年级文化水平的潘宁以零件代模具,用汽水瓶当试验品,凭借手锤、手锉等简陋工具和万能表等简单测试仪器,在十分简陋的条件下打造出了中国第一台双门电冰箱。那一天雷雨交加,他独自一人冲进大雨中号啕大哭。

潘宁是容桂镇工交办公室的副主任。当时的广东城镇开办企业成风,其中很多能人都是乡镇基层干部出身。他们是当地观念最超前的人,更关键的是能够整合各个方面的资源。潘宁造电冰箱,在技术上靠的是北京雪花电冰箱厂的支援,在资金上则是由镇政府出了9万元的试制费。所以,这家工厂成了"乡镇集体企业"。这一产权归属最终决定了企业家潘宁的悲情命运。这年

10月，珠江电冰箱厂成立，电冰箱的品牌是“容声”，潘宁出任厂长。

企业初创时期的艰辛可以想见，那个时候的乡镇企业还颇受人歧视。潘宁到当年北京最著名的西单商场推销电冰箱，一位科员跷着腿问他：“容声是咋回事呀？是啥级别的？”潘宁说：“我们是乡镇企业。”那位科员当即下了逐客令。1986年，潘宁想请香港影视明星汪明荃代言电冰箱广告。因为汪明荃是全国人大代表，广告要播出需请示上级，结果报告打上去，如石沉大海。所以，在很长一段时间里，这则广告只能在地方电视台播出，却上不了中央电视台。

科龙创始人、第一任总裁潘宁

这些身份的歧视和制度性的打压，并没有给科龙造成致命的困扰。就跟当时所有的乡镇企业一样，潘宁和他的团队反倒增强了竞争能力。20世纪80年代中后期，中国知名的电冰箱企业都是靠引进生产线起步的。与潘宁同年创业的张瑞敏就是靠跑部委，引进了最后一条“指标内”的德国利渤海尔电冰箱生产线，才把一家濒临破产的小工厂救活的。最夸张的是，有9家企业向意大利梅洛尼公司引进了同一型号的阿里斯顿电冰箱生产线。在那几年，国内先后引进了79条电冰箱生产线，从而引发了一场电冰箱大战。在这些电冰箱工厂中，珠江电冰箱厂是身份最为低微的一家，然而其却靠新颖的款式、上乘的质量以及灵活的营销策略而崭露头角。潘宁尽管不是专家出身，却视质量和技术进步如生命。他请汪明荃代言广告，策划人员苦思了一大堆花哨的广告词，最后他圈定的却是最平白的一句：“容声容声，质量的保证。”

到1989年前后，珠江电冰箱厂的装备和规模已经不逊色于国有企业。这年冬天，《经济日报》记者在对珠江电冰箱厂的采访笔记中惊讶地写道：“这家位于顺德容桂镇的乡镇企业拥有固定资产8000万元，进口设备占45%，许多大中型国有企业都不具备如此好的条件。该厂的原则是：谁的最好就买谁的。整条生产线长达6公里，全由欧美、日本最好的设备配套组成，这又是许多大中型企业望尘莫及的。”在珠江三角洲一带，容声电冰箱成为最知名的家电品牌，在全国市场上，则形成了“北海尔、南容声”的双雄格局。

在公司初创期，一个非常重要的事实是，珠江电冰箱厂的发展壮大与顺德地方政府的全力扶持是分不开的。

当时的华南地区，领改革开放的风气之先，地方政府对乡镇企业的扶持不遗余力，因此，带来了“镇镇点火、村村冒烟”的繁荣景象。在所有市镇中，顺德、中山、东莞、南海因经济最为活跃而被称为“广东四小虎”。顺德位居四小虎之首，其对科龙的全力扶持堪称典范。有个例子一直被人津津乐道：20世纪90年代初期，潘宁要扩建厂区，但是容桂镇上已无地可征，镇领导摊开地图，仔细盘算，最后决定炸掉镇内的一座小山，将之夷为平地，让潘宁建车间。有记者对此感慨不已：“若其他地方政府都能这样替企业着想，哪有经济发展不起来的道理？”于是，他的报道用了“可怕的顺德人”作为标题。

由于政府的开明与倾力支持，当时的顺德的确非常“可怕”：全国家电产量的1/3在广东，而顺德就占了“半壁江山”，它是全国最大的电冰箱、空调、热水器和消毒碗柜的生产基地，还是全球最大的电风扇、微波炉和电饭煲的制造中心，容声、美的、万家乐和格兰仕并称“中国家电四朵金花”。在这一年评选的全国10大乡镇企业中，顺德竟赫然占去5席。

地方政府的全力支持成就了顺德企业群，而与此相关联的则是，政府也在企业的经营决策中扮演了十分重要而强势的角色——一个耐人寻味的细节是，珠江三角洲一带的不少企业家在创业时都具有半官半商的身份：潘宁是顺德容桂镇工交办副主任；创办了全球最大微波炉企业格兰仕的梁庆德在创业前是顺德桂州镇的工交办副主任；乐百氏的何伯权创业前则是中山小榄镇的团委书记。

1992年1月底，正在广东等地视察的邓小平专程到珠江电冰箱厂视察。这家国内最大的电冰箱制造工厂装备了全世界最先进的生产线。站在宽敞而现代化的车间里，邓小平显得非常惊奇。他问：“这是什么类型的企业？”随行同志回答说：“如果按行政级别算，只是个股级；如果按经济效益和规模算，恐怕也是个兵团级了。”邓小平在厂区参观时，感慨万千地连问了3次：“这是乡镇企业吗？”也就是在这个过程中，邓小平提出了那句日后闻名全国的邓氏格言："发展才是硬道理。"

在邓小平离开该厂后不久，北京有关机构公布了全国家用电器产销排行榜，珠江电冰箱厂荣登"电冰箱产销量第一"的宝座，并在这个位置上一直稳稳地坐了8年。

在科龙的邓小平雕像

潘宁宿命：怎一个"愤"字了得

邓小平的三声感叹，让潘宁名扬天下。此时的他已经年届60岁，按惯例已到了退休的年纪，不过没有人敢公开地提这个敏感问题，连他自己也没有觉得到了该退下来的时候。

除了年龄的敏感外，一个更"提不得"的话题是，企业的产权归属到底有没有明晰化的可能。珠江电冰箱厂尽管由潘宁创办，但在产权上则属于镇政府。潘宁当时的处境十分尴尬，珠江电冰箱厂日渐发展壮大，而经营团队则无任何股权，潘宁多次或明或暗地提出，希望镇政府能够在这方面给予考虑，可是得到的答复都含糊其辞。另一个让他头痛的事情是，容声电冰箱畅销国内后，由于这个品牌的所有权归镇政府所有，一些镇属企业便也乘机用这个牌子生产其他的小家电，严重地干扰和影响了珠江电冰箱厂的声誉，而对此潘宁竟无可奈何。

于是在1994年，潘宁决定另辟蹊径。他将企业变身为科龙集团，宣布新创科龙品牌，进军空调行业。在他的谋划中，科龙品牌归企业所有，由此可逐渐摆脱政府的强控。他的这种"独立倾向"当然引起了镇政府的注意。也就是从这时起，潘宁和企业的命运变得十分微妙起来。

1996年,科龙电器在香港联合证券交易所上市,融资12亿元,成为全国第一家在香港上市的乡镇企业。潘宁雄心万丈地四处攻城略地,先后在辽宁营口和四川成都建立了两个生产基地,这样可以大大降低物流运输的成本。一个尤为重要的决策是,他宣布将投资10亿元人民币在日本神户建立科龙的技术中心。**当时的状况是,中国的电冰箱企业靠"价格割喉战"迅速地击败了早先在中国市场上靠品牌优势而获得先机的跨国企业。但是潘宁知道,要稳固本土企业的市场战果,还必须拥有核心的技术开发能力。当时所有的国产家电企业,其实都还是一些装配工厂,其核心部件仍然需要从国外引进。全球电冰箱的核心技术都被日本东芝、三洋及松下等公司所掌控,所以将技术开发的前沿延伸到日本本土去,是一项成本很高却将有奇效的战略。**在一次高层会议上,潘宁很激动地说:"如果不能在有生之年装出一台百分百的中国电冰箱,我们这代电冰箱人愧对后人。"

可惜的是,潘宁的这种"决战思维"在他退出后竟成绝响,以致10年之后,中国电冰箱产业的核心技术空心化局面仍然没有得到根本改变。

1997年,科龙实现营业收入34亿元,利润6.6亿元,获香港《亚洲货币》杂志评选的"中国最佳管理公司"和"中国最佳投资者关系"殊荣,俨然是中国制冷业乃至家电业的希望之星。然而,也是从这时开始,地方政府对科龙的掌控变得直接起来。这家品牌显赫、效益绝佳的企业成了政府官员调控地方资源的一个最佳工具。1998年中期,为了延伸产业链,潘宁谋划在科龙空调项目上增大投资。当项目报到镇政府的时候,他却得到了一个十分意外的决定:政府希望科龙收购同镇的华宝空调。

科龙曾是中国效益最好、最具现代气质的家电企业

华宝空调的兴衰是另一个版本的"顺德故事"。

华宝空调厂是国内第一家生产分体式空调的企业,在广东空调行业中第一家取得ISO9001质量体系认证。1993年,华宝空调销售额达18亿元,产销量名列全国第一。这年的11月底,在经营层毫不知晓的情况下，华宝的国有资产控股方顺德市投资控股总公司突然决定将60%的产权出售给香港翁氏家族控制的蚬壳公司。当时华宝的总资产达18亿元，而蚬壳公司的资产不足5亿港元，它只用了1000万元的价格就获得了控制权。由于交易过于“秘密”，引起经营层的强烈反对，创办华宝的董事长当即辞职，其他高管对香港方持强烈的抵触态度，企业经营陷入一片混乱局面。到1994年11月，蚬壳公司见对立状况缓解无望，便以“空调市场不景气，宏观调控使销售款回收周期加长，空调生产竞争对手增多”为由主动放弃了股权。港方提出，他们已经在华宝“连本带利投入资金14.2亿元”，他们愿意“承担1亿元的损失”，其他的款项则要顺德和华宝方面全数归还。很显然，这是一笔让顺德方面很感窝火的交易，不但付出10多亿元的赔偿金，还弄得华宝元气大伤，其市场份额被后起的珠海格力空调等抢去大半。在某些政府官员眼里，此时的华宝已成了一个尾大不掉的麻烦企业。因此，当潘宁提出新上空调项目的时候，便有人提出将华宝空调划归科龙，以此打造出一个“空调航母”。

潘宁对陷入困境、内部矛盾重重的华宝颇为忌惮。在他看来，与其改造一个结构落后的“老房子”，还不如在一片空地上盖一个“新房子”。而政府方面则当然希望他能够挑起这副“重担”。为此，市长承诺，并购后可以“拨给”科龙一个上市指标，允许它在深圳证券交易所上市。在权力的高压和上市指标的诱惑下，潘宁选择了妥协。就这样，1998年10月，科龙和华宝宣布联合，这是当时国内家电行业规模最大的一次企业联合。

科龙、华宝合并看上去做成了一艘“大船”，但是实际上这两家企业从来就没有真正融为一体，仅从品牌经营而言，科龙决没有能力同时做好两个不同品性的空调品牌。因此，华宝之被弃是预料中的事情。而一个让人更担忧的事情是，随着科龙规模的扩大，政府对之的控制变得越来越直接。1998年12月，就在科龙宣布收购华宝空调2个月后，在没有任何预兆的情况下，科龙集团突然发布公告，潘宁辞去公司总裁职务。第二年4月，潘宁卸任董事长，他的所有职务都将由多年的副手王国端担当。

根据很多当事人的回忆，潘宁对此毫无思想准备。在整个1998年，他一直在全国各地考察，他想收购成都一家军工厂的车间，将之改建成电冰箱生产线，还到河北等省份洽谈建设北方生产基地的事宜。据这段时间与潘宁有过数面之缘的北京大学周其仁教授观察,"潘宁下岗, 其实他对此没有做好准备,在过去的1年多里,他一直在四处奔波"。

潘宁几乎没有对外界做任何解释,他迅速做出了移民加拿大的决定。为表示自己的彻底隐退,他与科龙约法三章:"不保留办公室,不拿科龙一分钱退休金,不要科龙一股股份。"他对媒体记者发表的最后一段讲话是:"现在退下来,我觉得非常荣幸。因为好多知名的企业家,有的升了官,有的没有后续力,还有的犯了错误,极个别的上了刑场。像我这样干到65岁的企业家,屈指可数。我光荣退休,确实好荣幸。"他对外宣称有6个"退休计划":学打高尔夫,学摄影,学开车,学太极拳,读点近代史,陪太太外游。一位科龙旧部曾记录一个细节:老潘临别科龙时,曾"口占一绝"留赠部下作纪念:"服务乡企数十年,纵横家电愤争先。闯破禁区成骏业,寄语同人掌霸鞭。"① 有人指出,诗中的"愤争先"一句有点别扭,是不是"奋争先"或"纷争先"的笔误。潘宁肃然地说,就是这个"愤",发愤图强的愤,悲愤的愤。

潘宁离开科龙后,尽管日后风波不断,他却再也没有对这家倾注了毕生心血的企业说过一句话。每年清明,他必由国外归乡扫墓,然后又悄然出境,几乎与科龙旧人再无往来。

科龙革命:名不副实的革命

潘宁之后的科龙,进入了一个整肃期,自称为"科龙革命"。

这是一个激进宏大而又寓意不清晰的定义。它是一场怎样的革命?革命的对象是谁?要达到怎样的革命目标?没有人说得清楚。真相也许是,后继者为了填补创业者潘宁走后留下的巨大的信念空白,不得不用这种看

---

① 华南企业家似乎有临别赋诗的喜好。1993年,华宝创办人黎钢在辞职时也曾赋诗一首,曰:"两手空空进顺德,几多风雨几艰辛?社会压力何所惧,三起三落三抽根;兄弟同心最可贵,各界支持志更对;九年搏成华宝业,十八亿元齐奉公。改革大潮巨浪翻,企业转制易股东;急流勇退是时候,难舍手足情义真。告别宦海一身轻,并非丧志作寓翁;茫茫商海总有路,再踏征途显神通!"其意苍茫,其情曲折,与潘宁可有一比。

上去很激进的方式来凝聚人心和激发市场信心。"革命"是一个有血腥气息的字眼，除非公司身处难以逆转的险境，百般无奈之下或可用霹雳手段一试。对于科龙这样正处在效益高峰期的企业而言，因人事之地震而突施这种非常规的战略，其最终的结果只能是，这场革命几乎革掉了科龙自己的命。

从表面上看，王国端任内的"科龙革命"有两个层面的任务。

一是以"组织转型"为名义的人员整肃。2000年3—4月间，科龙完成了涉及面达2000人的管理层人事调整，部门减少40%，压缩人员35%，车间主任以上干部全部通过竞聘上岗，378人竞聘245个岗位。王国端对科龙"人员和观念都已老化"非常警惕。他先后将4名副总裁级的创业元老一一劝退，同时又引进了知名的营销人士屈云波出任营销副总裁，国际咨询公司罗兰·贝格中国区总经理宋新宇出任战略总监。随着一批"空降兵"的到来，以及内部高层人员的清洗，科龙领导团队的面孔顿时焕然一新。

二是改变潘宁"高投入、高利润、高收入、高发展"的四高战略，转而为"消化、断奶"的保守型策略。潘宁在新技术、新模具、新配件等的引进上从来大手大脚，不遗余力，这使得科龙始终在品质和质量上处在国内行业的前列，也因此培养出一种超越众人的现代气质。当然在这个过程中，也存在引进浪费、维修折旧成本过高等问题。后继者认为，中国家电业已经进入微利年代，想靠高举高打而获得暴利已经不现实了，因此必须精打细算，通过内部机制的优化来保证可持续的效益。于是体现在决策上，就是大幅度削减新模具引进，放弃建设海外科研基地，要求集团内部的配件公司都独立核算，自己"找食"。

对于任何一家大公司的战略调整正确与否，在一开始很难作出判断，甚至在事后都没有办法进行"复盘重演"。战略之优劣，仅仅在于是否适合

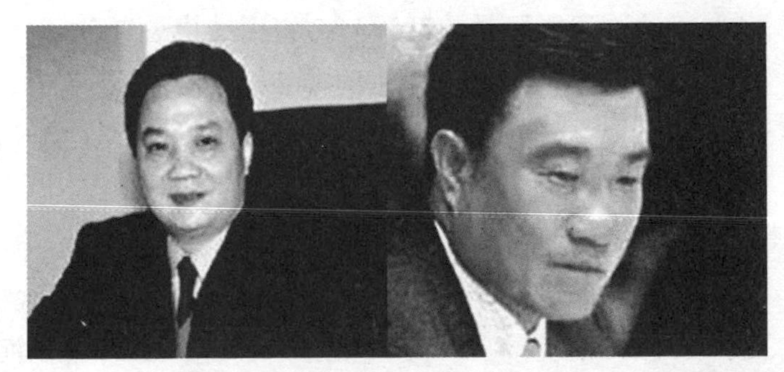

潘宁以后的两任"过客式"总裁：王国端（左）和徐铁峰（右）

及执行是否坚决。王国端推行的改革其实很难用“革命”来形容，他好像看到了潘宁式经营已经不能让科龙继续奔驰在高速成长的道路上，因此才试图用自己的方式来进行拯救，但其执行效果不尽如人意。被媒体和科龙自己炒作得光芒四射的“科龙革命”，似乎只是为了掩盖辞退潘宁后可能造成的种种反弹效应。而另一个更让人惊心的事实则是，在“革命”的名义下，科龙的资产状况突然发生恶化。

2000年6月，上任仅仅一年半的王国端出人意料地辞职，容桂镇镇长徐铁峰出任科龙总裁。在开放之风颇盛的华南地区，由镇政府正职官员转任辖内最大企业总裁，此前并无先例。因此，其人事更迭引起一片惊呼。或许也是从这种非同寻常的举动中，媒体嗅出了科龙事件的戏剧性。

徐铁峰继续高举“科龙革命”的旗帜，他看上去花了很大精力想重树“科龙文化”和“科龙企业精神”。然而，12月，“科龙电器”公告预亏，第二年的4月年报公布，科龙亏损6.78亿元。

对于这家已经8年稳居中国电冰箱行业老大的明星公司而言，巨额亏损无疑是向市场投掷了一颗巨型炸弹，公众对此的反应几乎可以用“骇人听闻”来形容。让人更难以理解的是，在过去的两年里，尽管潘宁退休造成了企业一定的动荡，尽管王国端式的“革命”虎头蛇尾，但是，科龙产品在市场上的表现仍然很抢眼，这些“家院子里的风波”并没有波及消费者对品牌的认同。因此，科龙亏损成了一个云雾缭绕的大谜。

根据公开的解释，科龙亏损是由于经营不善所造成的。可是，从1997年开始，科龙的赢利能力每年都保持在6亿元以上。1999年，净利润为6.3亿元，电冰箱产量达到创纪录的265万台，实现销售总额58亿元，公司连续第三年荣获“中国最佳管理公司”和“中国最佳投资者关系”殊荣，在11月，科龙还被《福布斯》杂志选入全球20家最佳中小企业排行榜。这样的公司怎么会在来年竟调头亏掉将近7亿元，一来一去将近14亿元反差如何说得清楚？况且，科龙公司的电冰箱毛利率之高是业内众所周知的事实，由彩电起家后来投资电冰箱业的海信集团总裁周厚健曾经算过一笔账，海信电冰箱的毛利率为7.73%，而科龙电冰箱的毛利率却高达29.17%。造成这种高利润现象的原因，一是潘宁所坚持的高品牌、高价格战略，二是科龙所形成的庞大的制造规模效应。

从财务的角度分析，科龙亏损有3种可能性：

——市场突发重大恶性事件，销售急剧萎缩，因运营成本过大，造成巨额亏空。事实上，这种状况在当时并没有发生。

——应收款过大，巨大的呆坏账，形成财务黑洞。曾全面主管科龙营销的屈云波披露说："2000年我上任时，科龙拖欠广告费2亿多元。我来之前，科龙的最高应收账款是12个亿，我刚上任时是七八个亿。而到我2001年底离去时，广告费只剩下几千万元了，账面上还有2个亿的应收账款，应在正常范围之内。"如果屈云波所言可信，也就是说，尽管在2000年前后公司的应收款项惊人，但最终并没有形成坏账。

——大股东有转移资产的嫌疑。在潘宁创建科龙品牌之后，其上面一直存在着一个"容声集团"，它是科龙电器的大股东，受政府委托管理集体资产。尽管科龙先后在香港和深圳上市，成为一家公众公司，但是真正握有资产权的"容声集团"则始终隐身其后。曾经进入过科龙董事会的屈云波在离开后一直三缄其口，对他坚决辞职的真正原因秘而不宣。一直到2005年8月，他才在接受《经济观察报》记者采访时，言辞闪烁地说："由头一年赚7个亿(实际上是6.3亿元)到第二年亏7个亿(实际是6.78亿元)，这引起大家很大的关注，一来一回可是14个亿啊。除非是特殊情况，要不就是在专门制造亏损。"他还说："我可以把亏损这种坏事变成好事，把领导层的不断更换这种坏事变成好事，但我没有能力把偷钱这种坏事变成好事。"

科龙与大股东之间的资产状况究竟如何，外界尽管存在种种猜测，但是从来没有得到过清晰的交代。有专家大胆推测：到2001年底，科龙电器已经被彻底地"掏空"或"消耗而空"。它成了一头看上去很庞大，实际上已经徒有其表的巨兽。它的拥有者们开始考虑寻找下家。

这时候，一个梦想家闯进了舞台。

格林柯尔：抢食腐尸的兀鹰

顾雏军与科龙的渊源始于1989年。

3月，当时国内最有影响力的经济类报纸，新华社旗下的《经济参考报》

在头版头条刊发一条新闻称：一个刚刚30岁、名叫顾雏军的青年科学家发明了“顾氏循环热力理论及技术”。据称该技术应用于电冰箱和小型空调可以节能20%～40%，而且不用氟利昂。报纸对他的技术称羡不已，还配发了一条很吸引眼球的评论——《快抢财神顾雏军》。

顾雏军

一向对新技术如饥似渴的潘宁看到这篇报道后，专门剪下报纸，让部下去认真了解一下。一个月后，部下汇报，说这个顾雏军年轻气盛，自称已有100多家国外的电冰箱公司在跟他接触，并且不太愿意把技术转让给国内的电冰箱公司。而且据了解，他的这项技术好像也没有报上说的那么成熟。这件事情就这样不了了之。谁也没有料到，12年后，这位“财神”科学家会以极其暧昧的方式入主科龙，并最终将科龙送上了衰落的不归路。

我们先来交代顾雏军入主科龙前的闯荡历程。他出生在江苏泰县一个叫仓场的小村里，早年就读江苏工学院内燃机专业，后来考上了天津大学的热力学研究生。这是一个性格倔强而又无比自傲的人。有一次，他跟师弟谈及其导师，竟然说：“我搞的东西，他能懂一半就不错了。”30岁那年，他“发明”了一套热力循环理论，直接命名为“顾氏理论”，其好名之迫切可以想见。他的新技术虽然受到媒体的追捧，却不被同业看好，连其导师都公开撰文说他搞的是“伪理论”。因为找不到合适的买家，顾雏军就下海创办了一家注册资金为10万元的小公司，专门推销他的节能技术。1991年中国家电消费热初起，他在惠州办了一家空调工厂，生产小康牌空调，广告上自称是“目前世界上耗电最省的家用空调器”。那时正赶上“空调热”，顾雏军生产的空调成本低、价格也低，每台基本能赚1000元。办厂的第二年，产量达到了6万台。3年下来，他赚到了将近1亿元的钱。可惜到了1994年，惠州市技术监督局认定小康空调产品质量不合格，硬是把厂子给查封了。顾雏军一怒之下，状告惠州市技术监督局。他后来回忆说：“1996年以前，我的人生几乎就是在跟世界斗气。”

兵败惠州后，顾雏军当即北上，在天津经济技术开发区新建了一家无氟制冷剂工厂，名字是“格林柯尔”。就是在那几年，人们逐渐认识到电冰箱和空调器所使用的氟利昂对大气臭氧层有很大的破坏性。于是，无氟家电成了一个被追捧的新概念，一些省份还时髦地提出了加快无氟化进程的口号，顾雏军的技术及工厂恰好赶到了这个节点上。1998年顾雏军时来运转，格林柯尔制冷剂被国家环保总局批准为环保实用技术推荐产品，海南、湖北及天津等省市还把他的产品作为无氟首选替代品。2000年，格林柯尔在香港创业板上市，融资5.46亿元。在招股说明书上，一位王姓董事是刚刚退休的国家环保总局副局长。

顾雏军这段聚敛财富的经历尽管曲折，却并不模糊。可是，他却偏偏要完全地改写。根据他自己的描述，1989年后他就受英国合作伙伴——他始终不肯披露公司名称——的邀请，赴英国创办格林柯尔，然后又去华尔街历练过投资银行业务，并在10年时间里，先后在全球各地创办了9家公司。格林柯尔制冷剂是国际制冷市场上最贵的产品，占有25%的欧洲市场、10%的北美市场和50%的亚洲市场，这为顾雏军带来了巨额的财富。他因此常说：“不要问我钱从哪里来的，我的钱有国际背景。”

在一个互联网已经把世界都碾平了的年代，顾雏军要把一个没有发生过的故事说圆，实在是一件很不容易的事情。他拒绝提供哪怕一个这段经历的见证人，更有熟识者透露过一个细节，此人英语口语无法达到与人沟通的水平。顾雏军令人怀疑的商业活动，除了他的10年“海外经历”外，还有格林柯尔的业绩。上市第一年，格林柯尔就宣布实现利润2.69亿元，营业收入在过去3年里增长了3300倍，赢利名列香港创业板第一。在2001年的年报中，公司宣布实现营业收入5.16亿

格林柯尔

元，毛利4.1亿元，净利润3.4亿元。以严谨的财务分析著称的《财经》杂志直称，“其收入简直是一个无法达到的数字”。《21世纪经济报道》则报料，格林柯尔的所谓业绩来自大量的虚假合同，“它的故事核心就是到处签虚假订单，假订单多得可以用麻袋装”。

就是这么一个缠绕着众多灰色光环的企业家走进了另一个笼罩在灰色大雾中的科龙。

2001年10月31日，全国各大媒体的财经记者在毫无预兆的情形下得到一条消息：一家名不见经传的格林柯尔公司成为制冷家电龙头企业科龙的第一大股东。前者以5.6亿元收购科龙电器20.6%的股权(后来这个收购价降低为3.48亿元)。在新闻发布会上，容桂镇镇长解释说：“作为政府，对企业最好的结果应该是零持股，零负债，应该退出企业，只信守自己宏观控制的职责即可。”之所以会选择格林柯尔，是因为“看好其高科技核心技术、跨国经营网络、人才与市场优势”。

这些很冠冕堂皇的理由显然无法满足记者们的好奇心，甚至不足以解开任何一个疑问：科龙为什么要出售？为什么是定向出售？为什么选择格林柯尔？为什么是那么低廉的价格？总而言之，这些年来科龙到底怎么了？

从后来发生的事实来看，科龙到底是怎么回事，其实连收购者顾雏军自己都没有弄清楚。

顾雏军是如何与容桂镇搭上线的，一直是个谜。顾雏军的团队里颇有一些人脉关系深厚的下海官员，其中一位曾任农业部国际合作司司长。他们应该是主要的促成者。《顾雏军调查》的作者陈磊引用一位曾任科龙电器董事会秘书的知情人的话，顾雏军与政府谈判的重要筹码，正是科龙电器与母公司容声集团之间藏于账面之下的大量关联交易，“顾雏军向政府表示，如果让他收购，容声集团欠科龙的钱，就可以不用还了”。

全中国的财经记者及关心科龙风波的人们，都认为这个来历不明的顾雏军，不知道用了什么手段抢走了一块大金砖。甚至连顾雏军自己，在一开始大概都是这么窃喜着的。

他后来详细地回忆了收购科龙前后的情形：“2001年9月27日签约的时候，我们只知道可能亏损1个亿，到11月底，告诉我们亏损可能超过6亿元，当时我们大吃一惊，而签的协议已经公告。这种情况下，我们回去开了一个会，最后得出的结论是，科龙的成本控制是有大问题的，如果做得很严格，赢利是有可能的。我2002年1月进入科龙，3月份的时候审计报告出来，科龙竟亏损15亿元，开始报告是18亿元，我们担心那么大的亏损会让债权银行失去信心，就通过并购[①]收回了3个亿。大概有半年到8个月的时间，银行对科龙都是只收不贷。”

在顾雏军接手后的2002年4月，科龙电器按惯例公布年报，尽管市场对其业绩表现不抱幻想，可是听到的数据还是让人从凳子上跳了起来：在上年度亏损6亿多元的基础上，公司年度继续报亏15.55亿元，两年连续亏掉22亿元，创下了当年中国家电上市公司之最。

分析其年报，可以发现其亏损的构成为：对容声集团8亿元欠款计提了1.72亿元的巨额坏账准备，大量增加了其他坏账准备及固定资产折旧及减值准备，预提1.6亿元巨额广告费用等等；而科龙电器的经营费用、管理费用竟然高达21.17亿元，比上年度暴涨5.68亿元，差不多占到其主营业务收入的一半。以上所有费用支出，要么与公司的产销营业收入关系不大，要么夸张到了让人吃惊的地步，基本上是一次吃干榨尽、外科手术般的财务处理。日后，香港科技大学郎咸平教授在评论此次科龙报亏时，直接指斥其为“洗个大澡”。

由这些数据和回忆，可以得出一个结论：顾雏军得到的科龙是一具已经被掏空的虚弱躯体，而他本人在进入之前，对科龙财务状况的恶劣程度并没有得到准确的信息。

顾氏新政：一块钱里有我两毛

从来没有一个企业家像顾雏军这样，在如此浓烈而难以化解的怀疑眼光中负重前行。他的任何行为都要被打上问号，他的每句言辞都要被揣测用意，他的所有数据都被看成是不可靠的。在很大程度上，人们将自己对潘宁

① 实际上也就是通过一些财务处理手段。顾雏军在这方面的娴熟运作及肆无忌惮，为日后科龙的倾覆埋下了祸根。

顾雏军入主科龙

的同情和对科龙的惋惜之情都“异化”成了对顾雏军的排斥与仇恨。他在各类媒体上得到了一连串尴尬的称号:“寡助者”、“越界者”、“职业说谎家”、“强盗男爵”、“超级掮客”,等等。有一次,顾雏军委屈地说:“我是企业界的孙志刚[①]。”

在转型期的中国,很多企业家在创业初期的原始积累阶段都有过不可告人的秘密,它们如噩梦般地潜藏在那里,随时都有可能被可怕地引爆。对这段“原罪”经历的反思、忏悔与洗刷,考验着企业家们的智慧。顾雏军用的方式也许是最“笨拙”的一种,面对媒体的种种质疑,他总是采用激烈对抗和不予解释的方式。在回答钱的来历的时候,他不耐烦地说:“钱不是问题,只要有好的项目,我会毫不犹豫地买下来。”这种很“江湖式”的应答,只能让人产生更大的疑惑和反感,这让他在丧失了基本信用的情况下走到了人们视线的中央。

其实,顾雏军在科龙一役中损失惨重。为了筹资购股,他减持8000万股格林柯尔股票,套现2.48亿港元。在宣布收购科龙1个月后,《财经》发表新闻调查《细探格林柯尔》,指出公司惊人业绩的多处重大疑点,当日公司股票应声大跌,1个月内股价跌幅逾60%,市值蒸发20亿港元,顾雏军身价损失超过13亿元。从这个意义上而言,他收购科龙的成本远远大于3.48亿元。因此,在北京长城饭店的一次记者见面会上,他不无沮丧地说:“有人说我一战成名,但是我成名的代价太大了。3天之内损失了13个亿,我是今年商界最倒霉的人。”

尽管入主科龙手段暧昧,不过持中而论,顾雏军当家后却展现出他拯救科龙于危难的决心与高超手段。自潘宁之后,他也许是第二个真正把科龙当

① 孙志刚事件:2003年3月17日晚,27岁的湖北青年孙志刚途遇广州天河区黄村街派出所民警检查身份证,因未带身份证,被作为“三无人员”送进收容遣送站。20日凌晨,孙志刚遭同房的8名被收治人员两度轮番殴打,于当日上午死亡。4月,媒体报道并讨论孙志刚惨死事件。8月,国务院废止收容遣送办法。

成是自己企业的人。

他对科龙的基本判断没有错。尽管这是一家内部已被掏空的企业，但是销售网络依然健全，品牌形象仍无大损，其在制冷行业的技术领先地位还没有丧失。所以，只要进行严格的成本控制和优化管理，它还是一个可救之局。于是，进入科龙后，他迅速展开了“顾氏新政”。

他先是在成本控制上下猛药。他常挂在嘴边的一句话是：“花科龙的一块钱，里面有我顾雏军的两毛。”经过前面这些折腾，科龙的内部管理已乱成一团，管理失效、内贼牟利的现象比比皆是。顾雏军铁面行事，重整秩序。他先将财务统了起来，然后对科室部门进行撤并，在部件采购等容易产生腐败的环节上实行透明化。这些措施一实施，半年采购5000万元的部件成本就比以前节省了1000万元。他还大砍行政和营销预算。据《红黑科龙》一书作者何志毛记录，徐铁峰时期，副总裁以上坐的都是奔驰车，每年每车的维修费近20万元。顾雏军入主科龙半年后，同类车辆的维修费同比下降了70%，而营销部门的营销费用则比以前下降了30%。在生产一线，他大力推行“价值工程”，对产品的功能和性能进行全面剖析，剔除过剩功能，从而合理节约原材料或加工成本。有一款F型电冰箱产品，经他重新规划流程，每台成本就下降了70—80元。在公司中高层会议上，他说：“我来了，能够毫不留情地处理问题。要么你能降低成本，要么你下课。过去有人打招呼，你不能不给面子，现在连打招呼的人都没有了。”他还半开玩笑半认真地对跟随他进入科龙的干部说：“你们一定得搞好，否则，我跳楼之前，得先把你们推下去。”

顾雏军的效率之高让人吃惊。在到任的第三个月，他就推出了两款新产品：分立循环电冰箱和制冷高效电冰箱，其广告口号颇似当年他做小康空调时的耸动性语言——“全球电冰箱划时代技术”，他声称采用了格林柯尔制冷剂的新电冰箱在能效比上大大超过了全球公认的日本节能电冰箱。同时，他将旗下的华宝空调全面拉低价格，降幅高达40%，以价格战的姿态重新卷入激战中的市场。电冰箱、空调原本就属同一营销渠道，靠高科技概念拉抬科龙电冰箱、用超级低价的华宝空调刺激经销商，这显然是一种非常高明的整合策略，一拉一冲立见成效，一度萎靡的科龙产品重新回到市场主流行列。

在他的强势领导下，一大批科龙旧臣纷纷离去，而企业运营则日渐正常化。从他正式上任的2002年3月起，半年之内，科龙内部设置从11个部门缩编为7个，科室从34个变为22个，查出内部违规款项2.6亿元，空调成本下降了25.3%，电冰箱成本下降了40.6%。也是在这半年里，顾雏军头发白了一半，看上去比实际年龄几乎老了10岁。2003年度中报披露，科龙电器赢利1.12亿元，一举扭转了几年来亏损的局面。

顾雏军出事之后，有很多媒体记者接触科龙人员，尽管他们对此人褒贬不一，但是几乎所有人都对他在成本控制及铁腕管理上的用心颇为认同。

造系运动：并购催生霸王梦

在顾雏军入狱之后，很多人一直在猜测他收购科龙的动机，试图从一些蛛丝马迹中论证他的阴谋。

当一个企业家开始实施一项重大投资决策的时候，影响他作出决定的因素往往是多元的，有战略理性的决断，有逐利的冲动，有迎接挑战的激情，也有如火欲望的驱使。当顾雏军收购科龙的时候，他也许并没有很清晰的进退规划，他只是直觉地认为这是一块被低估了的“蛋糕”，或者，仅仅是经营科龙这样的明星大公司已足以满足这个极端自负者的虚荣心。

他入主科龙后的种种行为表明，他渐渐地喜欢上了这家公司。在中国商业界一直籍籍无名的他很快找到了领导一家大公司的领袖感觉。有一次，他很感慨地说：“有了科龙，我可以与伊莱克斯的老板平起平坐。没有科龙的格林柯尔，是一个没有灵魂的系统；没有科龙的顾雏军，就只是一个三流企业家了。”在接受《中国企业家》记者采访时，他说：“如果我有一天老了，走到街上有人说，这个老头是做电冰箱的，他对中国电冰箱产业还是作出了些贡献的，那我就没有白做。”

这番话颇为煽情，当他说出来的时候，一定也被自己感动了。然而，言犹在耳却很快被风吹散，他没有专心地成为一个做电冰箱的人，欲望——一种说不清道不明的内心之魔——让他很快踏上了另外一条冒险之路。

观察20多年来的中国企业败局，可以发现，很多企业的崩塌都不出意外地与两个因素有关，一是违背了基本的商业规律，二是企业家个人欲望的膨胀。顾雏军得手科龙，本来就因一些特殊而不正常的机缘——如果潘宁不出局，哪有后来的这番乱世局面？他动用的又是非常之手段，基本上也违背了正常的商业逻辑及超出了他的资本运作能力，然而又由于特别的原因以及命运的偏爱眷顾，他仅用一年多时间就将科龙拉出了亏损的泥潭——他要感激的是，当年潘宁打下的江山底子实在殷实，科龙即使被大把掏空，仍然能阵脚不乱，仅仅"晕厥"片刻，稍事重整便又恢复了元气——其前后始末简直算是一起百中有一的"异常事件"。顾雏军如果老老实实做科龙，数年之内或可证明自己，赢得尊重，也许连他在格林柯尔时期的种种灰色记录也会被洗白或被人们淡忘，毕竟这是一个以成败论英雄、很多罪恶都会被财富的光芒掩盖的商业年代。可是，就在这样的时刻，过于膨胀的欲望重新控制了顾雏军。

就在科龙立足未稳之际，顾雏军便把手伸向了江西。2002年5月，他宣布将在南昌投资3.6亿美元建造占地2500亩的格林柯尔科技工业园。信息一发布，不但没有为他带来喝彩，反而更增加了人们对他资本投机商的观感。就在当时，托普的宋如华正把招聘5000名软件工程师的广告牌挂遍长三角的高速公路两旁。顾雏军、宋如华两人两相辉映，顿成作秀炒作的标本。3年之后曝光出来的事实也正是，顾雏军在南昌实际投资1亿元，却从江西两家银行贷走了4个亿。5个月后，顾雏军宣布以3亿元收购吉林的吉诺尔电冰箱厂。12月，又以1000万元接手上海上菱电器的两条电冰箱生产线。

2003年，是顾雏军职业生涯中短暂而耀眼的一年。科龙电器在他治理下已恢复正常，全年实现营业收入61.7亿元，重新回到家电一线企业的行列。而让顾雏军一次接一次进入公众视野的，却是他近乎疯狂的收购行动。

5月，他在江苏扬州宣布以4.18亿元控股上市公司亚星客车，并将在扬州征地1095亩，建造一个总投资4亿美元、年产电冰箱360万台的科龙基地。

6月，他现身安徽合肥，宣布以2.09亿元受让美菱电器20.03%的股份，成为其最大单一股东。这一新闻轰动全国，它意味着顾雏军在1年多时间里竟将中国电冰箱行业"四大家族"中的两大巨头收入囊中，他手中握有的电冰箱年生产能力已达800万台，在全球仅次于伊莱克斯，在中小容量电冰箱领域已是独步天下。他宣称："我现在可以说，我能控制全世界150升以下的电冰箱。"

他入主美菱，也跟收购科龙一样，充满了灰色气质。后来的事实表明，当时的美菱电器与其母公司美菱集团有大量的关联债务，其现状十分类似科龙电器与容声集团，顾氏承诺进入后将一切都"既往不咎"。为了让这起交易显得更有说服力，顾雏军宣称投资24.9亿元在合肥建设格林柯尔—美菱工业园，它成为当年度安徽省最大的招商引资项目。

8月，科龙宣布收购浙江最大的电冰箱企业杭州西泠电器70%的股权。秋天，顾雏军突然又频繁飞赴湖北十堰，洽谈收购上市公司襄阳轴承的事宜。有媒体预先得知，他有可能收购29.84%的国有法人股。至此，他的麾下已拥有科龙电器、美菱电器、亚星客车、襄阳轴承4家国内上市公司，赫然构成了一个规模惊人的“格林柯尔系”。

12月，志得意满的顾雏军当选中央电视台评选的“2003中国经济年度人物”。与他同时入选的有刚刚当上中国首富的网易丁磊、中国加入世贸组织谈判的功臣龙永图以及靠创办“蒙牛”而受人注目的牛根生等人。在颁奖典礼上，主持人杨平问他：“我们知道顾雏军先生想打造制冷王国，现在这个目标实现了吗？”顾雏军没有思考一秒钟就大声回答道：“这个目标基本上已经实现了。”

摄影棚内掌声雷动。顾雏军作为企业家的声誉在这一刻达到了巅峰。

不过，在摄影棚外，媒体的评论却要冷静得多。刚刚创办的上海《东方早报》的评论文章中写道：“43岁的顾雏军需要证明自己的东西很多：他的钱是从哪里来的？他是一个高明的资本猎手吗？他有从事实业的耐心和能力吗？在过去的1年多时间里，顾雏军先后将科龙、容声、华宝、康拜恩、美菱等品牌纳入旗下，俨然成为中国家电业继张瑞敏、李东生之后最值得期待的家电大王。他甚至宣称，我要整合的不仅是电冰箱行业，而是整个制冷产业链。在一次采访中，顾雏军说自己的梦是成为民营企业中的第三代企业家领袖。显然，他的故事还在路上。”

他的故事真的在路上，而且是在一条布满了荆棘和地雷的路上。

顾郎之争：一场针锋相对的战争

顾雏军的每一起并购对象都是老牌的国有企业，而其谈判过程之诡秘、成交速度之快捷都让外界充满了种种猜测与想象，而他本人似乎对此毫不掩饰。在一次与记者的交谈中，他十分率性地说：“国有企业好进入，如果我

“顾郎之争”中的主角：郎咸平

不要的话，浪费也是浪费了。”

这些言论的发表，一次又一次地刺激着人们的神经。在某种意义上，日后如龙卷风般爆发的灾难是顾雏军自己发动和酝酿的。

2004年8月，东征西伐的顾雏军又手起刀落连续完成了两起收购行动：他以1.84亿元收购了商丘冰熊冷藏设备公司，并承诺投资15亿元搞制冷工业基地；然后又收购了上市公司华意压缩。这个月的9日，香港科技大学郎咸平教授在复旦大学演讲，题为《格林柯尔：在“国退民进”的盛宴中狂欢》，直指顾雏军使用“七板斧”伎俩，在“国退民进”过程中席卷国家财富。数日内，国内各大报刊、网站将郎咸平的演讲内容广为刊登，舆论一时沸腾。

正在并购兴头上的顾雏军显然没有意识到来者之大不善。他一贯喜欢用高压和激烈的手段对抗外界的任何质疑，此次当然也不例外。8月13日，顾雏军向郎咸平发出了严厉的律师函，声称郎咸平的演讲对其造成了诽谤。郎咸平在3天后召开媒体见面会，公布了律师函，声明“绝不会更改或道歉”，并控诉“强权不能践踏学术”。8月17日，顾雏军向香港高等法院递交了起诉状，以涉嫌诽谤罪起诉郎咸平。两个相差3岁（顾雏军出生于1959年，郎咸平出生于1956年）、都有着一头灰白头发、性情都很刚烈的中年男人开始了一场针锋相对的战争。

郎咸平对顾雏军的诸多指责主要集中在两个方面：一是在收购过程中，格林柯尔与原来控股大股东之间存在关联交易，“收购当年大量拔高各项费用，造成上市公司巨亏，第二年压低各项费用，使公司一举扭亏”。在这一条上，郎教授说对了事实骂错了人，顾雏军其实也算是半个受害者，无非他拿人公司替人消灾，一肚子的有苦难言。二是动用科龙电器强大的现金流来完成各项收购。郎咸平通过财务计算得出，顾雏军大量挪用科龙的资金进行收购，他利用一些地方政府急于加快国有企业退出的思路，将收购与改制打包在一起，仅用9亿元资金就换走了价值136亿元的国有资产，玩了一场双方互惠互利的双赢游戏。

郎咸平由科龙现象得出结论:"中国在'国退民进'中出现的问题与当初俄罗斯私有化过程中出现的问题极为相似,都是利用法制不健全,合法地侵吞国有资产。"此论一出,对顾雏军的质疑很快升级为传媒界、学术界乃至政界对"国退民进"战略的激烈争论。一时间观点针锋相对,一些学者认为郎咸平论点偏颇,对中国企业变革的大方向有误读,不够宽容。北京大学张维迎教授还发表演讲,呼吁舆论环境要"善待企业家,不要把他们妖魔化"。同时,也有一些学者则为郎咸平大声叫好, 中国社会科学研究院左大培研究员等10多人甚至联名发表声明"声援郎咸平"。这场大论战顿时掀起惊涛骇浪,中国经济界几乎所有重量级的学者都发表了自己的观点,护"顾"卫"郎",鲜明对立,构成近20年来经济理论界规模最大、火药味最浓的一次大论战。

局势突变至此,显然大大出乎顾雏军的预料。在这场风波之中,他和格林柯尔成了双方论战的"道具",尴尬无比。任何一位被公众关注的企业家,其成长经历如同一座由很多块大大小小的积木垒高的塔, 哪怕其中有一块是不牢固的,都有可能造成整个积木塔的动摇或倒塌;而顾雏军的经历中又实在有着太多可疑的、经不起推敲和实证的"积木",即便在平时已是摇摇欲坠,又怎么经得起郎咸平们疾风骤雨般的追打拷问?

10月24日,"风暴眼"中的顾雏军在北京的一次研讨会上露面。他说:"我这次是莫名其妙卷进了不应该由我们企业界讨论的事,再次当了所谓中国经济改革争论的一方,我根本就不想参加这个争论,也不想讨论这件事。"4天后,"不想讨论"的顾雏军却再次高调作出了反击。他邀请国务院发展研究中心企业经济研究所协办,举办了"科龙20年发展与中国企业改革路径"的研讨会。会上,企业经济研究所罕见地为科龙出具了一份验明正身、全面肯定改革经验的报告书。第二天,这个报告书的摘要以广告的形式被刊登在各大财经媒体的版面上。顾雏军颇有点得意地说:"外面很多评论让我恍若隔世,仿佛又回到了'文化大革命'……现在又是一夜之间,许多经济学家认为我没有问题。"

从事后的效果看,这次研讨会、报告书及软文广告起到了负面的效应。顾雏军好像越描越黑,在公众印象中,他显然已经成了侵吞国有资产的符号化人物。就在研讨会召开的同时,审计署悄然进驻科龙电器展开调查;11月,深圳证券交易所与香港联合证券交易所一起进驻科龙总部，对其财务问题进行集中核查。2005年1月，香港联合证券交易所以关联交易为名对顾雏军进行公开谴责，科龙股价应声大跌。

此时的顾雏军兵败如山倒。公众舆论的指斥，终于影响到家电业务。在2004年的前9个月，科龙还产生了2亿元的利润，而第四季度剧烈滑坡的销售把全年业绩再次拉入泥潭。2005年4月，科龙电器发布预亏公告，称全年亏损约为6000万元。5月，中国证监会以涉嫌违反证券法规为名正式宣布对科龙电器进行立案调查。公司的正常经营业务顿时乱成一团。所有银行均对科龙全面停贷，有的甚至直接截留经销商的回款。从6月起，全国空调、电冰箱供应商陆续停止对科龙供应原材料，科龙生产线开始逐步停工。有记者前往科龙顺德基地采访，写道："半年前还热火朝天的车间突然变得死寂，从空旷的生产线边走过，仿佛嗅到了坟墓的气息。"

这段时间，顾雏军一直在北京四处奔波。他知道溃败已成定局，现在唯一可做的是将科龙尽快出售，以求全身而退。他先后向长虹、海信等业内同行抛出绣球，不过他又明确地对外表示不会卖给TCL和海尔，因为"他本人不看好这两家企业的发展"，即使身处绝境，此人亦不改张扬无忌、好指点江山的本性。7月29日，顾雏军突然与所有的部下失去联系，第二天他们被告知，"顾雏军被佛山市公安人员带走控制起来了"。

声誉扫地的顾雏军回天乏力，身陷囹圄的他，眼睁睁地目睹这些年来处心积虑得来的财产被众人瓜分。9月，他在看守所里与青岛海信的代表签署了股权转让协议。这家山东的彩电企业最终以6.8亿元的出价意外地成了科龙的新主人。收购合肥美菱是顾雏军继科龙之后最得意的手笔。10月，上海的《每日经济新闻》率先披露，老牌彩电企业四川长虹有可能收购格林柯尔手中的美菱电器股权，这项交易最终在2006年春季达成。被顾雏军收入囊中的亚星客车也很快逃离将沉的大船，扬州市政府迅速冻结了格林柯尔所持的股权，一年后，东南汽车成了新的收购者。所有被顾雏军染指过的公司中，襄阳轴承也许是受伤最轻的一家。顾雏军被拘留的新闻一传出，襄阳区政府就宣布解除与格林柯尔达成的股权转让协议，该协议一直没有得到中国证监会的正式批复，此时因祸得福。

10月26日，中国证监会对科龙电器的调查结果正式曝光。该报告称："顾雏军等人及‘格林柯尔’系有关公司涉嫌侵占、挪用科龙电器财产累计发生额为34.85亿元。”2006年1月，毕马威会计师事务所对科龙集团的现金流走向进行调查，发现不正常的现金流量累计超过75亿元。8月，一拖再拖的科龙电器2005年的年报终于千呼万唤始出来，这又是一个挑战股东心理极限的数字：高达36.93亿元的巨额亏损，一举刷新了当年度内地上市公司亏损纪录；牵涉93宗诉讼官司，数目之多也创下近年来内地上市公司涉案之最；公司的净资产则为-10.9亿元。

就这样，从潘宁“被迫”退休的1998年冬天算起，7年之间乾坤倒转，中国内地效益最好、最具现代气质的家电企业沦落为一家亏损累累、官司缠身的“烂公司”。

在顾雏军出事后，与潘宁有过交往之谊的北京大学周其仁教授发表评论认为：“不是科龙改制才给了格林柯尔机会，而恰恰是没有及时改制。科龙的主要教训就是潘宁时代没有及时发起并完成产权改革，否则顾雏军就不会有入主的机会。”他在一篇专栏文章中写道：“读科龙的报道，被一个问题折磨：要是还由创业老总潘宁那一代人领导，科龙至于落到今天这步田地吗？知道历史不容假设，可忍不住就要那样想……科龙的结局似乎是时也，运也，命也。欲哭无泪。”

周其仁教授给专栏文章起了一个很特别的标题，这是严谨的经济学家们很少采用的语式——《可惜了，科龙》。

【科龙大事记】

1984年10月，潘宁在十分简陋的条件下打造出中国第一台双门电冰箱，顺德珠江电冰箱厂成立。

1986年，潘宁聘请香港影视明星汪明荃代言容声电冰箱广告，是为港台明星代言第一例。

1992年1月底，邓小平视察珠江电冰箱厂。年底，珠江电冰箱厂荣登全国电冰箱产销量第一的宝座，在这个位置上，它一直稳稳地坐了8年。

1994年，珠江电冰箱厂改组成科龙集团，新创科龙品牌。

1996年，科龙电器在香港联合证券交易所上市，融资12亿元，成为全国第一家在香港上市的乡镇企业。

1997年，科龙实现营业收入34亿元，利润6.6亿元，获香港《亚洲货币》杂志评选的“中国最佳管理公司”和“中国最佳投资者关系”殊荣。

1998年10月，科龙和华宝集团宣布联合，这是当时国内家电行业规模最大的一次企业联合。

1998年12月，在没有任何预兆的情况下，潘宁辞去总裁职务；第二年4月，卸任董事长。

1999年，继任者王国端发动“科龙革命”。7月，科龙电器在深圳证券交易所发行A股，募集资金10.6亿元。

2000年6月，王国端辞职，容桂镇镇长徐铁峰出任科龙总裁。

2001年4月，科龙电器年报公布，亏损6.78亿元。

2001年10月31日，顾雏军的格林柯尔公司宣布以5.6亿元(后来金额降低为3.48亿元)收购科龙电器20.6%的股权，成为第一大股东。

2002年4月，科龙电器公布年报，亏损15.55亿元，创下中国家电上市公司之最。

从2002年起，顾雏军实行“顾氏新政”，2003年度中报赢利1.12亿元，一举扭转了几年亏损的局面。

2002年5月，顾雏军宣布在南昌投资3.6亿美元建造格林柯尔科技工业园。10月，以3亿元收购吉林的吉诺尔电冰箱厂。12月，以1000万元接手上海上菱电器的两条电冰箱生产线。

2003年5月，以4.18亿元控股上市公司亚星客车，宣布投资4亿美元建造年产电冰箱360万台的科龙基地。6月，以2.09亿元受让美菱电器20.03%的股份，成为其最大单一股东。顾雏军宣称投资24.9亿元在合肥建设格林柯尔—美菱工业园。

2003年12月，顾雏军当选中央电视台评选的“2003中国经济年度人物”。

2004年8月，以1.84亿元收购商丘冰熊冷藏设备公司，并承诺投资15亿元搞制冷工业基地，同时收购上市公司华意压缩。当月9日，香港科技大学郎咸平教授在复旦大学演讲中公开批评格林柯尔，引发轰动全国舆论界的“顾郎之争”。

2004年11月，深圳证券交易所与香港联合交易所一起进驻科龙总部，对其财务问题进行集中核查。

2005年1月，香港联合证券交易所以关联交易为名对顾雏军进行公开谴责，科龙股价应声大跌。6月份，正常经营活动全面停止。

2005年7月29日，顾雏军被佛山市公安人员拘捕。9月，他在看守所里将科龙股份转让给青岛海信集团。美菱、亚星等股权相继被收购或转让。

2006年8月，科龙电器公布前一年度的年报，宣布巨额亏损36.93亿元，刷新内地上市公司亏损纪录，牵涉93宗诉讼官司，公司的净资产为-10.90亿元。

2006年12月，海信科龙召开全国营销商大会，主题为“传承、专注、同飞”，目标是“3到5年内成为全国电冰箱第一、全球三强，空调进入全球四强”。

【后续故事】

2008年1月30日，广东省佛山市中级人民法院对科龙案作出一审判决，法院认为，主犯顾雏军的行为构成虚报注册资本罪、违规披露和不披露重要信息罪、挪用资金罪三项罪名，数罪并罚被判处有期徒刑12年，扣除羁押期，实际执行10年，并处罚金680万元。同案其余7名被告分别被判处有期徒刑4年至1年不等。顾雏军等人不服判决，提出上诉。4月，广东省高级人民法院作出终审裁定,驳回上诉、维持原判。

顾雏军头戴纸帽，为自己喊冤

2012年9月6日，顾雏军提前获释出狱；同月，他在北京召开记者见面会，让人颇感意外的是，会上他头戴白纸做的高帽子出场，帽子上写着“草民完全无罪”六个大字，为自己喊冤。

【八方说词一】

可惜了，科龙 /北京大学 周其仁教授

读科龙的报道，被一个问题折磨：要是还由创业老总潘宁那一代人领导，科龙至于落到今天这步田地吗？知道历史不容假设，可忍不住就要那样想。因为与潘宁和当年的科龙有过直接的接触，有几句不吐不快的话，要写下来。

第一次见潘宁，是1998年在成都。当时科龙到西南大展拳脚，收购一家军工厂的车间改建电冰箱生产线。听潘宁的讲话，沉稳里透出豪情。当时中国出现"通缩"，经济不景气，科龙偏偏在那个时刻大举投资，不能不触发我的好奇心。当面问潘宁，他只回答了一句——到热的时候就晚了。从此，我对科龙就上了心。几个月后，河北省请潘宁给当地企业家讲话。得到消息，我凌晨起身从北京赶到石家庄听他的报告。还是那个风格，沉稳里透出豪情，阐释经营企业的核心理念——不熟不做。潘宁讲得仔细，河北企业家听得入神，我这个研究经济的更觉得"掘到了宝"。午后，潘宁要赶北京的航班到香港，碰巧科龙的车子没有办妥进京证。我看时来运到，毛遂自荐说自己1986年就拿到驾照，不妨让我捎他走。没想到，潘总还真就上了我这个教书先生的车。

回程路上下雨，我要集中精力对付路况，但还是有几句交谈。科龙1993年在香港上市，所以潘宁时不时要到香港出差。谈到香港与内地企业经营环境的差别，潘宁在车上有一句话让我至今难忘。他说，在香港不需要结识官员，百分之百的时间可以用于市场和业务；回来呢，你非应酬不可！我想，从细部观察，中国的改革还有千山万水要走。从此，我访问企业就多了一道必问的题目：多少时间用于市场，多少时间应酬官场？

有了给潘宁当过一回司机的交情，次年我到科龙做调查就顺理成章了。潘宁完全不管我，我想找谁谈就找谁谈，想问什么就问什么。记得在容桂镇住了一周，每天到科龙不同的部门访问。对我帮助最大的是潘宁创业团队里的陈总，最早的三台"容声"电冰箱——也是内地首次生产的双门电冰

箱——就是他在1984年领着几个师傅敲出来的。陈总告诉我，那三台电冰箱拉到香港技术鉴定合格，但要申请内地的许可证就难于登天。

其间的千辛万苦按下不表，反正，科龙从20世纪90年代开始腾飞。到1999年，科龙电冰箱产量265万台，年销售额58亿元，利润6.3亿元。就是今天，媒体里一片科龙的负面消息，我还是认为，将来的人要知道“中国制造”是怎样一回事，科龙当年的故事应该是一个缩影吧。

科龙问题的根子是产权体制。1984年创办的公司，不是国有就是集体。但是实际上，“出资”的不只是镇政府的几万块钱，还有潘宁创业团队的企业家人力资本。市场竞争的压力使企业的控制权落在企业家手里，但原先的体制却不承认企业家人力资本的合法权利。这种特别的问题，在那个时代创办的国有企业里普遍存在。不过，也正是市场竞争的压力，逼迫这类企业改制。但是1999年那次调查，我没有弄明白，为什么地处顺德的科龙在企业改制方面如此缩手缩脚。读者可能知道，顺德是全国中小国有、集体企业转制的一个发源地。早在1993年，国有顺德糖厂资不抵债，靠卖设备发工资，逼得由员工出资持股“租赁”经营，“企业转制”由此诞生。是年底，顺德市镇两级工业企业的30%完成了转制。顺德市政府顺势提出“产权明晰，贴身经营，利益共享，风险共担”作为企业转制的纲领。

科龙也转了制。先是员工认购了20%股权，后来又分别在香港、深圳的证券交易所上市，但镇政府的实际控股地位始终没有改变。潘宁深恶痛绝的“应酬官场”，还是有制度基础。我当时不明白的是，在发明了“靓女先嫁”改制方略的顺德，政府为什么还一定要在市场竞争激烈、潮起潮落的家电行业里，维持对科龙公司的控股地位？问过潘宁和他的创业团队，也问过时任镇长的徐铁峰，他们都语焉不详。

既然“政府控股”，有些结局就难免。就在1999年，因为“到了退休年龄”，65岁的潘宁从科龙下课。虽然从来没有清楚的论证，为什么企业家与政府官员一样到点就要退下。2001年我又到容桂镇。此时，潘宁一家已远走高飞，据说再也不想回来；陈总还是够朋友，送我一套他历年为科龙质量管理编写的技术规范，但明言“不谈科龙一个字”。真正物是人非！我心有不甘，不顾“礼仪”直闯科龙总部。见到了徐铁峰，他已从镇长变为科龙的董事长，正主持新买主的进入；楼上新董事长的办公室刚刚装修完毕。命运已定，谈什么好呢。

不久前，为了回应某些人对企业改制的高调指控，评论到科龙案例，我是这样说的："如果还是潘宁掌控科龙，或者在创业人时期就彻底完成改制，我认为格林柯尔入主科龙就没有那样容易。"要点是，因为没有彻底改制，才导致了科龙的下场。这其实是2001年我最后一次离开科龙大楼时的想法。

疑团还是没有解开：为什么当年科龙不以潘宁的创业团队为基础完成改制？半个月前到顺德，我再次讨教。了解当年实情的人很难找了，科龙又一次风雨飘摇，不便打扰。看来又要再待来年了。不料临走时，当地一位朋友拿出一本《大道苍茫——顺德产权改革解读报告》送我。书的作者是记者徐南铁，他交代了当时坚持政府控股科龙的原委——时任镇党委书记的陈伟根本就不赞成顺德市"靓女先嫁"那一套。

这位很有资历的书记并不完全反对转制，而是主张"留大，去小，转中间"。科龙在镇上一大二靓，当然不能外嫁。书中记录了陈伟当年的盘算："科龙可以卖四五十亿元，还掉六七亿的贷款，还剩下不少。我这当书记的三五年可以不干活，日子好过得很。但是以后怎么办？"他应该不会想到，仅仅几年"以后"，科龙只要几个亿就被出让。他更不会想到，当年辉煌的"国家级"企业，竟然以今天这般面目出现在投资人和公众面前。

无论当年的主政者现在怎么想，科龙的结局似乎是时也，运也，命也。欲哭无泪。让我道一句：可惜了，科龙。

【八方说词二】

顾雏军的并购"七板斧"

顾雏军并购科龙及美菱电器、亚星客车等公司的手法一直颇受非议，郎咸平认为他"利用一些地方政府急于加快国有企业退出的思路，将收购与改制打包在一起，玩了一把双方互惠互利的双赢游戏"。郎教授将之形象地描述为并购"七板斧"。

●"安营扎寨"——顾氏通过格林柯尔收购的企业多数是上市公司，但是在每一类产业的上端都有一家由他100%控股的私人公司，各产业间表面上看毫无交叉关联，但是考虑今后跨行业的并购和未来整体上市的可能等因素，这样的安排可谓是独具匠心，深谋远虑。一方面可以分散风险，各产业间不会相互影响，从而稳定股价；另一方面，各产业间的交易往来不必完全公开，保证公司有活动的空间。如果未来考虑上市，是打包还是独立上市，完全可以随心所欲。由于顺德和扬州的格林科尔都是私人公司，因此不必披露其资金来源，这也正是他的高明之处。

●“乘虚而入”——通过对其收购对象进行分析，可以发现存在一些共同特点。首先，大部分目标公司都是国有上市公司且收购交易定价较低。其次，皆为经营困难但品牌较好的企业，科龙、美菱电器、亚星客车、襄阳轴承无不如此。顾雏军在“国退民进”的背景下，将一些地方政府急于出手的、经营困难但是生产条件和市场基础较好的企业作为收购对象，这种对时机的判断和收购对象的选择是整个并购和整合成功的基础。

●“反客为主”——顾雏军总是能够在股权转让完成之前，便顺利进驻目标公司，入主董事会，或成为董事长，或委托自己的副手成为目标公司的总裁。这样的安排能使新控股股东更好地了解、管理未来的公司，同时，实际上为新控股股东在对公司的操作中带来了一些便利。

●“投桃报李”——在分析格林柯尔屡次成功收购、整合电冰箱产业的过程中，发现了类似的现象：一方面是顾雏军在收购过程中的屡战屡胜；另一方面是顾雏军入主收购公司之后，上市公司当即与原来控股的大股东发生大量的关联交易。这些关联交易的数额动辄以数亿元计，交易内容多为对原控股公司欠上市公司的债务的安排，公司的商标、土地使用权等往往作为抵偿债务或者交换上市公司应收账款的条件。如果我们作出一点假设，一切便符合逻辑：每次成功收购的背后，总隐含着某些与原来控股大股东之间的默契，那就是格林柯尔通过作出某种承诺获得购买原来控股大股东的法人股的优先权利，甚至获得对格林柯尔较为有利的交易条件，在顾雏军入主上市公司后，与原来的控股大股东通过上市公司的债务豁免或者其他关联交易获得好处。如此礼尚往来，投桃报李，如果事实真是这样，受到损失的便全是中小股东。

●“洗个大澡”——通观格林柯尔收购的公司，它们都有很多共性：业绩连年下滑，有的甚至被特别处理或濒临退市，基本上已失去在二级市场上的融资功能。那么，如何使这些休克的“鱼”起死回生，再次造血呢？不二法门就是要赢利。顾雏军的赢利方式是玩数字游戏。简单说，赢利=收入－成本－费用－息税。通过研究格林柯尔的财务报表和股市表现，我们发现它在上市公司的“费用”上做了文章——反客为主后，大幅拉高收购当年的费用，形成巨亏，一方面降低收购成本，另一方面为将来报出利好财务报表和进一步的资本运作留出腾挪空间。只此一招，就可以“洗去”未来年份的大块费用负担，轻装上阵，出来一份干干净净的报表，“赢利”就变得相对容易多了。

●“相貌迎人”——顾雏军频频出手收购，让人眼花缭乱，叹为观止。但更令人惊叹的是其经营能力，被收购的企业，在其经营一年后，立即扭亏为盈，交出一份漂亮的财务报表。这一切似乎都在说明，顾雏军不仅能整合企业，而且更是一个经营专家。但有一个不争的事实是：费用的调节对净利润有根本性的影响。而通过财务分析则发现，顾雏军用的都是同一招：他在收购相关公司的当年就将管理和营销费用大量计提，而在第二年则进行“转回”，由此便迅速地实现了赢利。顾雏军不是经营之神，但其对财务报表的洞察、理解和执行能力，确实称得上是熟练级。

●“借鸡生蛋”——从顾雏军收购科龙开始，人们就对他的钱从何而来产生了强烈的疑问。那到底是什么在支撑着他无休止地进行收购？我们对科龙的一系列收购活动进行分析，发现顾雏军利用了科龙电器的强大现金流而不只是单单靠他个人的资金，来完成他在电冰箱产业的收购，达到他整合电冰箱产业的目的。作为消费品生产企业，科龙在日常运营中产生了巨大的现金流。例如，科龙电器2003年主营业务收入为61.7亿元。一般来说，科龙的经销商都是先付款后提货，而在供货商和广告商那里，科龙可以拿到30天到90天的账期。以60天的平均账期来计算，就有10亿元的现金一直留在科龙的账面上。因此，科龙有充裕的现金用于投资。显然，收购科龙给顾雏军带来了产业收购扩大效应，他动用了科龙的强大现金流来帮助他实行电冰箱产业的整合。

德隆
金融恐龙的宿命

德隆是一个时代的产物,也是制度性的产物。
这个庞然大物的生成过程,木身就是一个十分诡异的事件。
“反思德隆就是反思我们自己,
“反思中国企业界的思维方式和行为模式,
“反思中国的管制环境和经济崛起的社会基础。”

“你将有一段轰轰烈烈的事业，无人可及。不过在40岁的时候，一切都会毁灭，你将身败名裂。”30岁那年，一位“高人”一脸诡异地对风华正茂的唐万新预言。

这个“不祥的预言”一直折磨着唐万新，38岁时他宣布将在40岁正式“金盆洗手”。可惜他还是没有躲过那个冥冥中的魔咒，他真的在不惑之年跌倒了，而且跌得惊天动地，玉石俱焚。

唐万新和他一手打造出来的德隆——这个曾经是中国资本规模最大的民营企业集团——到底隐藏着一个怎样惨烈的故事呢？

这真的是一个被天意和宿命控制着的商业传奇吗？

第一桶金：5000人去深圳排队认购原始股

在近30年的中国商业界，先后出现过两个名重一时的资本大鳄，前一位是南德的牟其中，后一个是德隆的唐万新。两人的创业生涯和兴衰经历迥然不同，却有几点很相似：他们的生肖都属“龙”，相差整整24岁；他们的籍贯都是重庆万县；他们后来都在武汉受审定罪，并被关在当地的监狱里。

唐万新出生在新疆乌鲁木齐的一个支边家庭。他中学毕业后考上过两所大学但都没有读完就肄业了。他对学业没有兴趣，似乎生来就想做一个伟大的商人。在读书期间，他就曾经自告奋勇去经营一个校办农场，结果生意做得一败涂地。1986年12月，唐万新筹集了400元钱在乌鲁木齐市团结路人民公园的边门开了一家“朋友”彩印店。这里很快成了乌鲁木齐市商业青年的据点。他们每天穿着厚重的军棉衣，一边在军用钢壶里泡馍馍，一边高谈阔论。唐万新在彩印上赚了点钱，然后就去创办了一大堆的实业：他办的一家锁厂因为没有生产许可证而倒闭；他去研制卫星电视接收器，但后来技术人员被人挖走；他创办了一家饲料厂却亏了不少钱；他代理新疆人造毛业务造成入不敷出；他甚至还跑到偏远的塔什库尔干县承包了一家宾馆，结果也是铩羽而归。在短短3年时间里，他还办过挂面厂、小化工厂、学生课外读物服务部、服装自选店、软件开发公司、广告代理公司、出国留学咨询中心等等。唐万新擅长猎取、疏于精耕的游猎个性在此时已暴露无遗。他对商业抱有浓厚兴趣，但兴奋点非常容易转移，天生有以小博大的赌性，还有一股屡败屡战的韧性。

唐万新

因为折腾了这么多的事，唐万新欠了100多万元的债。他把债主们召在一起说：“如果你们信得过我，就给我一个机会；如果信不过我，就送我去监狱。”1991年，27岁的唐万新突然时来运转，他办的一家电脑经营公司，靠代理四通打印机在新疆一些大油田的业务上居然一口气赚了150万元。他做的第一件事情就是一一上门把欠债还清，并还上一笔利息。唐万新在商业上的信誉由此得以建立，好些债主后来都成了他的部下。

1992年，唐万新做了一件改变命运的大事情。当时，邓小平南方谈话发表后，全国掀起了一股加快改革的热浪，中国股市出现井喷。8月，深圳证券交易所宣布发行国内公众股5亿股，发售抽签表500万张，中签率为10%，每张中签表可认购1000股。曾经去海口、深圳碰过运气的唐万新当即觉得这是一个发财的好机会，他花钱一下请了5000人以出去玩一圈的名义到深圳排队领取认购抽签表。当时的深圳一下子涌进了150万人，最后酿出了一场不大不小的骚乱。“唐万新的部队”应该算是其中人数最多的一支认购队伍。这

唐氏兄弟分工非常清晰:大哥唐万里亮相台前,四弟唐万新始终隐于幕后

些人每人一个小木凳，排队一天领50元劳务费，一排就是3天，领到的抽签表换成原始股，这让唐万新狠狠赚了一大笔钱。从此,唐万新“觉今是而昨非”,由创办实业转而迷上了“来钱最快”的股市。

回到新疆后,他和大哥唐万里等人注册成立了新疆德隆实业公司,专门从事资本市场的股票运作。他们在新疆、陕西等西北省区大量收购国有企业的原始股和内部职工股,要么将之倒卖给新疆的金融机构,要么等到上市后甩卖套现。有一次,他们以1000万元的价格受让了“西北轴承”的1000万股法人股,数月后出手净赚3000万元。那是一个疯狂的年代,善于发现和胆大包天让一代人迅速地暴富。

如果说股票倒卖让唐万新初窥资本市场殿堂的话,那么,他在国债市场的试水则让德隆完成了真正意义上的原始积累。从20世纪90年代初开始,财政部出台了国债承购包销政策,在相当多的年份里,大部分国债都是由数十家证券中介机构包销的,数年累积下来,渐渐地便形成了一个非官方的国债流通市场,而武汉的国债场外交易所是当时国内规模最大、交易最活跃的一个平台。1994年,唐万新通过国债回购业务,先后向海南华银国际信托投资公司——我们将在华晨一案中看到它的踪迹，以及中国农村发展信托投资公司融资,总额达3亿元。

也正是靠着这笔不菲的资本金,唐万新开始构筑起他的金融帝国。

三驾马车:被夸大的整合神话

1996年,唐万新把德隆总部迁到北京。这时候的他,已经不满足于在二级市场当一个土财主式的炒家。他要有自己的公司战略。在公司高参们的启发下，他提出了"创造传统行业的新价值"的德隆核心理念。该理念认为，全球的产业结构正在发生一次巨大的衍变，中国正成为其中最重要的一环，很多传统产业都存在迅猛扩大的机遇，但是由于体制及观念的落后，绝大多数企业规模偏小、投资分散、没有竞争力。因此，如果通过资本并购的方式，将之进行优化整合，盘活存量，这将是中国经济腾飞的希望所在。

同吕梁等纯粹靠高科技概念炒作来玩弄股市的庄家不同，唐万新认为，中国企业最大的发展空间在传统产业。只有传统产业，才能发挥中国在劳动力和资源方面的比较优势；只有传统产业，才是一个成熟的、现成的，而不是潜在的市场；只有传统产业，才不会有太多的不确定因素。

这是一套试图自圆其说的理论。在某种意义上，它仅仅作为德隆疯狂扩张的理由而存在。也是由此出发，德隆在实业上实施多元化整合，在金融业上进行"非常规"运作，走上了一条裂变式发展的道路。

在进京当年，德隆受让刚刚上市的新疆屯河10.19%的股权，成为其第三大股东，不久后，增资扩股当上第一大股东；1997年6月，德隆从沈阳资产经营有限公司手中购得沈阳合金29.02%的股权，控股该公司；4个月后，德隆又与上市公司湘火炬的第一大股东株洲国有资产管理局达成协议，收购湘火炬25.71%的股份。在短短1年时间里，德隆先后成为3家上市公司的控股方，完成了所谓"老三股"的收购任务，它们后来都成为"德隆系"最重要的产业整合平台。

唐万新对"三驾马车"均按照自己的理念，精心地进行了产业整合。

新疆屯河原本是新疆建设兵团旗下的水泥厂，创办于1984年，尽管它是新疆第一家上市公司，但多年来却一直效益平平。于是，唐万新毅然决定将其向"红色产业"转型。他先后收购和新建了9家番茄酱加工厂，从而一度成为全球第二大番茄酱生产商，浓缩番茄酱出口量占到全球贸易额的17%。同时，这一产业的发展还一时解决了新疆10万农户的就业问题。

沈阳合金原本是一家镍合金专业制造企业，每年有4000多万元的销售收入、600万元的利润，是个小富即安的公司。德隆进入后，连续收购了江苏、上海、陕西等地的多家电动工具制造企业，使之成为全国最大的专业生产商和出口商。到2000年，合金投资（1999年12月，沈阳合金股份有限公司更名为沈阳合金投资股份有限公司)的总资产由1.33亿元增加到13.98亿元,增长了10倍,主营业务收入增加到8.44亿元,增长了15倍多。在德隆对电动工具业进行整合之前,中国的产量已占全球的70%,但销售收入却只占10%,利润占有率还不到1%;而整合之后,在行业内的议价谈判能力和出口效益都有明显提高。

德隆对湘火炬的改造是唐式整合理念的经典之作。之前,这家企业只生产"火花塞"单一品种。为此,唐万新提出了"大汽配"战略。他先是收购了美国最大刹车系统进口商MAT公司及其9家在华合资企业75%的股权,从而获得了美国汽车零部件进口市场的一定份额;然后控股陕西一家汽车齿轮企业,成为该专业的国内龙头企业;紧接着湘火炬接连发布公告,与东风汽车、陕汽集团、重汽集团等进行各种重组、合资行动。到2004年,湘火炬拥有50多家子公司,成为中国齿轮、火花塞、军用越野车3个行业规模最大的企业,同时还是空调压缩机第二大生产厂家、汽车刹车系统的最大出口商等等。

在德隆史上,"三驾马车"的产业整合一直被外界津津乐道。唐万新对此自视极高,认为这是"天下一等一"的企业战略。一些经济学家也颇为赞赏,与唐氏兄弟有过密切交往的经济学家钟朋荣就认为,"到目前为止,中国的民营企业家还很少有人能做到他们这样的高度"。

客观而言,德隆的整合之功实不可没。"三驾马车"都是传统意义上的国有企业,产业老化,管理落后,仅仅靠上市筹得一笔钱来苟延残喘。唐万新不仅在产业上将之全面重组,还花钱聘请麦肯锡、科尔尼等国际专业顾问公司为企业在职业经理人成长、战略设计、管理改革等方面提供咨询,将它们从"连一张准确的财务报表都收不上来、有想法而没有章法的企业",转型成管理规范、朝气蓬勃的现代公司。日后,德隆因财务危机轰然倒塌,"老三股"却因为产业结构清晰、效益良好而仍然受到资本界及实业界的青睐,这也从一个侧面验证了德隆的整合并非败笔。

而从另外的角度来观察,整合的绩效显然有被夸大和利用的嫌疑。"三驾马车"所处的行业——番茄酱、电动工具、汽车零配件——均不是成长性很好、具有强大延伸和辐射能力的领域。因此,即使整合做到极致,也很难在中短期内实现可观的利润和达到很大的产业规模。在效益最好的年份,3家上市公司的净利润分别为5100万元（新疆屯河，2002年）、1.02084亿元（湘火炬，2002年）、7000万元（合金投资，2003年），总计不过2.23亿元，远远算不上是“效益奇迹”。德隆在整合的过程中，不断在资本市场上发布让人眼花缭乱的并购公告，事实上只不过是其抬高股价的炒作手段。

还有一个连唐万新也始料未及的事实是，**由于“三驾马车”所能贡献的利润有限，而且均处在不能够产生大量现金流的行业——一个更重要的现实是，德隆始终无法靠良好绩效在股市获得增发的资格。所以，实业整合出现的绩效并不能支持金融扩张所需要的资金流量。而到后期，为了支撑庞大而高息的融资平台，唐万新反而被迫从实业公司中抽取资金向金融板块输血。根据有关的数据统计，这一部分的资金输送总计超过40亿元。所以，其所谓的“产融整合、双轮驱动”效应一直停留在理论层面，从来就没有真正实现过。**

第一庄家：股不在优，有“德”则名

1998年，德隆出资1000万美元购进明斯克号航空母舰。它是苏联太平洋舰队已退役的旗舰。唐万新把它停泊在深圳大鹏湾的沙头角，建成了世界上第一座以航空母舰为主体的主题公园。这条新闻轰动一时，也是从此开始，德隆以“中国民营企业的航母”自居，而在资本市场上，它也被形容成一艘“不沉的航空母舰”。

在中国股市，“航母”德隆是以“天下第一庄”的形象而被定格和传诵的。

从1996年起，德隆旗下的“三驾马车”就撒开双蹄，在中国股市一路狂奔，创下让千万股民瞠目结舌的飙升纪录。到2001年3月，人们看到的事实是：湘火炬经过3次转配股，1股变成4.7股，经复权后计算，每股股价从7.6元涨到85元，涨幅1100%；合金投资经过4次转配股，复权后的股价从每股12元涨到186元，涨幅1500%；新疆屯河也经数次送配股，复权后的股价为每股127元，涨幅1100%。

一个庄家控制的3只股票，5年之内全数狂涨10倍以上，举国顾盼，再无一人，德隆的“天下第一庄”名号实在是名副其实。在相当长的时间里，“股不

明斯克号航空母舰一度是“中国民营企业的航母”德隆的象征

在优，有‘德’则名；价不畏高，有‘隆’就灵”，几乎成了中国股民想要赚钱的不二法门。

德隆的坐庄技巧其实非常简单，它旗下的“老三股”和“新三股”[①]均被全盘控制，其中4家的股权比例都超过30%，所以，唐万新自称为“集中长期持有的控制性庄家”。他通过不断地释放利好消息和运用整合重组理念，将股价一步一步地抬高，然后从中倒货牟利。根据精通财务分析的香港科技大学郎咸平教授的计算，到2001年3月，德隆庄家从这种坐庄活动中总计获利52亿元。其中，湘火炬从1997年起换手率达到440%，按庄家持仓成本为18元计算，账面获利19亿元；合金投资从1997年起换手率为400%，按庄家进入时的每股12元股价计算，账面赢利同样为19亿元；德隆进入新疆屯河是1996年，换手率同样高达400%，按每股20元的建仓成本来计算，账面赢利为14亿元。

2004年12月，已经被软禁的唐万新给国务院领导写了一封长信，其中对自己的坐庄行为供认不讳。他仅举金新信托一例说：“一口气用了3年多时间，将一个坏账资产近4亿元、年亏损几千万元的信托发展成一个资产上百亿元、利润近亿元的大信托，至2000年，累计为客户赚取了30多亿元的利润。”

还有一个事实是，德隆建仓坐庄，用的资金大多是银行借贷及高息私募来的资金，因此形成了一个庞大的共犯结构，其获利集团之所得远远超出德隆自己的利润。据多年跟踪观察德隆的新疆学者唐立久在《解构德隆》一书

① 自2000年之后，德隆先后控股北京中燕、重庆实业和天山股份，是为“新三股”，从而成为中国资本市场上拥有上市公司最多的财团型企业。

中所披露的，“整个过程中，相关的金融企业为客户赚取了近150亿元利润”。

由此可见，唐万新以“善庄”自诩，自认为做到了企业、机构和股民的三赢，而实际上，却是以非常强悍和无视现行监管法规的手段，从股民口袋里攫取了超过百亿元的金钱。2001年前后，中国证券市场的个人投资者人数在3000万人左右。也就是说，唐万新从每个人的口袋里起码拿走了500元钱。

他在这方面取得的骄人战果远远高于在产业整合上的业绩。

产融整合：这是个真实的谎言

在德隆崩塌之后，唐万新对检调人员说：“2001年之后，我每天的工作就是在处理危机。”

一般中小庄家，通过建仓—拉抬—出货的流程，抢到一笔钱后就落袋为安，溜之大吉。而唐万新显然不屑于做这样的“窃股大盗”，他的商业梦想是实践那个乌托邦般的“以资本运作为纽带，以产融整合为核心”的整合理论，打造出一个中国式的企业航母。在1998年的一次集团战略会议上，唐万新给德隆制定的目标就是“成为一家世界性的大公司，进入世界500强”。

要进入世界500强，显然不可能套现就走人。所以，德隆在多年的坐庄经历中，尽管不断地换手倒货，拉抬股价，但是却始终保持了对旗下企业的高控股率，有些公司的控股比例竟还有所提高。这种坐庄做法的危险性可想而知，表面上市值规模越来越大，背后则是德隆为了维持高股价必须不断地为之输血，其行为无异于自残。中国股市原本就是一个非常感性化的市场，而德隆又靠概念炒作而暴得大名，高股价之岌岌可危众人皆知。因此，到2001年之后，为了不让“德隆系”的股价高台跳水，唐万新陷入苦战，他不得不一次又一次地铤而走险，所谓的“产融整合”理念也越来越散发出空心化和妖魔化的气息。

看上去资本规模庞大的德隆，其实只缺一个东西，那就是钱。

德隆要维持惊人的高股价，要进行大规模的产业整合，都需要巨额的、源源不断的资金。根据计算，德隆每年用于维持高股价的费用需10亿元，用于融资支付的利息需30亿元，也就是说，起码要有40亿元的资金才能保证

“德隆系”的年度正常运作。这是一个让人不寒而栗的数字。

灰色而畸形的中国资本市场在融资制度上的不健康以及能力上的羸弱,显然无法满足唐万新的渴求。“德隆系”最后一次通过配股的方式从股市中筹到资金是在2000年,其前后一共筹了8.7亿元。因此,德隆依靠的融资渠道便主要来自很多不规范的,甚至是违法的操作手法。

第一种操作手法是将上市公司作为“壳资源”,向银行大量贷款。普遍采用的方式是:先由上市公司贷出用于下一步并购所需的资金,在并购完成后,再由下一级被并购企业向银行贷款,反过来由上市公司担保。在“德隆系”内,上市公司之间存在大量严重的关联交易现象。它先后密切合作过的上市公司多达40多家。这些公司之间的互相担保、资金输送、重复质押等现象比比皆是。后来根据有关公告显示,被德隆占用的上市公司资金总额超过了40亿元。

重庆实业一案体现了其典型做法:这是一家1997年上市的地方国有控股公司,主营业务不突出,负债较少,用庄家的话来说就是一个“净壳”。1999年,德隆与大股东重庆国际经济技术合作公司达成受让协议,以3960万元的成本获得重庆实业的实际控制权。出面完成收购的是一家名叫中经四通的影子公司,它的注册地是在北京只有15平方米的写字楼里的一间房子。中经四通并购所需的3960万元其实只付出了1000万元,其余的将近3000万元竟是间接挪用重庆实业的资金。德隆控股这家上市公司后,迅速将它作为下一轮并购的资金平台。它先后发起设立了一家保险人寿公司并参股江苏、四川等地的上市公司,为系内的相关公司提供大量担保,同时还先后向重庆、深圳等地的银行进行抵押贷款。到“德隆系”崩溃的2005年4月,重庆实业发布年报称,因为被大股东大额占用资金、违规担保坏账及债务等原因,实际造成公司负债9.57亿元,公司每股收益为-14.08元,每股净资产为-9.86元,每股收益和每股净资产两项数据均创下当时中国证券市场的财务指标之最。

第二种操作手法是委托理财。德隆以较高的利息,通过金融机构向民间融集巨额资金,其性质类同私募基金。为了融集尽可能多的资金,德隆控制了多家信托金融机构,最主要的有金新信托、新疆金融租赁、伊斯兰信托、德恒信托、中富证券等等,同时在银行、证券、金融租赁、保险、基金等多个领域，通过种种合法或非法的方式开展委托理财业务。日后的调查表明，德隆通过这些手段共融资250亿元。这种灰色及不规范的运作模式，让德隆渐渐衍变成一头规模惊人且无比危险的金融怪兽。为了支撑这个金融平台，德隆长期开出12%～22%的年息，其融资成本之高，让这个游戏从一开始就注定将是惨败的命运。

为了寻找资金，德隆几乎已经到了竭尽全力的地步。在唐万新的部署下，德隆将全国年销售收入在5000万元以上的18732家企业列为重点客户，按地域分配给旗下众多的证券金融机构，以地毯式搜索的方式进行开发。当某企业需要一种综合金融服务时，与德隆有业务代理或股权纽带关系的银行、信托公司、证券公司、租赁公司、保险公司会分别找上门去，以不同金融机构的名义却又是协作的方式开展服务。它们以委托理财的名义跟企业签订合同，这种合同都有两份，一份是供监管部门检查时用的，一份"补充合同"则注明德隆承诺的保底收益，它是保密的。一般而言，德隆提供的保底收益为3%～12%，后来随着资金链的紧张，最高时上涨到了22%。为了"工作便利"，德隆还专门设计了一本《金融产品手册》，它是活页式的，"需要用到哪家金融公司出面，对方需要哪种金融服务，我们都可以随时替换"。

德隆的行为其实已属于非法的"地下私募"，是中国证券监管部门所明令禁止的。在2000年前后的中国资本市场，这几乎是一种公开的、阳光下的灰色游戏，唐万新只不过把它做到了极致。为了掩饰违规操作的实质，唐万新提出了混业经营的新理念。后来他在狱中承认说："我提出混业经营理念的目的是用来团结和号召大家搞委托理财，我不能直接说让大家大规模搞委托理财，如果直接说，大家都会没有信心，天天搞委托理财投资的'老三股'，还不知道哪一天能把它们卖掉呢。就是这样，我们被危机拖入了战争，拖入到委托理财的恶性循环当中，委托理财的业务越做越大，收不了手。"

唐万新的这段话彻底揭开了产融整合背后的"真实的谎言"。后来有资料显示，仅其控制的德恒证券一家，就签出了2579份委托理财合同，涉及415家企业、机构和722位自然人。德隆崩盘后，无数企业和个人受其拖累。其中，民营企业最为发达、民间资本最充沛的江浙地区成为"重灾区"。很多勤奋创业的江浙企业家轻信德隆，将千辛万苦赚来的资金交其打理，最终都落得血本无归。据《21世纪经济报道》披露，其中最惨的是日化领域最大的民营公司浙江纳爱斯集团，它在日化市场上与全球龙头宝洁公司竞争，取得了让人骄傲的业绩。创办人庄启传信赖唐万新，将6亿元资金委托"德隆系"旗下的中富证券理财，结果深受拖累，殃及池鱼。

2000年12月，吕梁的"中科系"事件爆发，股市陷入一片恐慌，与"中科系"并称两大"庄王"的"德隆系"不可避免地遭受波及，旗下最重要的融资平台金新信托受挤兑风波，一度出现41亿元的未兑付缺口。也就是从这时候开始，德隆内部进行了大规模的资金调度，它后来形成了一个"头寸会"制度，每天下午3点准时召开，风雨无阻，一直开到2004年4月15日"德隆系"全面失陷为止。唐万新是"头寸会"的总调度人，他每天亲自主持会议，各金融机构把当天的危机程度和数据以及"头寸"写在黑板上，然后唐万新根据风险程度逐笔拍板，决定哪一笔头寸解决哪一笔危机，精确至每1元钱。唐万新拍板的过程一般10分钟就能结束，然后把当天"头寸会"的统计报表用碎纸机碎掉，防止流失到外面及留下记录。

一个更让人欷歔的事实是，德隆为了实现产融整合的目标，硬是把那些经营业绩不错的企业全部变成了融资机器，最终将之拖进泥潭。深圳的明斯克主题公园便是一例。在唐万新运作这个项目的时候，社会各界均非常看好，中信集团旗下的中信旅游以5亿元的价格承包了未来3年的门票经营权，香港的一家旅游公司则以1.3亿元承包了团体票经营权，德隆一次性收进了6.3亿元，是它投入的2.2倍，可谓一次十分漂亮的财技表演。唐万新将这笔钱都挪去做他的产融整合去了。后来，他又先后以明斯克主题公园为名目向7家银行贷款8.67亿元，这些钱也无一例外地都流到了其他项目中。明斯克主题公园经营业绩一直不错，每年有超过5000万元的利润，可是据一位曾经出任项目总经理的人士披露："这些收入除少部分用于日常开支外，其他悉数交给德隆总部，服务于德隆的整体战略。因为，唐万新给明斯克主题公园的定位就是一家财务型公司，就是要尽早、尽量地把收益变现。"于是，当自身运作良好的明斯克主题公园变成一个融资工具后，巨大的财务费用就让它难以为继了。在德隆危机爆发后，明斯克主题公园的股权被冻结，相关银行将之告上法庭，它不得不宣告破产。

末路狂奔：没有节制的大游戏

对德隆的质疑是在2001年的春夏之交开始的。当时，“中科系”事件刚刚落幕，而“德隆系”的各只股票却在唐万新的喋血支撑下达到最高价位。4月，深圳的《新财经》杂志刊发了由郎咸平主持的大型调研文章——《德隆系：“类家族企业”中国模式》，第一次将神秘的“德隆系”曝光天下。

在此之前，尽管德隆名声如日中天，但是几乎没有人搞得清楚它到底是怎么运作的。唐万新为人极其低调，他没有接受过新闻媒体的正式采访，连他公开露面的照片都非常罕见。在《新财经》刊文之前，他没有参加过任何一场大型的商业论坛。甚至一直到2004年4月25日之前，唐万新与新疆之外的政府部门都是“绝缘”的，他没有跟中国证监会在内的所有监管部门有过任何走访或拜见行为。这是一个喜欢躲在幕后操作，对自己极端自信又十分爱面子的人。

郎咸平的调查第一次向公众揭示了“德隆系”的企业架构图，并十分清晰地描述了德隆从资本市场获利的路径：**利用中国股市的股权分置现状，通过很低的价格受让国家股或法人股，实现对一家上市公司的控制，然后不断制造并购重组等投资性利好消息——投资额并不是很大，很难有规模效益。同时，选择高送股这种奇妙的分配方式，并没有让股东拿到一分钱的现金，却推动了股价的上涨。在这个过程中，庄家则从二级市场获取巨额收益。**郎咸平得出的结论是：**“德隆的敛财模式是初级的，其收益率远高于亚洲其他地区家族企业的普遍模式。”**

郎咸平的调研文章刊出后的两个月，中国股市出现了连续3轮狂跌，上海证券交易所综合指数从2245点一路下挫到1300点，大盘从此开始步入4年多的持续熊市。此时，德隆模式已经面临严重的质疑，监管部门开始介入调查，它被贴上了“黑幕”、“黑心庄家”、“金融大鳄”等标签。唐万新为了避免“德隆系”的整体塌陷，不得不咬牙力撑高股价。于是“报应”出现了，他从股市中所得的一切，一元一元地全部还给了股市，而且还被迫又贴上了更多的资金，最终包括德隆及他个人的全部资产。

2002年，从表面上看，这是德隆扩张速度最快的1年。它提出的巨额投资项目像能量惊人的照明弹一样，一颗接一颗地升空爆炸，让中国商业界眼前大亮，不敢逼视。

5月，德隆成立德农超市有限公司，宣布5年内投资100亿元，完成在10个农业大省设立1万家农资超市的布局，届时将在中国广大农村建成一个庞大的、现代化的、高效运营的农资分销网络。

7月，湘火炬连续发布公告，宣布将打造一个重型汽车帝国。它与国内两大最重要的重型汽车专业生产厂家重庆汽车集团和陕西汽车集团分别合资成立了有限公司，此外还与东风汽车集团合资成立了东风越野车公司。这表明德隆将把汽配专业生产企业湘火炬转型为一家汽车整车公司。有专家预计，要实现德隆提出的目标需投入60亿元到100亿元的资金。

9月，德隆成立了畜牧业投资有限公司，拟投资25亿元，致力于开发新疆辽阔的天然牧场资源，建设“天山北坡、伊犁河谷、南疆绿洲”三大产业基地，最终形成草、饲、养、繁并举，奶、肉、皮、药兼营的大型产业链，成为中国乳业的龙头企业。

11月，组建德隆旅游集团，设想将深圳明斯克项目、新疆喀纳斯湖、吐鲁番葡萄沟，以及江西的井冈山、龙虎山和贵州的黄果树等资源都整合起来，成为中国拥有最多风景资源的旅游“航母”，这个项目的投资总额为35亿元。

每隔两个月，德隆就有一个数十亿元乃至上百亿元的项目启动。这一年的唐万新不由得让人想起14年前的那个乌鲁木齐青年，他已经面有皱纹，身材略显发胖，工作的地点也从偏远的乌鲁木齐迁到了北京及上海。但是，这还是那个禀性未改、喜欢多线作战、对风险毫不在意的西北汉子，其差别仅仅在于：14年后的项目规模被放大了数千倍，或者说，风险及后果危害也增长了数千倍而已。事后来看，唐万新要么是在别有用心地“讲故事”，要么他就是一个从来没有学会放弃的企业家。

2002年11月，唐万新的大哥唐万里当选为中华全国工商业联合会副主席，他对媒体宣布：“德隆将在3年内，进入世界500强。”12月，德隆集团迁入位于上海浦东黄金地段的德隆大厦。在外人看来，此时的德隆正处在辉煌的巅峰时刻，它宣称控制了1200亿元的资产，拥有500多家企业和30万员工，涉足20多个领域，已俨然成为中国最大的民营企业集团。

而事实上，德隆已经病入膏肓。

上海德隆大厦

唐万新的最后一次挣扎是试图直接进入地方城市的商业银行。德隆从大型商业银行中获得贷款的可能性已经越来越小，而国内城市商业银行则有100多家，资产总额5500亿元，存款4500亿元；如果能够进入，德隆将真正地形成实业投资与金融紧密结合的财团模式，并有可能彻底地将自己洗白。

2002年6月，德隆通过6家影子公司控股昆明市商业银行，成为总计持股近30%的大股东。9月，它又通过湘火炬出资，占株洲市商业银行增资扩股后总股本的11.73%。同时，它又染指长沙市商业银行和南昌市商业银行。在不到1年的时间里，德隆先后与至少6个城市的商业银行达成了控股或参股的协议。事实上，许多商业银行的资产质量并不好，甚至可以说很差，但德隆却并不挑剔。唐万新的目的其实就是两个：其一，进入银行董事会后，可以用各种项目及关联公司之名，从中获取资金。后来的事实也证明的确如此，德隆从山东一个城市商业银行获得的贷款量就达到了40亿元之巨。其二，在股市上炒作参股金融的概念，支撑及刺激已显疲态的“德隆系”股票。①

到2003年夏天，德隆的资金困境仍然没有得到根本性的改善。10月之

① 唐万新的商业思维非常适合灰色的中国资本市场，一直到德隆覆灭之后，这里仍然流行以概念炒作为主要牟利手段的“庄家逻辑”。2006年年底，中国股市大涨，其中“参股金融”是被炒作得最狂热的一个题材。到2007年1月25日为止，与此相关的S锦六陆连收11个涨停，都市股份、安信信托连收8个涨停，其他如岁宝热电、西水股份、东方集团等等都成大热门股。这些公司中的大部分在几年前都与德隆、“中科系”等庄家有丝缕干系，如今则显然是受到“基金庄家”的控制。目睹此景，身陷牢笼的唐万新不知作何感想。

后,旗下各金融机构几乎已没有新进的资金,"金融巨兽"面临恐怖的断血之虞。这时候,唐万新成了全德隆唯一还有"借贷信用"的贷款员,他日夜兼程四处奔波,先后向人借贷来的资金有50亿元到60亿元之多。

屋漏偏逢连夜雨,不幸开始降临唐家。4月,唐万新的二哥唐万平在一次谈判中突发脑溢血,抢救过来后成了不能继续工作的重病人。7月,患有肝癌并已到晚期的唐母,因脑溢血突发去世,孝子唐万新大恸,数十日不能办公。而他本人刚到中年就被查出患有冠心病、脑血栓等多种疾病。为了拯救德隆,他白天主持6~12个资金调度会议,晚上接待或宴请来自全国各地的追债大军,每天平均工作15个小时。在这段时间,唐万新多次跟亲密的部下谈及年轻时的一件异事,有位高人曾经预言他在40岁时将有"大灾难"。他表示,想在40岁之前就金盆洗手退出商界,到新疆去当一个悠闲的猎人。

不过,这时候的局势已经恶化到他无法自控的地步。12月,他将"德隆系"内最好的一块资产湘火炬的1亿股法人股质押给了银行,后来的半年里,德隆手中所有上市公司的法人股都被抵押干净。其间最可笑的新闻是,在胡润的"2003年资本控制50强"中,德隆唐氏仍以控制217亿元的上市公司市值赫然位列诸强之首。

2004年3月,有媒体抢先报道《德隆资金链绷紧》,称"德隆已经将大部分资金压在了旗下的各只股票上,由于资金短缺,不要寄希望于它会再度为这几只股票护盘,现在它们都铆足了劲往外跑"。这条负面新闻像病毒一样迅速地在国内各家网站传播。

4月3日,德隆史上最后一次全体高层会议在沉闷的气氛中召开,会议决定了最后一次"自救行动":发动德隆机构的所有员工都去购买"老三股",部门经理10000股,普通员工1000股。唐万新伤感地说:"这道坎过去了,德隆还会有更美好的未来,若过不去,大家再也没有机会坐在一起开会了。"与会的所有德隆高层均用十分复杂而悲悯的目光注视着这位从来不肯低头认输的领袖。那天正好是他40周岁的生日,很多人不由得都想起了那个黑色的预言。

真正意义上的灾难从10天后正式开始了。先是合金股份率先跌停,接着"老三股"全线下挫,数周之内,股市就将德隆过去5年所创造的奇迹和纸上财富全数抹去,流通市值从最高峰时的206.8亿元跌到2004年5月25日的

50.06亿元，旦夕间蒸发将近160亿元之巨。一年后那首风靡大江南北的流行歌曲《嘻唰唰》在德隆身上预演："拿了我的给我送回来，吃了我的给我吐出来，"《闪闪红星》里面的记载，变成此时对白。

几个月前还将唐家兄弟奉若神明的债权人疯了似地冲向德隆在北京和上海的两个总部，各地的公安部门也闻风而动，有人声称一定要抓住唐万新，"活要见人，死要见尸"。唐万新频繁更换办公和居住地点，所有对外的交涉都交给了大哥唐万里。4月22日，将7000万元资金委托德隆理财的江苏亚星客车董事长李学勤赴京绝食讨钱。他对媒体记者说："如果收不回钱，我只有一死以谢亚星6000名职工。"在一间小会议室里，56岁的李学勤老泪纵横，号啕大哭，不停用头猛撞会议桌，情景十分凄惨。唐万里内心的道德防线被彻底冲垮了，他眼泪汪汪地对在场的记者说："我实在受不了了，李学勤给我的刺激太大了。这次事情过去后，德隆再也不做金融了。"

就在唐万里疲于应付的时候，唐万新正四处谋求援助，他第一次踏进了中国证监会的大门。这个机构据称常年监控德隆，形成了1500页的审计报告，但却不知出于什么原因，始终对之未加干预。唐万新还跟美国高盛公司、民生银行等国内外金融机构有过洽谈，但都难有结果。德隆手中所有的投资股权要么质押、要么出让，10多个省市的公检法部门纷纷在各地查封德隆资产和准备抓人，仅在上海一地一次就冻结了13亿元的资产，20多家银行纷纷起诉德隆。

5月29日，眼见大势已去，唐万新出走缅甸。此案终于惊动中央，北京成立了以中国人民银行副行长吴晓灵和金融稳定局局长谢平为首的工作小组专门处理德隆问题，公安部则成立"706"专案小组，调查有关犯罪行为。据初步核算，"德隆系"的银行贷款合计为160亿元左右。然而，这头"金融怪兽"的组织结构实在太过庞大和错综复杂，且涉及32万相关员工、10多万个人投资者，举世之内，除了唐万新已没有第二个人能够把它完全梳理清楚。于是，让这个作局者回国成了唯一可行的方案。7月18日，身穿T恤衫、依然留着标志性小胡子的唐万新出现在北京机场。谢平和统战部经济局局长李路亲赴机场接他，他当即被带到北京中苑宾馆天聪阁监视居住。

当时的唐万新，几乎是"人人皆曰可诛"。他居然答应归国，出乎很多人的预料。这也可见此人敢于担当、重义气的枭雄性格。唐万新在宾馆里日夜伏案写作，拿出一个摞起来厚达30多厘米的《市场化解决德隆问题的整体方案》。他始终固执地认为，德隆在产业整合上的思路和成效是不容置疑的，其错在于负债率过高造成了财务上的危机。因此，只需要由一家金融机构统一托管德隆的债务和资产，注入一定的资金，将部分败坏的资产剥离，就可以将一切恢复正常。这看上去好像是一个波及面最小、将损失降到最低程度的方案，然而，这实质上是一种“捂盖子”的做法，德隆那么多的违规操作、关联交易，以及超过500家企业与数十个地方的上百家金融机构形成的那种难分难解的乱麻格局，很难进行一次性的“整体解决”。就在他交出这个方案后不久，政府决定由专门处理不良资产的华融资产管理公司全权托管德隆的所有债权债务事宜。在这之后，印度尼西亚华裔首富林绍良家族的三林集团曾试图全盘吃进德隆，在经过详细的调查及多轮谈判后，最终未能达成合作协议。华融资产管理公司最终决定，将德隆拆开零卖，这意味着唐万新精心实施的产融整合战略及形成的所谓“产业价值”尽付灰飞烟灭。

德隆最终的结局成了一场“全民埋单”的悲剧，质量稍优的“老三股”被一一瓜分，中粮集团购得新疆屯河，辽宁机械集团入主合金股份，湘火炬遭到一汽、上海大众等20多家汽车公司的争抢，最后山东的潍柴动力得手。德隆旗下的诸多信托、租赁、证券等金融公司相继被停业整顿或关闭，众多债权银行及委托德隆理财的上千家大小公司损失惨重。为了维护社会稳定，政府决定对个人投资者进行保护，以债权金额10万元为界，高于此数的按照9折收购，低于此数者享受全额收购，所需费用均由各地政府财政承担，仅新疆一地就付出了13.8亿元。

牟唐对照：两代大鳄何其相似

2006年4月，唐万新因“非法吸收公众存款罪”及“操纵证券交易价格罪”2项罪名，被判处有期徒刑8年并处以40万元罚款。他在武汉服刑期间，据称“坚持每天学外语，还报考了北京大学函授考古专业”。

历史总是以一种戏剧性的方式来展现命运的神奇。近30年来，中国商业史上最显赫的两位资本大鳄都被关押在武汉的监狱，而且他们的祖籍都是重庆万县。一个有趣的假设是，如果让他们两人展开一次对话，将会是一番怎样的景象？

唐万新在武汉服刑

我们没有找到唐万新评说牟其中的资料，却读到了后者议论前者的文字。在德隆崩塌后，牟其中在狱中回答媒体的书面提问时，突然说到了德隆——

我在狱中看到的有关德隆的资料非常有限。这让我想起了成都“武侯祠”的一副楹联：“能攻心，则反侧自消，自古知兵非好战；不审势，即宽严皆误，后来治蜀要深思。”

在我看来，德隆今天的命运跌宕，是在国内宏观环境，即法制条件、金融条件、道德条件尚未具备时，不采取特殊的防范措施，以为自己处于成熟的市场经济环境中，孤军深入，身陷计划经济重围的结果，最终只能是被人聚而降之。所以说，对德隆的困局，尽管可以找出一千条、一万条理由来解释，但最根本的一条仍然是“按市场经济法则运行的企业与按计划经济法则组织的经济秩序的矛盾”。德隆偶尔小范围内有了点经营业绩，立即上市增值，不考虑市场的“半流通”风险，按虚增的价值与银行的现金打交道，不老老实实地追求企业利润，而仅靠资本市场的操作，想求得奇迹式的发展。而我在操作南德时有“两点铁一样的规则”，即企业利润是资本运作的基础，没有利润的资本运作，就是投机式的赌博行为；在中国金融改革以前，“绝不与中国金融界及资本市场来往”。

牟其中所谓的“两点铁一样的规则”，显然非事实本身，南德失陷的根源就是对资本概念的投机性玩弄。不过，他的“审势”一词却点出了德隆事件的某种本质。

跟牟其中、唐万新两人都有过切磋的湖北籍经济学家钟朋荣则将两人进行了直接的比较。他的观点是：“牟其中虽然只提出了理论而没有找到方法，而唐万新恰恰把牟其中的理论变成了现实。”

将牟其中、唐万新两人的实践相比，确乎有一个共同点，那就是他们都

把产业整合的对象聚焦在了机制落后的国有企业身上，他们试图通过金融手段将之激活，并由此带动中国产业经济的复苏。牟其中曾为此提出过一个“99度加1度”的理论。该理论认为，几十年的计划经济使得很多资产大量闲置，在计划经济下烧了很多水，但都烧到99度就不烧了，南德就是要把它们加1度，把水烧开。在钟朋荣看来，“具体怎么加这1度，牟其中并没有找到答案，而在数年之后，年轻一辈的唐万新则继承和实践了这套理论。德隆对水泥产业的整合、电动工具的整合、汽车零部件的整合，以及其他产业的整合正是在做加1度的事”。在这个意义上，“牟其中说得太多，唐万新做得太多”。

做得太多就导致了实力不够、管理不够，尤其是资金不够。在这样的情况下，成本很高的资金不可能不要，甚至一些违规资金也要。也正因如此，对唐万新持同情态度的钟朋荣认为，德隆的问题出在中国企业现阶段的融资结构上。目前中国企业融资主要是债务融资，整个信用都集中在银行，都是借贷融资。德隆也不例外，主要是对银行或向私人借贷。这样一种比较单一的融资结构，一旦遇上风吹草动，碰上宏观调控，银行紧缩贷款，就变成了一种风险很大的融资方式，谁都受不了。而德隆所做的多数都是长期项目，与短期融资体制不匹配。德隆知其不可为而强为之，自然就“宽严皆误”，难逃失败的命运。

将南德与德隆这两个相差10年的公司败局进行比较，除了它们都把整合对象锁定为国有企业，以及都在金融上闯下大祸之外，还有很多惊人相似的地方：

它们都掉进了“做大”的陷阱。南德、德隆都以中国最大民营企业自诩，都提出过进入世界500强的宏伟目标，都在很短的时间内把分公司、子公司开遍全中国，其脆弱的管理链让企业在危机发生后顿时变成一地鸡毛。

它们都是多元化实践的失败者。南德的项目从火锅城到发射卫星，跨度之大让人眩目；德隆涉足的产业也超过了20个。美国股神沃伦·巴菲特有句名言说：“要是你有40个妻子，你将永远都不可能熟悉她们每一个人。”

它们都落入了多地化运作的泥潭。两个企业的项目都遍及国内，与地方政府有种种纠缠关系。由于企业在政界人脉并不深厚，甚至在进入的时候就有扩张牟利的意图，造成了企业信用一旦发生动摇，危机容易被迅速放大。

每个不同的时期，都有不同的关于德隆的书出现

它们都是负债经营的信奉者。南德、德隆都试图靠并购来实现企业规模的快速扩张，在负债上都有债权人过度分散、负债成本过高以及短贷长用的特点，这显然是一种十分危险的财务模式。

它们都是乌托邦主义的牺牲者。牟其中、唐万新两人都有很完整的产融结合理论，并得到了很多经济学家的追捧。南德有自己的研究院，出版自己的学术刊物；德隆号称有150人专门从事产业战略投资的研究。然而，他们的理论由于过于理想化，从来就没有真正实现过。让人悲哀的是，两人在身陷大狱之后，尽管有很多悔恨和反思，但是对他们各自的理论却仍然充满无比的自信与自豪。

德隆崩盘后，很多学者都将德隆之败视为值得中国民营企业家们借鉴的一个重要标本。并购专家刘纪鹏认为："评价德隆就是评价中国民营企业，它提出的还是那个老问题：成长难道永远是道坎吗？"一位资深的财经评论家则写道："反思德隆就是反思我们自己，反思中国企业界的思维方式和行为模式，反思中国的管制环境和经济崛起的社会基础。"此言凿凿，颇耐人寻味。

何谓天意：企业家性格的投射

"但凡拿我们的生命去赌的，一定是最精彩的。"

德隆的很多部属都对唐万新的这句名言念念不忘。唐万新喜欢打猎，经常开着一辆丰田越野车，游猎新疆各地。据说越是凶猛的猎物当前，他越是莫名兴奋。他在裕民县有一个农庄，会议室里挂了一块大匾，上书"唯我独尊”4个字。

2006年11月，为写作此案例，我专程去了新疆的德隆总部。乌鲁木齐文艺路上的宏源大厦，在喧闹的市中心一点都不起眼，门只开了小小的两扇，因为下大雪，挂了两条很厚的军绿色棉毯。看门的门卫是新来的，听到“德隆”两字，他想了半天说，“好像在23层，早就没有人了。”

23层，早就没有人了，三五年前进出这里的人大多有过亿身家，如今一把钢锁锁住了所有的秘密。我拍了一张照，就匆匆下楼了。朋友还带我去了人民公园门口，20年前唐万新办彩印店的地方，原来这里是一排的小店，现在只剩下一家了，朋友比画了半天，说“好像就在这个位置上”。当年，唐家兄弟就在这里一手拿军钢壶，一手拿着馍，与朋友们大谈商业梦想。如今门前的人民路很宽，车水马龙，我朝四周张望，白雪皑皑，一切恍若隔世。

崩盘后一地狼藉的新疆德隆

那个用生命去赌博、“唯我独尊”、曾经控制数百家公司、可以操纵1200亿元的西北汉子，如今安在？

这个无比惨烈的故事，让我们开始思考一个与此截然相反的问题：商业真是一场没有节制的游戏吗？

德隆倒下后，唐万新被拘狱中，大哥唐万里的中华全国工商业联合会副主席一职被免，二哥唐万平病成废人，三哥唐万川及唐万新的妻小躲居美国，惶惶不可终日。德隆的重要干部或抓或逃，星散四野。唐万新一案涉及面庞杂，光是律师诉讼费用就要265万元，唐家最多能拿出120万元，其余部分是他的一些新疆朋友帮忙解决的，唐万里甚至一度想靠出书来筹措部分资金。据追踪唐家兄弟多年的唐立久说：“已经翻箱倒柜了，万新真是没有钱。”

商业真的就是一场这样的游戏吗？

在过去20多年的中国商业界，众多草根起家的企业家似乎从来不肯放

过任何一个成长的机会，但同样也纵容出一代不知节制的财富群体，从而造成他们注重利益而不计后果，得理处决不轻易饶人，勇于倾家一博而不肯稍留后路。“破釜沉舟”，“卧薪尝胆”，“机不可失，时不再来”，隐含在这些成语中的血腥与决然构成了这代人共同的生命基因。经济学家赵晓在评论德隆事件时说：“德隆倒下，是德隆的悲哀，也是渴求极速发展的中国民营企业的集体悲哀。”

华人首富李嘉诚创业于1950年，50多年来，他的同辈人大半凋零，唯有和黄事业绵延壮大。在被问及常青之道时，这位华人首富说：“我经常反思自问，我有什么心愿？我有宏伟的梦想，但我懂不懂什么是有节制的热情？”

商业是一场总是可以被量化的智力游戏，商业是一场与自己的欲望进行搏斗的精神游戏，但归根到底，商业是一场有节制的游戏。所有的天意或宿命，其实都是企业家性格的投射。

【德隆大事记】

1986年12月，唐万新筹了400元钱在乌鲁木齐市团结路人民公园的边门办了一家“朋友”彩印店。

1992年8月，唐万新组织5000人从新疆到深圳排队领取股票认购抽签表。

1992年底，唐万新和大哥唐万里等人注册成立新疆德隆实业公司，专门从事资本市场的股票运作。

1994年，德隆通过国债回购业务，先后向海南华银信托投资公司、中国农村发展信托投资公司融资总计3亿元。

1996年，德隆总部迁至北京。德隆先后控股新疆屯河、沈阳合金和湘火炬，构成“德隆系”的“三驾马车”。

1998年，德隆出资1000万美元购进明斯克号航空母舰，在深圳建成世界上第一座以航空母舰为主体的主题公园。

从1996年起，德隆坐庄股市，到2001年3月，“三驾马车”的涨幅均超过1000%，成为中国股市第一庄家。德隆总计获利52亿元。

2000年之后，德隆先后控股北京中燕、重庆实业和天山股份，是为“新三股”，从而成为中国资本市场上拥有上市公司最多的财团型企业，它先后密切合作过的上市公司多达40多家。

从2000年起，德隆通过控制多家信托金融机构，开展合法或非法的委托理财业务，长期开出12%～22%的年息，先后共融资250亿元。

2000年12月，受“中科系”事件影响，“德隆系”股价波动，旗下最重要的融资平台金新信托受挤兑风波，一度出现41亿元的未兑付缺口。德隆开始陷入资金危机。

2001年4月，深圳《新财经》杂志刊发大型调研文章——《德隆系：“类家族企业”中国模式》，第一次将神秘的“德隆系”曝光天下。

2002年，德隆先后宣布投资农村超市和重型汽车业、旅游业、畜牧业。11月，唐万里当选为中华全国工商业联合会副主席。德隆宣称控制了1200亿元的资产，拥有500多家企业和30万名员工，涉足20多个领域，成为中国最大的民营企业集团。

从2002年6月起，德隆先后控股或参股6个城市的商业银行。

2003年10月，德隆面临断血之虞。12月，唐万新将系内最好的一块资产湘火炬的1亿股法人股抵押给了银行，后来的半年里，德隆手中所有上市公司的法人股都被抵押。

2004年4月13日，合金投资率先跌停，接着“老三股”全线下挫，数周之内，“德隆系”流通市值从206.8亿元下降到50.06亿元，蒸发将近160亿元。

2004年5月29日，唐万新出走缅甸。国务院和公安部分别成立德隆专案工作小组。7月18日，唐万新归国处理善后，被监视居住。政府决定由华融资产管理公司全权托管德隆的所有债权债务事宜。

2004年12月14日，武汉市人民检察院以“涉嫌非法吸收公众存款”为由逮捕唐万新。德隆被肢解出售。

2006年4月，唐万新因“非法吸收公众存款罪”及“操纵证券交易价格罪”2项罪名，被判处有期徒刑8年并处以40万元罚款。

【后续故事】

2007年，被判入狱的唐万新一度被关到武汉汤逊湖畔的洪山监狱，在这里,他遇到了久在狱中的牟其中。《南方周末》记者张华在报道中曾描述过一个很有趣的细节:一天自由活动期间,唐万新靠近牟其中,主动向其示好,表示要借手机给牟其中打。高出唐万新整整一个头的牟其中,侧着脸,瞄了他一眼,很不屑地"哼"了一声,不加理睬。这时,唐万新羞得像个小女孩一样,脸倏地一下红了。后来,牟其中对狱友郑毅说,他不喜欢唐万新,他认为唐万新当年的做法是"劫贫济富"。

2008年下半年,服刑已达4年的唐万新,获准在北京保外就医。据称,他帮助监狱所属服装厂扭亏为盈,年赢利达到200万元,有"立功"表现。此后,唐万新保外就医的消息迅速流传于国内媒体,并有人称他与旧部联系将组建投资团队进行运作。到2009年3月,有关部门找到唐万新,又把他重新关回到监狱服刑。

2009年10月,唐万新获假释出狱,此后一直蛰伏于北京一处高档小区里。自崩塌之后,德隆系共有104名企业高管被拘押,84人被捕,最后被判处有期徒刑以上的人员达70余人。到2010年前后,这些人中大多数已重获自由。在相当长的时间里,唐万新的动向一直是商界的耳语话题。据称他曾悄然抵达上海和深圳,走访昔日老友,一再有传闻称,唐万新将携旧部再战江湖。

为此,《中国企业家》曾派出记者两赴新疆、三下上海,采访了约10名德隆旧部,最后,该刊得出的结论是:尽管这群人里有些人尚抱有啸聚愿望,但恐怕它如德隆的名字,都只能成为一个幻影,大漠流沙,聚散无形。

【档案存底】

在德隆危机爆发的1年多时间里,唐氏兄弟在不同场合对自己的失误进行过多次的辩解和反思。其中涉及最多的失误有6个,下面的文字根据其自述编辑。

我们的6个失误 /唐万新、唐万里

●"扩张过速"——过去我们是吃着碗里的,看着锅里的。近几年的加速扩张导致了企业自身的现金流和造血功能吃紧。由于企业扩张速度过快,尤

其是2001年后融资压力导致考核奖惩指标单一，内部管理不善，在金融业务开展中存在严重违规行为，在金融机构的自救中占用了生产型企业的资金，加之媒体炒作和银根紧缩的影响，导致德隆相关金融机构发生了债务危机，并迅速地波及生产型企业，从而影响了金融证券市场的健康发展和社会稳定。

●"没有抵御太多的诱惑"——我们总是渴望做那些更高端的生意，但如果把握不好，就会带来灾难。整个经济环境看上去很好，德隆的品牌和实力又引来了很多的合作者，但我们面对的诱惑太多了，难免出现扩张过快的现象。在面对众多机遇的时候，德隆有点贪多求快，以致对于宏观环境的变化预计不足。例如，最近银行收紧贷款，给德隆的资金调度造成了压力。因为德隆的预计是，德隆本身的情况并没有恶化甚至还在良性发展，如果按照过往惯例，应该可以从银行得到资金支持，但现在银根收紧之后，德隆的战略部署都被打乱了。

●"战略理想化"——德隆在产业整合这一战略模式上做了大量探索工作，结果也证明是卓有成效的。例如，在入主湘火炬之后，通过一系列行业并购，使其主营业务收入在6年里从1.24亿元增长到了103.13亿元。但是，由于德隆在对宏观政策的把握方面存在不足，有些步子迈得太快，太过理想化的做法导致在一些外部因素发生变化时，德隆遇到了困难。在过去，我们对问题的认识往往凭直觉，能不能走上一条光明的道路，我们不要过分考虑它，生意本身到什么程度，我们就到什么程度，刻意追求，其结果反而不好。可能我们有智慧，但我们仍缺乏手段。

●"没有把握好投资的节奏"——德隆在长、中、短期投资组合及对投资节奏的把握上的确做得欠佳。德隆过去注重了横向的、内容方面的互补性投资，如金融与产业、产业链之间的互补，而忽略了在投资节奏方面的结构安排，即长、中、短期投资的比例结构安排不尽合理，长期投资的比重过大，影响了资金的流动性，更多地看到富有诱惑力的投资机会和产业整合机遇，而忽视了公司高速成长带来的潜在风险。

●"宏观判断失误"——恰恰是一些我们以前并不太留意的方面反而成了磕磕绊绊。比如，我们的发展一直十分快速，非常顺利，政府、银行等方方面面也都非常支持，银行给予的授信额度也非常大，这也给了我们一个错觉，就是只要有好的行业、好的项目，我们是不缺资金的。但没有想到的是收缩信贷，水泥等行业受影响很大，再加上市场上一些不明就里的传言，给我们其他产业的融资也造成了困难，经营受到影响。

●"用毒药化解毒药"——在金融业，我们犯了严重的错误，首先是随波逐流，以为只要行业内大家都在做的事情，做了问题也不会太大，结果这成了德隆事件中的死结。其次在社会危机出现时，又用非常手段来化解危机，包括金融企业的营销中对客户的最低投资收益作出保证、用多家企业实质控股金融企业、超范围经营、金融企业之间违规拆借、使用"壳公司"作为投资和转账主体并隐瞒关联交易……这相当于"用毒药来化解毒药"，结果事与愿违，现在想来真是追悔莫及。

【八方说词】

德隆的溃败，在经济学界和企业界均引起了巨大震动。关于德隆败因有"信用危机说"、"短融长投说"、"产业金融混业说"等。下面摘录3位经济学家和3位企业家的看法。值得对照的是，由于职业角色不同，学者、企业家对德隆有各自的观察视角，学者多从制度和战略层面剖析，而企业家则往往注重实际操作层面和自我反思。

学者、总裁：各说各的德隆

郎咸平（经济学家、香港科技大学教授）：德隆问题的根本原因在于德隆通过"类金融控股公司"结合产业与金融资本的发展模式和多元化经营策略的失误。资金链的紧张是其发展模式和经营策略造成的必然结果，外部金融环境的变化只是德隆问题浮出的催化剂而已。

首先，德隆的发展模式具有内在的缺陷。其战略目标无疑与其他民营企业一样，是要"做大做强"。其模式是以产业和金融为两翼，互相配合，共同前进。但是，实业与金融业毕竟性质不同，产业整合效益的速度，总体上而言无法跟上金融的速度。因此，这就产生了结构性的差异。

其次，德隆的融资模式风险过大。随着"德隆系"产业的扩大，德隆必须依赖大量银行贷款才能维持资金链，支持其发展战略。因此，德隆通过将其持有的法人股抵押贷款，或者通过所属公司互相担保贷款来解决资金问题，例如，湘火炬、合金投资、新疆屯河3家公司的债务规模在德隆入主后均大幅度攀升，多家对外担保额超过了净资产的100%。在银行贷款方面，越来越多的情况下是一旦产业整合不利，银行紧缩贷款，那么德隆的资金链将立刻出现险象。

最后，以德隆金融产业的组合而言，根本谈不上互补。2004年年初，由于政府担心投资过热，国家在金融政策上采取了收缩银根的政策，直接减少了对企业的贷款。国家对几大过热行业加以限制，其中包括钢铁、水泥、电解铝、汽车、房地产和煤炭等，而恰恰德隆所涉足的几大主要行业都名列其中。按照央行的规定，对过热行业的降温，主要是从信贷投向的行业和规模两个方面进行限制。针对国家一系列政策的出台，德隆的金融和产业之间不但不存在互补，反而是相互牵制。

王巍（全球并购研究中心秘书长、万盟投资董事长）：德隆是一个资本运作的赌徒。德隆背后依靠两张牌：一张牌是以3家主要的上市公司以及关联的六七家上市公司形成的上市公司的互动群体，玩的是美国20世纪60年代非常著名的资本游戏，靠财务杠杆进行收购。另一张牌是参股一大批非银行金融机构。金融机构作为间接融资渠道，上市公司是直接融资渠道。德隆正是依靠这两张“金融牌”暴发的。

德隆长期标榜致力于产业整合，但到崩盘为止，只看到德隆股票坐庄的成功。据说德隆的番茄酱产业整合成功了，但一个资产规模达数百亿元的集团怎么能依靠番茄酱支撑整个行业？德隆的水泥、机电等各个行业的整合，对于业界来说也不过是“自娱自乐”。企业的产业整合是一个非常艰难的过程，需要一代人甚至两代人的努力，这个过程中注定要死掉很多企业。对于企业家来说，你什么时候进入整合，接的又是第几棒呢，这是直接面临的一个严峻考验。

赵晓（经济学家、北京科技大学教授）：德隆的梦想是一个中国式的梦想，即利用金融整合产业，充分发挥中国制造业在国际上的竞争力，成为与

GE一样的金融与实业帝国。然而，德隆与GE徒具表面上的相似之处，而主要的区别却是本质的。美国有成熟的资本要素市场、职业经理人市场，而德隆只是一家民营企业，也许唐万新的“隆中对”是对的，但错的是对于一家中国民营企业来说，这种思路太超前了，太不可思议了。德隆要实现这种思路，在中国现有环境中，只能以极高的利率、灰色的手段融到资金，这就逼着自己只能始终行走在危险的钢丝绳上。

鲁冠球（万向集团董事局主席）：德隆的产业基础选得很好，发展思路也很对，通过对优质产业链进行整合来得到发展。唐万新是一个比较理想化的人，他的一些经营理念和思路有先进的地方，但不一定适合中国的国情。德隆最大的问题是，实业发展速度太快了。实业需要大量投资，就像血液需要源源不断输入一样，一旦供不上，就需要金融来支撑。而德隆主要是到二级市场去搞股票，把几个上市公司的股票炒高，再抵押出去贷款。其实，德隆在实力不足的前提下，在缺乏后续发展资金的情况下，走了两条路，一是搞金融，二是高息吸贷。所以，它主要还是超越了自己的实际承受能力而想走捷径，结果一步走错，步步走错，导致恶性循环。

郭广昌（复星集团董事长）：我觉得在没有能力、无法以很快的速度去改变外部环境的时候，我们首先要改变的是自己。我们首先要做的就是规范自己，将自己的事情做好，这样最终才会得到更多的理解和支持。透过德隆事件，我思考最多的一个问题是民营企业应该怎样规范自己，透明自己，得到各种资源，获得各个阶层的支持。

荣海（西安海星集团董事长）：虽然西方强调专业化，中国却有多元化的土壤，如果旧的产业衰退无法挽回，企业应寻求新的产业机会来加以弥补。但是大集团在做各个专业公司时必须清楚，如果集团出了问题，下面的公司再好也难逃一劫，德隆就是一个例子。有的民营企业不清楚自己不能干什么，宏观形势好的时候，企业贷款容易，自以为什么都能做；当宏观调控信贷收缩，短期贷款一断，其他融资渠道又没有，很容易出问题。企业要把钱拿在手上，现金为王，否则成也资金，败也资金。

中科创业
那个庄家狂舞的年代

这是一个危险无比、令人窒息的资本游戏。
任何人一旦身陷其中便被利益的“蚕丝”缠绕住，变得身不由己，
潜伏在内心的狂魔被释放了出来，理性很快被吞噬掉，
除了玉石俱焚，几乎没有第二个结局。

我想尽量用一种诙谐、轻松的笔调来描述中国证券史上这段最为血腥和惊心动魄的往事。这个故事中的主角们将满足人们对这个商业时代所有狂暴的想象。

一直到我写作此案的时候，关于这则故事的所有情节仍然是不完整的，也许它将永远如此残缺。我将那些神秘的断点留在那里，其实，从这些断点出发，我们可以寻觅到另外一些也许更为血腥和神秘的丛林。

朱大户与K先生的亲密接触

1998年入秋的一天，朱大户从深圳坐飞机上北京，去见他一生中最重要的那个人。

朱大户名叫朱焕良，是南方出名的股市大户。他没有多少文化，早年是在建筑工地上开大装卸车的，20世纪90年代前后，靠认购股权证发了点财，之后就一直在股市里混。他选股票的眼光很毒，渐渐地竟赚了很多钱，成了上海和深圳股市上最早的亿万富翁之一。1996年前后，股票操纵之风渐起，有人靠吃股建仓、操纵股价发了大财，朱大户便也动了这样的念头。他看中了深圳一只叫康达尔(股票代号0048)的股票。它原本是深圳宝安区的养鸡公司，香港的活鸡市场大半是靠它供应的，业务稳定而效益尚可，自1994年上市后一直不温不火。朱大户跟宝安区相熟，自以为有坐庄的可能，便在二级市场上悄悄购进康达尔的股票，小半年下来居然囤积了数千万股，占到康达尔流通股的90%。朱大户为此花了2个亿，其中有一大半是他全部的家当，还有一小半是高息拆借来的。正当朱大户想卷起袖子大炒康达尔的时候，1997年，香港突遭“禽流感”袭击，全岛杀鸡禁鸡，康达尔业务全面萎缩，它的股价自然也坐上了滑梯，从最高时的每股15.40元猛地跌到7元多，跌幅超过50%。朱大户的2亿元全部深陷在里面动弹不得，他沮丧地跟人说：“在1997年，除了那些被杀的鸡，我大概是全深圳最不幸的了。”

朱大户上北京是作最后的一次挣扎，他要去见的那个人是K先生。

K先生的名字叫吕梁，他常用这个古怪的名字在证券类媒体上写些股评文章。其实，他的真名叫吕新建，是一个虔诚的文学爱好者，早年写小说、玩绘画，还有作品发表在巴金先生主编的《收获》上，可见水平并不低。1992年，吕梁跑到深圳去闯世界，一到那里就碰上8月份的认购证风波，上百万股民挤爆深圳，却因为舞弊事件而发生集体骚乱。在这起风波中，朱大户与人内外勾结，抢到上万张认购抽签表，硬是挖到了第一桶金；后来威震股市的唐万新则从新疆运来5000名自带铺盖和板凳的老乡，也狠狠赚了一笔；只有吕梁还是一个好奇的旁观者，那些天他兴奋地从一个认购点跑到另外一个认购点，采访了一大堆股民，写出长篇纪实报道《百万股民“炒”深圳》。这是当时国内对深圳事件最生动的描述，国内数十家报纸采用了这篇稿子，吕梁自是赚到了不少的稿费。也是在这次股民骚乱中，吕梁经受了股市的洗礼。从此，他成了深圳证券交易所里的常客，注意力自此再也没有离开过。在深圳混的日子让吕梁天天都很亢奋，但是他并没有赚到多少钱。不久后他又回到了北京，跟在几个像朱大户这样的大户后面炒

1992年深圳“股疯”现场。吕梁的神奇人生从这里开始

吕梁一直保持着神秘的面纱，这是仅有的一张模糊的公开照片。而朱焕良则无照可寻

炒股票，此外还不断地写些股评文章。他的赚钱运气似乎不太好，一开始攒了上百万元，转去做期货，结果全都砸进去了，两年玩下来，竟欠下了上千万元的债务。不过，在股评方面他却表现出超人的天赋，早年的文学创作帮了他大忙，在文字粗劣、理念浮浅的股评文章中，他总能以充满激情和思辨的文字吸引人们的注意力。他很早就看透了中国股市的灰暗。他曾写道："由于上市公司质量的普遍低劣，使得股民根本无法选择到真正有价值的股票，这就给市场运作带来了极大的空间，中国股市在某种意义上是一个'故事会'。"他的很多观点深受证券投资界不少人的认同，渐渐地他在这个圈子里有了不小的名声。从1996年起，他索性搞起了一个K先生工作室，一边高频率地以K先生为笔名写股评，一边还指导他人炒作股票。至于为什么要起这么一个怪名字，他的解释有两个：其一，股票的行情图又称K线图；其二，K是KING的第一个字母，暗示他是"股评之王"。在这个"故事会"里浸淫多年，K先生一直在等待一次大展身手的机会。

当朱大户北上找到K先生的时候，他正在专门研究全球第二富豪沃伦·巴菲特的股票"圣经"。巴菲特是当世"股神"。他创办了一家名叫伯克希尔—哈撒韦的私募基金公司，从数万美元起家，发展成拥有230亿美元的金融帝国。他的股票在30年间上涨了2000倍。K先生对朱大户说："我要学巴菲特，要在中国做第一家私募基金公司。"只有小学文化水平的朱大户从来没有听说过什么巴菲特和私募基金。他说："我和你一起干，就从康达尔开始吧。"

当世"股神"沃伦·巴菲特是吕梁的一个偶像

在K先生看来，康达尔虽然是一只"瘟鸡股票"，但是它有自己的好处：一是流通股盘口小，收购成本低，翻炒起来很容易；

二是倒了霉的朱大户基本上把盘子都控起来了。还有一点就是，据朱大户说,公司的业务危机是暂时的,只要“禽流感”一过去,情况马上就会好转;更诱人的是，公司握有很大的一块地皮，如果开发出来能够带来很可观的效益。K先生对朱大户早有耳闻,此人是出了名的草莽汉,胆忒大,敢对赌,心狠手辣,而且信用不太好,有几次跟深圳的机构联手炒股,都在最关键的时刻撒手先撤,从来不管合作者的死活。一向心高气傲、自视为文化人的K先生尽管很看不起这种人,对他的人品又有怀疑,但是利益当前,他还是决定冒险一试。

K先生跟朱大户签了一个协议,他将组织资金接下朱大户手中50%的康达尔流通股,而朱大户配合长期锁仓,还必须帮忙安排购入康达尔部分国有股,最终实现对公司的控制和重组。朱大户承诺日后无论股价怎么上涨,他都将以13元的协议价向吕梁转让手中的股票。这一战略投资的合作目标是5年。

身陷死地的朱大户是死鸡当活鸡治,没有改动协议一个字。就这样,在一个干冷的冬天,套牢了2亿元的朱大户和欠债1000万元的K先生走到了一起。谁也不会料到,就是这两个看上去都很晦气和潦倒的人居然将在中国股市上掀起一场前所未见的“腥风血雨”。

神奇的小丁

K先生和朱大户要在股市上成大事,还缺一个办实务、懂专业的超级操盘手,这个人就是小丁。

丁福根是K先生工作室里仅有的两名员工之一。1965年出生的他虽然名字很土气,但是人却秀气内向。他的智商超高,记忆力极好,精于计算,对数字几乎过目不忘,更重要的是他对证券有异于常人的狂热,好像是专门为股市生下来的。他原本是北京一家证券部的交易员,而K先生则是他的客户,几年交道打下来,他深深地为K先生的理念和炒股天赋所折服。他认为举目国内,没有第二人比K先生更透彻地了解中国股市了。因此,他毅然辞去收入很丰厚的交易员职务,跟随K先生办小小的工作室。

1998年11月26日,小丁突然接到一份传真,中煤信托深圳证券营业部将

227.9万股康达尔股票以转托管的方式打到了中兴信托北京亚运村证券营业部。直觉告诉他，一场大戏就要开演了。很快，K先生将一份洋洋洒洒的项目建议书交给了他。在建议书的首页上，开头的8个字是“长期投资、长线持仓”。吕梁用他刚刚学来的巴菲特股票价值理论，详尽地阐述了自己的高效投资逻辑，提出“甘做善庄，与中小股民共赢，引入美国做市商理念”。最具诱惑力的是，他给出了15%的融资中介费。K先生告诉小丁，有了这份项目建议书和朱大户送来的227.9万股股票，工作室必须在3个月内融资4个亿。

小丁找到的第一个人叫董沛霖。此人是上海一家实业发展公司的总经理，下海前曾在国家计委任职，在金融和实业圈内有很深的人脉，K先生的千万债务绝大部分都是向他欠下的。有趣的是，老董对K先生的股市理论竟也十分痴迷。当小丁把康达尔项目一描述，他立刻大为动心，慨然说：“今年我不干别的了，专为老吕找钱。”一周后，他就拿来了1000万元的融资。有了董沛霖这些人的协助，小丁马不停蹄地飞上海、下深圳，与各地相熟或不相熟的证券营业部洽谈委托理财业务。他的融资协议基本上是三方约定，即K先生工作室、出资方和证券营业部，K先生以手中的股票做质押，营业部为其提供担保，资金方由营业部介绍，条件之一就是只能在该营业部进行运作，从而为其创造交易量。

在高额中介费的诱惑下，事情出奇地顺利。小丁融到一笔钱后，K先生就用它去收购朱大户手中的股票，然后再把买进的股票拿给小丁用于抵押融资。如此循环往复，到下一年的3月前后，小丁通过投资理财、合作协议、抵押贷款等各种形式，与各色人等共签下100多份协议，融进3.98亿元的资金。K先生用这些钱，先后从朱大户手中买下1300万股，并转托管了1700万股，完成了控盘3000万股即50%的既定建仓目标。根据法律规定，任何人持股超过5%就必须举牌公告。为了规避这一条款，小丁先后动用了1500个个人账户，即把股票分藏在各个户头中，这些账户八成以上是由各地证券营业部以每张股东卡190元的价格卖给他的。从一开始，众多金融机构违反监管政策，积极参与这场冒险游戏的色彩便十分浓烈了。

同时，K先生组建了几个看上去毫不相干的公司分头收购了康达尔第一大股东深圳龙岗区投资管理有限公司所持有的国有股。他手中握有的公司总股份达到了34.61%，成为第一大股东，于是在公司的11个董事席位中，

K先生工作室委派的人占据了7席，他则始终隐身幕后。关于董事长人选的选择，他也颇费心机。这个人必须拿出钱来买公司的股票，如果钱不够，可替其找银行或券商借，但这些股票必须授权给K先生指定的小丁来控制，称之为“锁仓”。如此一来，董事长自然成了他可以任意指使的大玩偶。

一个让K先生十分沮丧的事情是，当他进入康达尔的董事会后才发现，原来朱大户并没有跟他讲实话。康达尔的养鸡业务几近瘫痪，内部账务出奇混乱，几乎是一个已经被内部人掏空了的烂公司，其每年的赢利报表都是靠朱大户填钱进去才做出来的。那块所谓的地皮也是官司满身。此外，居然还发现了4亿元的假账。他在日后的自述中说：“康达尔就是一个骗局，公司已烂到无可救药，到处是谎言。我仿佛落入了一帮犯罪分子中间，而且要迅速沦为这些混蛋的同伙。”**这个叫吕梁的人，骨子里还是有一点理想主义的气质的。他一开始也许真的是想学巴菲特，通过资本运作的方式让一家濒临困境的公司重新焕发生机，在这一过程中放大公司价值，实现资本市场上的增值。可惜，他从一开始就没有这样的机会。**

在这个时候，K先生已经无路可退了。几个月前，他还是一个欠债1000万元、整日指点江山的著名股评家，现在他已经成了一家上市公司的第一大股东，同时还背负了将近4亿元的债务。他必须把这场游戏继续玩下去。

K先生的跨世纪对话与“5·19行情”

就在K先生从朱大户手中逐渐转买股票的时候，他已经指令小丁坐庄操作康达尔股票。当时，K先生和朱大户手中已经控制了康达尔的5843万股流通股，外面散户的流通股仅有1000多万股，他们要拉抬股价就好比屠夫想吃猪蹄那样轻而易举。从1998年的12月起，康达尔股价震荡上升，小丁是江湖上一等一的操盘高手，他每天遥控各地营业部的操盘手们，有人抛盘，有人接盘，把一张K线图做得形态良好，每日震荡小涨而不会引起监管当局的注意。

一位名叫庞博的操盘手日后在法庭上承认：“吕梁和丁福根的指令下达得很细：从早晨的开盘价到多少钱中盘倒仓，在哪几家营业部倒仓多少。为了操作隐蔽，倒仓不能太快，也不能慢，拉升时要注意日涨幅不超过7%～8%。”他还细致地描述了当年对倒建仓的情景：“比如，确定好价位是30元，操盘手就给两个持有中科创业股票和资金的营业部打电话，数量一样，价格一样，一个营业部买，一个营业部卖。我和丁福根一手拿一个电话，同时对两边说，如果5万股，一方抛，一方买，我就说30元钱5万股，双方营业部立即就知道了，因为接电话的一方有股票，另一方有资金。开始是我和丁福根一人手里一部电话，我按丁福根说的再对我手里的电话说一遍，后来就是一个人对着两部电话下指令。”

到第二年的春节后，康达尔的股价已经稳稳地站在了17元左右的价位上。不过，这种自拉自抬的行动，由于没有股民的参与，因而并没有什么实质性的意义。当时的中国股市已经沉寂了两年多，千万股民早已滑如泥鳅，不会轻易上钩。

从3月起，K先生开始展现他超级股评家的风采。在发行量颇大的《证券市场周刊》上，他连续发表了4篇《关于世纪末中国资本市场的对话》。这是一组高屋建瓴、很有理论深度的股市分析文章，在绝大多数经济人士普遍不看好中国资本市场的氛围中，K先生用他充满了思辨气质的语言为股市唱涨。在第一篇《理念嬗变》的对话中，他说，必须彻底清理“投机”、“泡沫”等陈腐概念，树立全新的符合21世纪产业革命趋向的“风险投资”理念；必须切实转变越来越演化为“提款机”作用的仅仅有限发挥筹资功能的市场融资机制，倡导质变型资产重组；必须从政策导向、措施配合上鼓励和引导长期投资行为。

在第二篇《操作更新》中，他认为：“市场应该至少有一两本专业的权威刊物、一两个权威的王牌工作室，1年只要研究3只股票就够了。一定要有这样的王牌工作室、王牌刊物，它代表明天的市场分析群体。中国的投资市场太需要这样真正懂市场实际操作的分析大师了。”

而在第三篇《道指冲万点与新兴市场对策》中，他以美国道琼斯指数冲破万点大关为依据，预言中国股市将有可能出现一波新行情，他进而以市场预言家的口吻充满暗示性地写道：“市场的希望首先在个股，特别是那类脱胎换骨的重组股就是这种宏观背景催生的市场新生力量。”“你可以注意那些有重大重组题材的个股，新概念肯定会从那里脱颖而出，我看好农业和生物科技领域。”在5月8日发表的第四篇《战略投资、摆脱颓势、创造双赢》中，K先生直接给出了他心目中的个股：“合金、湘火炬、康达尔，这是试金石。它们的走势完全摆脱了大市下跌的纠缠，构成了对传统市场分析方法的嘲笑，甚至有人说是威胁，这方面许多股评人士都深有体会，多少股评人士在它们面前丢了脸？”K先生所点出的3只股票，合金与湘火炬属当时风光无限的德隆唐万新，第三只就是他自己的“私货”了。

在这组隔双周发表一篇的对话中，K先生为他的个股炒作建立了理论上的依据，并明确地描绘了庄家炒作的题材手法。在充满了迷茫气息的股市中，他用直接而煽情的方式，指出了一个充满风险却非常刺激的股市行情发展方向。这组文章引起了很大的轰动。不过如果没有大势的配合，这组文字也无非是嘴上痛快而已，或许K先生真的命中注定该有这一场大戏。就当他为股市大声唱好的同时，两年来如懒熊瘫地的股市真的突然雄起了。

5月19日，也就是在K先生的第四篇对话文章发表后的11天，沪深两市在毫无预兆的情形下发生井喷。

“5·19行情”[①]，让K先生“中国第一股评家”的声誉达到了顶峰。在一切都那么羸弱和灰色的资本市场上，人们太需要一个让多方取胜的预言家，并乐于相信这样的预言家。有了飙升行情的大势作为掩护，K先生拉抬康达尔股价的行动变得肆无忌惮，股价一路上扬，从20元涨到36元，到7月份的时候，已经跃至40元。8月，他在《中国证券报》上组织了一个整版的文章，全面介绍“重获新生的康达尔”。文章宣称，康达尔已完成了重大重组，将涉足优质农业、生物医药、网络信息设备、网络电信服务、高技术产业投资等多个新兴产业领域，通过项目投资、股权投资等多种投资方式以及其他资本运营手段，逐渐发展成为一家具有一定产业基础的投资控股公司。康达尔具有广阔的

---

① “5·19行情”：1999年5月，在席卷中国的网络科技股热潮的带动下，中国股市走出了一波升势凌厉的飙升行情。在不到两个月的时间里，上证综指从1100点之下开始，最高见到1700点之上，涨幅超过50%，其间涌现出了无数网络新贵，而其中的龙头亿安科技、海虹控股、四川湖山等股价更是被炒到了一个非理性的高度。次年春节，沪深股市在充分消化“5·19行情”的获利筹码之后重拾升势，上证综指不断创出历史新高，并于2001年6月14日达到最高点2245.44点，随后调头大挫，进入了长达4年的熊市之旅。

发展前景，将有望发展成为中国的伯克希尔—哈撒韦。

后来的研究者有理由相信，这篇报道与之前的对话是一场完整的、有预谋、有组织的策划活动。K先生由宏观而微观，循序渐进，拟定了一整套详尽的坐庄计划，其目的就是引诱普通股民关注康达尔，并投入到对其的炒作中。连他也没有想到的是，"5·19行情"的意外到来，将他的炒作效应放大了无数倍。到1999年底，康达尔在深市涨幅最大的前20名股票中名列第17位，全年累积涨幅111%，全然是一个高科技大牛股的形象。12月，经深圳市工商行政管理局批准，康达尔更名为中科创业（集团）股份有限公司，简称中科创业。

构筑"中科系"

中科创业是K先生于1999年7月在北京创办的，注册资金3000万元，这都是他在康达尔的炒作中赚来的。长期在北京厮混的K先生很迷信"中"字头的企业名号，它听上去很有点国家级企业的味道。之所以叫"中科"，是因为他聘用的董事长，是一位时任科技部直属事业单位的高科技研究发展中心的副主任。有了这层关系，他便常常吹嘘说中科创业"有科技部的背景"。在康达尔一战中大获全胜的K先生此刻雄心万丈，他决意打造出一个由多家上市公司组成的"中科系"。民国时期的军阀好用"系"来称呼，如奉系、皖系、滇系，代表一个互有利害关联、生死与共的利益集团。通晓历史的K先生将之创造性地用于股市，自带着一股雄霸一方的气势。

K先生入主上市公司，并不像朱大户当年那样从二级市场的股民手中一点一点地吸筹，而是瞄准了公司的国有资产主管机构，从它们手中收购法人股，这样的交易成本自然较低，而且不会受到任何部门的监管。在某种意义上，正是中国股市独一无二的股权结构给了像K先生这样的投机客以周旋、倒腾的空间。

2000年3月和7月，他分两次受让了浦东星火开发区联合公司所持有的中西药业的法人股，成为了该公司的第一大股东。6月，他购买了君安证券公司所持有的胜利股份900万股转配股，成为该公司的第四大股东；同月，他又收购了岁宝热电的一部分流通股，成为其第四大股东。

仅仅在4个月左右的时间里，K先生频频出手，赫然完成了构筑“中科系”的工程。这些公司都有跟康达尔类似的特点：流通盘小，是股市上的小盘股；经营业绩多年不佳，国有资产管理当局对之丧失兴趣；产业特征明晰，有题材炒作的想象空间。

K先生收购这些公司及从事股价操纵自然需要大笔的资金，这时候的他和中科创业在证券圈内已是威名赫赫，颇似一个能够点石成金的传奇大师。此时，小丁为他找资金已经一点也不费力，中科创业可谓门庭若市。小丁日后在法庭上也承认：“送钱的人排成长队，以致1000万元以下的投资者都被拒之门外。”他先后与国内20多个省市的120家证券营业部建立了融资关系，后者为了抢夺让人眼馋的交易量和中介代理费用，为中科创业四处找钱，融资额超过了惊人的54亿元。就这样，围绕着“中科系”形成了一条充满罪恶气质的、非常罕见的庞大利益链。K先生的这种融资方式，非常类似于国际上的私募基金，可是这种行为在中国是触犯有关法律的，连K先生自己都承认，“那些融资协议如果拿出来，连见证并签了字的律师都是要蹲监狱的”。可是，几乎所有参与其中的人都决意铤而走险，视法律为无物。这些人都学识渊博，精通法律条文，个个都是这个商业社会中的顶级精英人士，可是在巨大利益的诱惑下，所有人都突破了自己的职业道德底线。在这个意义上，“中科系”的成形与K先生之得逞，可以说是中国证券业的一大耻辱。

当股权到手、资金到位、共犯结构形成之后，K先生和小丁开始了他们的庄家运作。其手法与康达尔时期几乎如出一辙：不断发布资产重组的利好消息，大规模地对倒推高股价。而其重组方式之一，便是他控制的系内公司之间的排列组合。

2000年7月，在他刚刚得手中西药业之后，便急匆匆地宣布：中科创业与中西药业等公司成立全资公司，着手先进癌症治疗仪器——中子后装治疗机(简称中子刀)的生产与销售，其后又宣布两家公司将共建“中国电子商务联合网”，组成18家不同所有制企业的大联合，创建一个跨区域、跨国界的大型网络平台，修建一座“极具创新意识的超级电子商务大厦”。此外，他还宣称中科创业将与一家名叫海南中网的公司——它自然也是K先生自己注册成立的系内公司，组建“中国饲料业电子商务投资有限公司”；将在西北地区投入巨额资金用于具有防止流沙和药物开发双重效益的苜蓿项目的开发。

具有讽刺意味的是,上述言之凿凿的闪着金光的重大工程,除了苜蓿项目曾投入100万元之外,其余均是空中楼阁,无一曾经被实施过。

可是，这一波接一波滚滚而来的利好重组，对不知真情的普通股民来说,却好比是一帖接一帖的兴奋剂,于是中科创业及相关公司的股价扶摇直上。连在股市中已浸淫多年的朱大户也不得不对K先生的操纵术钦佩不已，在整个过程中只是负责“锁仓”和二级市场买卖的他发现,“几乎不用拉抬，股票自己就会往上走,压都压不住,这是从来没有遇见过的”。这一现象表明,已经有越来越多的股民冲进了中科创业,一年半前的那只“瘟鸡股票”竟真的飞上枝头成了光芒逼人的俏凤凰。

后来,小丁在法庭上讲述了他们的操作技巧:“股票市值翻番后,我们就用中科创业作质押,买进莱钢股份、马钢股份、岁宝热电,从而将这些股票拉升,提高市值卖掉挣钱之后,再通过倒仓、对敲进一步炒作中科创业的股票。因莱钢股份、岁宝热电等股票价位低,吕梁希望用它们挣钱还融资利息,希望慢慢置换出中科创业的‘融资’,最终将中科创业据为己有。按吕梁的指示,我们利用重组手段为莱钢、马钢、岁宝热电发布利好,从二级市场挣钱。吕梁再去策划、鼓动大的机构如北国投、云南红塔、山东电力收购这几个上市公司。”

在K先生大肆操纵股价的时候，证券类媒体和所谓的金融研究机构都成了他最重要的同盟军。中科创业连续26个月被《中国证券报》列为投资风险最小的10只股票之一,并且很长时间是排名第一,它被选为指数样板,被道琼斯选入中国指数样本,被《证券周刊》列为可以放心长期持仓的大牛股。于是,K先生声名远扬,无数企业和地方政府请他做投资顾问;他每天奔波在各个城市,经常上午出现在上海,下午在北京,晚上又回到了深圳。他对自己具有的庄家天赋得意非常，在一次访谈中他如此作自我评价:“因为它已持续上涨，其间几乎从来没有一天下跌，因此也没有一个人在这上面亏过钱,这个庄成了‘善庄’的典型代表,极为市场专业人士推崇。”在这一时期,K先生和“中科系”几乎成了股票上涨的代名词,只要他多看了哪只股票两眼,立刻就会在股市上出现反应。他动手收购岁宝热电的流通股,购买的价格约22.35元,当这一消息一曝光,股价就一路上蹿,最高时升到38元。而“中科系”的收购成本为8000万元左右，靠这一轮股价上涨的获利就达5000万元。还有一段时间，他看上了莱钢股份，认为其H型钢生产线有长远的增长潜力，其实他从未去过莱钢，也未与公司管理层有过直接接触。结果，他的评论一见报，莱钢股份就连吃了几个涨停板。

最夸张的事情发生在2000年2月18日。该日，是K先生吕梁新婚大喜之日。在前一天，他对小丁开玩笑地说，“你能给我一份特别点儿的礼物吗？”小丁心领神会地嘻嘻一笑。这时候的小丁已是中国股票市场上“排名第一”的超级操盘手了，每天他都要指挥全国各地的70多名操盘手，用“科学而精密”的手法控制“中科系”的股票起伏。18日当天，中科创业的收盘价恰好停在了72.88元。神奇的小丁用自己的方式给老板送上了一份别人看来瞠目结舌的贺礼。由此可见，这群人玩弄股价真的到了随心所欲的地步。

因内讧而造成的崩盘

股市是一头嗜血的怪兽，庄家必须不断地制造新题材，才能够刺激行情，使股价维持在一个可观的高位上，而没有一个实业项目能够像股市所渴望的那样今日播种、明天收获。这几乎是一个从庄家到股民都明白的道理，可是被他们一手养大的怪兽却偏偏不相信这一切。它需要刺激，需要狂热，需要源源不断的鲜血加以补充。

智商之高如K先生和小丁，自然不会不明白这个道理，可是这时候的他们真的已别无选择。

接下来我们将讲述故事的结局。让人感慨的是，这个惊天大骗局的崩塌，不是因为事情真相败露或操作失误，而是由于系内人马的内讧。

发动内讧的第一人，就是本次炒作中获益最多的朱大户。在过去的两年时间里，朱大户其实并没有参与很多具体的操纵业务，他的本职工作是死死抱住自己名下的股票，无论涨跌，咬牙不抛。根据他与K先生的约定，他必须一抱5年。两年以来，他的股票市值从亏损2亿元翻身陡增到了获利10多亿元，简直如做了一场甜蜜的大梦一般。可是，要他每天抱着这么一大笔账面财富不得动弹，简直就是一种煎熬。他几乎天天被一些很现实的疑窦和诱惑所困扰，万一证监会发现了中科创业是一场骗局怎么办？万一K先生暗地里抛股把他甩了怎么办？万一……一个更让他胆战心惊的消息是，北京的证监会已放出风声要加大监管力度，难道他们真的看不懂“中科系”这些几近小儿科的重组游戏吗？在这种巨大而莫名的忐忑不安中，朱大户决定不玩了。

2000年5月，正当新婚不久的K先生鏖战股市、雄心勃勃地构筑“中科系”的时候，日日盯盘的小丁突然告诉他，市场上出现了一个情况不明的巨手抛家，在不断地抛出股票套现，有好几次，每天都在1500万元左右。根据他的判断，除了朱大户，没有人手上有这么多的股票。小丁气愤地对K先生说：“我们上当了，纯粹是给他打工。”

K先生找到朱大户，后者倒也坦然，毫不惭愧地坦言，“我不玩了”。

朱大户赖皮毁约，把K先生逼到了无比危险的境地。这时候的他也赚到了不少的钱，其名下的股票市值超过了4亿元。可是，这个人的野心比开装卸车出身的朱大户不知要大多少倍，他的梦想是在中国打造一个类似伯克希尔—哈撒韦这样的私募基金公司，他想当中国的沃伦·巴菲特。朱大户和康达尔无非是他逼近这个梦想的第一座桥，他不会让这个没有远见的暴发户毁了自己的远大前程。于是，在无法说服朱大户的情形下，为了保证盘中图形的完整，他只好不断地接盘补仓。据小丁后来在法庭上供认，为了接下朱大户的抛盘，“中科系”前后花了6亿元的资金。K先生认为，朱大户大概会适可而止的，因为那么多的钱他无法带出境外。

不过，他还是低估了朱大户彻底不玩的决心。8月的一天凌晨，正在睡梦中的K先生被人叫醒。一家跟他有深度合作、在港澳地区黑白两道通吃的“北京公司”，告诉他，朱大户租用了几条小快艇把数十箱现金偷运出了国境，其数目应该在11亿元人民币左右。K先生当即找到朱大户，他们在北京一家叫名人酒店的地方，最后一次面对面地谈判。K先生威胁道，那些跟中科创业合作的机构大佬们都已经非常愤怒了，他们传话说，如有背信弃义的行为发生，绝不容忍，绝不客气。可是，朱大户已经死不回头了，他对K先生说的最后一句话是，“股票总要卖出才能赚钱吧”。谈判结束后，K先生给他的律师打电话，问他如果朱焕良完全失控，该怎么办？律师大吃一惊，半天才想出一句话：“你有没有把事情的严重性跟他讲清楚？”K先生苦笑着说：“跟农民讲严重性，有用吗？”

如果说朱大户的中途出逃让K先生如腰间中刀，那么，发生在“中科系”内部的“老鼠仓”则好像是一群小鬼在撕咬他的四肢。

中科创业的股票20多个月天天上涨，自然让公司内部的人手痒不已，于是私下里建仓炒买股票，已是一个公开的秘密。很多高层甚至利用自己与营业部的相熟关系，拿着公司的股票去做质押。K先生对这种情况并非毫不知情，以前只是睁一只眼、闭一只眼。到朱大户开始大量抛盘的时候，他生怕稍知内情的公司内部人也随之出逃，于是，在与朱大户谈判破裂后的9月份，他下令清查“老鼠仓”，要求所有公司资金于年底以前结清。他当初打的算盘是，通过清理“老鼠仓”，把公司所有的资金全部聚拢，然后在元旦之后逐渐抛盘，全面退出中科创业。他相信，靠他的舆论护盘能力和小丁的高超操盘技巧，他和机构庄家们肯定能全身而退。

让他始料未及的是，“老鼠仓”的规模竟会有那么大。

公司内部最大的“老鼠仓”居然是最受他信任、与小丁并称“左臂右膀”的申姓总裁。她私自将公司的股票拿出去质押，建仓规模达数千万元。在K先生的严令之下，以申总裁为首的“老鼠仓”们纷纷平仓出货，普通股民本来就对高位的股价颇为敏感，稍有风吹草动立即就会诱发大规模的出逃，于是，建立在一片谎言之上的中科神话陡然倒塌。

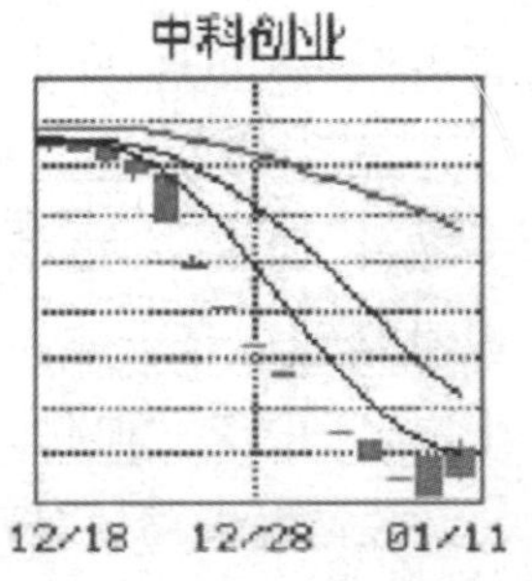

中科创业的一条跳水股价线，粉碎了多少人的梦想

中科创业的股价崩盘是从12月25日开始的，在度过了一个吉祥无比的平安夜之后，高傲了将近两年的股价在圣诞节这天突然高空栽葱，一头摔在了跌停板上，更可怕的是，这一跌停就一连9个，股价从33.59元一路下跌到11.71元，50亿元市值烟消云散。中科创业的崩塌迅速波及“中科系”的其他成员，中西药业、岁宝热电等均上演跳水惨剧，股价数日之内腰斩一半。

这个时候的K先生如决战完败后的主将，面对兵败如山倒的局面，早已无能为力。

在中科创业股价跌停到第5天的时候，他托人传话给《财经时报》总编辑杨浪，表示愿意透露有关坐庄中科创业的内幕情况。杨浪是他的老相识，原来是《中国青年报》的知名编辑，8年前那篇改变了吕梁一生命运的《百万股民“炒”深圳》一文便是发表在杨浪负责的版面上。如今，星移斗转，人事俱非，K先生大概想让他的故事有一个完整的见证人。

两天后的2001年1月1日，中科创业股价还处在跌停风暴中，K先生在北京北辰花园别墅的家中与杨浪相对而坐，煮茶一壶，侃谈中科往事。他认为，自己的今日下场是“上当受骗”的结果，是“性格中刚愎自用的一面和文人性情的弱点令我贻误了战机，没能把握好转折机遇”。他透露说，在坐庄的过程中，与他有染的机构多达400多家，其中不少都非常知名。他声称自己正在写作庄家自述，并已写了6万字，日后将把真相大白于天下。

正当K先生在别墅中侃侃而谈的时候，“中科系”内部已是乱成一团，当日哭喊着把钱捧来的债主们包围了位于国贸大厦33层的中科创业总部，有的人还往北辰别墅冲来。中科高层纷纷辞职，董事长和总裁相继面见媒体，声称“我们就像是光绪皇帝，被吕梁架空”；“我们并不知道内情，是最大的受害者”。1月5日，深圳中科召开紧急会议，宣布“彻底与吕梁决裂”。

被抛弃的K先生在后来的日子里，一直在家中坐困愁城。他一边整理有关文件、协议，一边宣称在等司法部门或证监会来传讯他。很多人对他主动现身暴露内幕非常不解。《中华工商时报》评论员水皮在《吕梁为什么跳出来》一文中说：“他此时觉得待在大牢里比待在外面被人追杀更安全。”

K先生最终还是没有“如愿以偿”地被关进大牢。2001年2月3日上午，北京警方到北辰花园别墅将他抓获。9日，被公安机关监视居住的K先生突然神秘失踪。据称，“那天他披着军大衣潜离，消失在初春亚运村川流不息的人流中”。据分析，最终，他的结局可能有三种：至今潜藏在国内的某个地方；出逃到国外的某个地方；被人谋杀在地球的某个地方。无论死活，那个文学青年吕新建、股评家吕梁和庄家K先生都不会——或者没有机会说出所有的秘密了。

神奇的小丁到最后也不再神奇

神奇小丁的结局是这样的：他和妻子躲在一个亲戚的家里，幻想K先生会死里逃生给他打电话，然后再重整旗鼓。他在北京的岳母家接到了恐吓电话，来电威胁说，若他踏进北京城半步，就会剁了他的脚。公安机关于2001年4月将他抓捕归案，在拘留所里，他一夜愁白了半边头。第二年的4月，他以“操纵证券交易价格罪”被判处有期徒刑4年并处以罚金50万元。他在庭上说：“面对那些受损失的投资者，我感到非常惭愧。”

那个股价曾经上天入地的康达尔的结局是这样的：2001年5月，中科创业（集团）股份有限公司通过股东议案，宣布公司名称变更为深圳康达尔（集团）股份有限公司。10月29日起，公司股票简称由“中科创业”变更为“ST康达尔”。日后不了解这段历史的股民，比较1999年底的康达尔与2001年底的康达尔，会发现公司头上无非多了一顶“ST”的亏损帽子，而不会想到其间竟还隐藏着一段如此血腥而壮观的“中科创业”大惨剧。

从起点到终点，一切似乎结束得太过于快速了，原本应该余音袅袅的故事结尾好像被人动了外科手术似的干净。

为什么明目张胆的庄家行为始终无法得到有效的遏制？

为什么一家上市公司90%的股权被人控制，而监管当局居然一无所知？

为什么120多家证券营业部居然没有一人告发K先生们的股价操纵行为？

为什么那么多人愿意把数十亿元的资金交给一个从事违法活动的机构？

为什么那些参与融资协议的律师都甘心知法犯法？

为什么那么多的媒体都愿意为中科创业抬轿子、吹喇叭？

为什么那么多的股票分析师、基金经理没有一个人对中科创业的重组提出疑问？

为什么全中国居然没有一个人对K先生所宣称的任何一个项目提出哪怕一丁点的质疑？

为什么涉及400多家机构的大骗局最后只以审判几名中科创业的员工而草草收场？

为什么那些神秘的“北京机构”总是能躲在幕后，一次又一次地得手？

这么多的“为什么”，如一只只充满血丝的眼睛，悬挂在中国股市通往未来的道路上。

【中科创业大事记】

1994年11月1日，由深圳宝安区养鸡公司改组的康达尔A股上市交易。

1996年，庄家朱焕良在二级市场囤积康达尔股票。

1997年，香港突遭“禽流感”袭击，康达尔业务全面萎缩，朱焕良股市深套。

1998年秋，朱焕良与吕梁达成合作坐庄的协议。

从1999年3月起，吕梁在《证券市场周刊》上连续发表4篇《关于世纪末中国资本市场的对话》。5月19日，中国股市爆发“5·19”大行情。

1999年12月，康达尔在深市涨幅最大的前20名股票中名列第17位，全年涨幅111%。康达尔发布公告，将公司名称和股票简称均变更为中科创业。

2000年3月和7月，吕梁分两次购买中西药业的法人股，成为公司第一大股东。6月，他购买胜利股份900万股转配股，成为第四大股东；同月，他又收购岁宝热电的流通股，成为第四大股东。“中科系”赫然成形。

2000年2月18日，吕梁新婚大喜，操盘手将当日中科创业的股价“做”到72.88元，以此为老板庆贺。

从1999年到2000年底，中科创业连续26个月被《中国证券报》列为投资风险最小的10只股票之一，并且长时间排名第一。

从2000年5月起，朱焕良开始私下抛售中科创业的股票，为了接下抛盘，“中科系”前后花了6亿元的资金。8月，朱焕良将所得的11亿元现金偷运出境。

中科案审判现场

从2000年12月25日起，中科创业连续9个跌停板，50亿元市值烟消云散，“中科系”股票均上演跳水惨剧。

2001年1月1日，吕梁约见媒体记者，坦陈坐庄事实，声称与他有染的金融机构多达400多家。

2001年2月3日，北京公安机关对吕梁实行监视居住。

9日，吕梁神秘失踪。

2001年10月29日，中科创业发布公告，将股票简称变更为"ST康达尔"。

2002年4月，北京市第二中级人民法院公开审理中科案，6名相关人员以"操纵证券交易价格罪"被判刑。

【档案存底】

第一代庄家的结局

庄家是1995年到2005年期间中国股市最神秘而凶猛的一群人。他们在法规尚未成熟的市场中上下其手，骄横非常，以无所不用其极的违规行为和弥天谎言，一次又一次地玩弄着千万股民。2004年8月，由新华社主办的《瞭望东方周刊》刊文《中国第一批操盘手的真实下场》，披露了29名操盘手的资料（详见下表）。他们中的大多数都曾是证券市场上呼风唤雨的人物，某种意义上都属于庄家，只是大庄和小庄的区别罢了。

从结局上看，这29名操盘手的结局不外乎7种：窘迫的有8人；逃亡的有7人；入狱的有5人；转行和赔光的各有3人；剩下3人的结局分别是禁入、失踪和胜利。除了一个叫赵笑云的在当时还侥幸存活外，其余都已在癫狂中烟消云散。

出生于1970年的赵笑云有"国内第一股托"之称。他的经典战例是"运作"青山纸业。青山纸业自1997年上市后无甚表现，股价一直徘徊于八九元附近。而2000年6月，借职工股上市，该股却一改疲态，走出了翻番的行情。2000年7月22日，赵笑云开始在各大媒体上对其大肆推荐，随后该股连续上涨。7月29日，他再次推荐该股，并明确给出目标价位——第一目标位28元、第二目标位40元，而此时的股价在15元左右。此后，他又多次发表文章，推荐该股的成长性，并称要"咬定青山不放松"。青山纸业股价一路上扬，后发生大幅换手，庄家乘机出逃，散户损失惨重。在2000年前后，赵笑云和他所属的证券投资咨询机构东方趋势声势最大，在各大报刊的荐股比赛中频频领先，尤其是在一个"南北夺擂"模拟实战中，居然创造了累计收益率2000%的战绩，为同期市场收益的50倍。

2002年5月24日，中国证监会网站公布了截至2002年4月30日的证券投资咨询机构及其执业人员名单，赵笑云及其所在的东方趋势被排除在外。赵笑云为何突遭监管层封杀？证监会对此并没有给出明确的说法，只是含糊地称其"涉嫌操纵股价，现在还在调查中"。据知情人士透露，赵笑云早在2001年就已携妻到了英国"留学"。赵笑云虽然实现了胜利大逃亡，但留下的是"笑云不是庄，青山可为证"的反讽。

中国第一批29名股市操盘手情况表

序号	姓　名	属性	下场	经典案例	文凭	风格	爱好	最高财富
01	马　晓	私募	赔光	界龙实业	高中	激进	赌博	1000万元
02	唐万新	私募	赔光	湘火炬	大专	重组	旅游	30亿元
03	康晓阳	券商	入狱	申华股份	本科	差价	围棋	6000万元
04	庄晓雁	券商	逃亡	苏常柴	本科	双轨	钓鱼	100万元
05	张少鸿	期货	入狱	深发展	中专	策动	历史	1亿元
06	吕新建	私募	逃亡	中科创业	本科	重组	诗歌	2000万元
07	夏晓雪	券商	禁入	新亚快餐	本科	重组	洗澡	500万元
08	王寒冰	券商	逃亡	琼民源	本科	差价	围棋	200万元
09	蔡　明	券商	窘迫	海虹控股	研究生	双轨	嫖妓	1000万元
10	华　实	私募	窘迫	/	本科	顺势	旅游	2000万元
11	苏　华	私募	赔光	/	本科	顺势	赌博	1000万元
12	陈　荣	私募	转行	本地板块	大专	重组	保龄球	27亿元
13	赵笑云	私募	胜利	青山纸业	本科	差价	音乐	1亿元
14	高　岭	券商	逃亡	辽源得亨	大专	差价	足球	100万元
15	常晓建	企业	窘迫	漳泽电力	本科	闪电	读书	1亿元
16	花　荣	私募	窘迫	西藏明珠	本科	盲点	足球	2000万元
17	肖建华	私募	窘迫	明天科技	本科	重组	旅游	1亿元
18	张　海	港资	转行	方正科技	本科	收购	足球	8亿元
19	孙田志	券商	入狱	虹桥机场	大专	策动	嫖妓	2000万元
20	刘志远	私募	逃亡	世纪中天	研究生	收购	历史	1亿元
21	黄　镇	期货	窘迫	绍兴百大	中专	差价	赌博	1亿元
22	张雁翎	券商	窘迫	郑州煤电	大学	差价	历史	200万元
23	洪　猛	券商	窘迫	太极集团	大学	顺势	旅游	6000万元
24	苗少锋	券商	失踪	浙江中汇	大专	差价	赌博	100万元
25	罗　成	企业	逃亡	亿安科技	大学	重组	读书	2亿元
26	雷立军	私募	转行	深天地	高中	闪电	嫖妓	5000万元
27	李宏卫	企业	逃亡	兴业房产	高中	收购	哲学	100万元
28	魏建军	券商	入狱	外高桥	研究生	策动	诗歌	100万元
29	石　军	券商	入狱	华银电力	本科	顺势	骑马	2000万元

【八方说词】

就如同捷克小说家米兰·昆德拉曾经写过的，“事情总比你想象得要复杂”。在中国股市发生的那些故事，谜底总比你想象得还要阴暗。对于庄家现象，社会各界喊打多年却始终无法根绝，经济学家从制度设计的角度进行反思，提出了很多深层次的改革命题。透过吴敬琏等专家的观点，我们可以发现，文化人吕梁之所以成为K先生，是一个制度性的产物。

为什么中国股市像赌场

吴敬琏（经济学家、国务院发展研究中心研究员）：**中国的股市很像一个赌场，而且很不规范。赌场里面也有规矩，比如说你不能看别人的牌。而在我们的股市里，有些人可以看别人的牌，可以作弊，可以搞诈骗。坐庄、炒作、操纵股价可说是登峰造极。**

现在中国市场上操纵股价的：一类是中介机构；一类是上市公司的某些知情人，即有内幕消息的人；还有一类就是资金的供给者，可以是银行，也可以是其他的资金供给者。他们共同密谋以后就低价吸纳股票。炒作的办法大概有两种：一种是关联机构互相炒作、互相买卖，买卖非常频繁，把价格炒上去；另外一种就是由有关的上市公司放出利好消息，然后把股价拉升上去。当他们发现有中小投资者或局外的大投资人跟进的时候，就偷偷地跑掉，把后来跟进的人套住，这时股价就不断地往下跌。不要把股市变成“寻租场”。由于管理层把股票市场定位于为国有企业融资服务和向国有企业倾斜的融资工具，使获得上市特权的公司得以靠高溢价发行从流通股持有者手中圈钱，从而使股市变成了一个巨大的“寻租场”。因此，必须否定“股市为国有企业融资服务”的方针和“政府托市、企业圈钱”的做法。

张维迎（经济学家、北京大学光华管理学院院长）：中国股市为什么骗子奇多？在中国股市，缺少真正的长期投资者，政府随意地管制，大家没有稳定的预期,所以才丑闻不断。

我说中国股市实际上是一个“寻租场”。管制使烂柿子值钱、好柿子难卖。现在股市之所以能不断扩展,是因为政府的资源无穷无尽吗?资源当然不会无穷无尽,但现在还没有耗尽。你犯了错误,政府必然会调用其他的资源来掩盖你的错误,政府的隐含担保使得所有在股市上玩的人都预期自己不会受到损害。在西方,如果企业垮了,股票将一钱不值;但在中国,一个企业破产了,可能创造出对“壳”的需求。这个“壳”在经济学上是什么意思?它代表管制租金。在市场中,破产的企业不可能有人来买的;即使买,也不用付多少钱。我要上市,我自己可以上市,我干吗要披着你的外衣?但在中国不同,上市是政府的垄断行为,我自己上不了市,就只能借壳上市。你去卖西红柿的时候,如果烂的西红柿和好的西红柿搁一块的话,好的西红柿的价钱也会掉下来。但我们的问题是,好的西红柿不让卖,只能卖烂的西红柿,所以我为了卖我的好西红柿,只好将它塞进你的烂西红柿中混着卖。当前股市上烂的西红柿很值钱,损害的是好的西红柿,后者达不到应有的价格。

中国的股市还是个资金黑洞,什么时候资源用完了,也就完了。从时间上看,一旦大家预期到场外资源要用完,股市就会崩盘。然后,股市再慢慢走上正轨。垄断创造和吸引了更多的骗子。股市中的欺骗其实是政府有意无意中造成的。政府为了防止欺骗,又要采取一些其他的措施。好比说规定上市公司3年净资产收益率在10%以上才能增发配股,由此导致上市公司进一步采取短期行为。试想,我上市后募集了1个亿的资金,加上我原来的1个亿,我每年必须有2000万元的利润才有可能配股,但实际上任何一个好的项目都不可能一两年内就赢利。那么,这个上市公司该怎么办呢?它自己就最有积极性去坐庄炒作。它本来过不了这一关,但现在自己炒自己,过了这一关,而实实在在的企业反而不敢上市,因为它上市后达不到这个要求。从理论上讲,这个东西不难理解。就像斯蒂格利茨和温斯的信贷配给理论提出的,由于存在着“逆向选择”,银行的贷款利率提得越高,老实的企业越不敢来贷款,来的全是骗子和冒险家。由于“逆向选择”,越有能力操纵股市的人越愿意上市,因为它最有“能力”满足监管的要求。

胡舒立(《财经》杂志主编):中国的证券市场有着强大的“庄股”支撑体

系，正是庄家的天堂。这是个让人难以接受的结论，但现实就是如此。在整个庄家支撑系统中，最粗壮的基干就是金融支撑系统。

事情说起来显得有些简单：证券市场不是个封闭的体系，其运转有赖于金融系统；疾患缠身的金融系统，又反过来使证券市场病征加重。在吕梁案中，帮助庄家创造两个月内“融资”54亿元的中介机构，正是明知其操纵股价违法违规，却又争先恐后不遑稍让的众多证券公司，其中绝大多数是国有大型证券公司，总计有153个营业部。帮助吕梁“融资”的券商们的名单，见诸检察院的公诉书，被广泛刊登于各家媒体。然而，或因涉案者过多，或因法律界定的含混，或因其他，相关责任者并没有受到任何司法追究。不独如此，其中不少责任者在风头过后仍官复原职，甚至仍然升职，看来在其本公司的心目中确实不是违规，也不是失职。如此结局，虽然在人们意料之中，可以有种种说得过去的解释，但也无可争辩地表明，中国证券市场的庄家支撑体系是何等坚固！

监管当局为证券市场激浊扬清做了许多事情，一连串为恶最甚的案件被查处、被曝光、被绳之以法，确实起到了震慑作用。在震慑之余，如今前车之辙已经昭然，可知吕梁们的出现不是偶然，而庄家们的帮凶其实是一个完整强大的支撑系统。如果还想朝着既定的方向走下去，现在就已经到了对庄家系统施行手术、掘其根本的时候了。这关乎中国证券市场是否能够有一个健康的未来，关乎中国市场经济体系的未来。当然，手术者也不应当只是一家监管部门或一个方面军，这需要全局性的坚决行动。

道理很简单，重要的是尽快达成共识，付诸实施。否则，新的吕梁再现江湖，恐怕不过是时间问题。

华晨
“拯救者”的出局

如果故事可以重来一遍的话，
仰融一定会把“下一个·场景”设在大连或辽宁省的其他某个城市，
而不是南方的宁波。
一位有惊人商业天才的企业家失足于一个政商常识。
仰融的故事再次证明——
没有学会妥协的企业家很难在中国商界成功；
没有学会“政商博弈术”的企业家甚至很难在商界立足。

也许过了很多年后，当教授们在课堂上讲述中国汽车的成长史时，都会不可避免地以一种褒贬难辨的口吻，幽幽地说："从前，有一个人，叫仰融……"

这是一个开头很像神话的故事。在一片混沌未开的天地里，突然横空杀出一个连名字和故乡都十分神秘的武士，没有人知道他来自何方，他的武功授自何人，他挥舞着一把叫资本的战刀所向披靡。这是一个善恶难辨、面目不清的武士。他试图拯救一个已经丧失了斗志、日渐沉沦的行业，在某些时刻，他仿佛已经成功了。这个神勇的武士看上去是那么强悍和无所不能，但实际上他也有自己的"阿喀琉斯之踵"[①]。为了避免灾难的发生，他精心地设计了一个庞大而云缠雾绕的"资本迷宫"。

但是，这个设计了迷宫的人，最终还是在迷宫中走失了。他的结局是成了一个在逃的通缉犯，在大洋彼岸，眼睁睁地看着自己10年打下的"帝国"一天天衰弱沉没。没有人说得清楚，这到底是武士的悲剧，还是那个行业或时代的悲剧。

他的故事很曲折，很惊心，也很悲情。即便过了很多年，当人们谈论起他

---

① "阿喀琉斯之踵"代表的是某个人最致命的弱点。阿喀琉斯是古希腊神话中的著名英雄之一，他是海神忒提斯的儿子。当他还是婴儿时，忒提斯曾把他放到冥河的水里去浸泡过，这使他的全身都不可伤害，只有忒提斯的手抓着的脚踵是个例外。在特洛伊战争中，阿喀琉斯正是被特洛伊王子帕里斯的暗箭射中脚踵而死。

的时候，仍然会感觉百味杂陈，一言难尽。

亮相：催生“中国第一股”

1991年夏天，中国商业界最轰动一时的新闻是“罐头换飞机”。南德集团的牟其中用价值4亿元人民币的500车皮日用小商品换回4架苏制图-154飞机，他自称从中赚了8000万元到1亿元。这桩颇有点异想天开的交易，在媒体的大肆渲染和报道后广为人知。所有的人都对之津津乐道，惊叹为资本经营的天才典范。在上海东湖宾馆7号楼的办公室里，当人们正热烈地议论着这件事的时候，35岁的仰融坐在高背大皮椅上，一脸的不屑。当时，他潜心策划的一个资本项目运作已接近尾声，而从日后看来，它的确比以物易物的“罐头换飞机”要高超和精妙得多。

在很多年里，仰融把自己的出身和经历包装成了一个谜。他自称是安徽徽州人，西南财经大学毕业，拥有经济学博士学位。在一次公司内部会议上，他介绍自己的经历时还说：“在越南打过仗，1988年受了一次大伤，腿断了，头也打开了，三进手术室，奇迹般地、没有残疾地活了下来，这以后便开始既珍惜又藐视生命。”而实际上，他出生在江苏省江阴市北国镇，原名叫仰勇，兄弟4人。他拿到经济学博士学位是1995年前后的事情了，在这之前他应该没有读过任何大学。初中毕业后，他先是做了一阵子的厨师，后来承包过家乡的一个小商店，再后来到江阴市外贸公司上班。他有一个叫仰翱的二哥，在无锡办了一家精细化工厂。1989年9月，仰融所在的外贸公司发行400万元企业债券，他就拿着这笔现金跑到上海去炒股票了。此人自幼胆识过人，天性颇不安分，在浑水一片的早期股票市场上自然如鱼得水，成了第一代资本炒家。当年的上海东湖宾馆是早期炒家们聚集的根据地，沪上颇有名的杨百万、

仰融

刘太、朱焕良等人都曾在此扎营坐庄，仰融日日跟这群人厮混在一起，兴风作浪，很是赚到了一点钱，同时也历练出一番纵横捭阖的运作本领。在某一天，他索性把自己的名字改成了仰融，大有“仰仗金融”的寓意。1990年前后，因机缘凑巧，他结识了一个大人物。

这个大人物是中国金融学院党委书记许文通。许老先生是江苏启东人，仰融的邻县同乡。他是老资格的金融教育家，中国金融系统很多显赫的官员和学者都曾经受教于他，在这个圈子里人脉深厚，一时无二。仰融虽非科班出身，但他独有的资本嗅觉和精干的操作能力却颇得许老先生的欣赏。通过许文通，仰融结识了一些高层政商人士。在这种交际中，仰融视野陡开，褪去了不少草莽气，因而也比苟且于灰色角落、只知道倒买倒卖的杨百万等人有了更远大的前程。在许文通的鼎力相助下，仰融赴香港创办华博财务公司，其初始出资方为许文通担任董事长的海南华银国际信托投资公司①。

20世纪90年代初期，许多机制僵化的国有企业已经江河日下，难以为继，报纸上开始连篇累牍地讨论国有企业的“生与死”。而在许文通等人看来，要把国有企业搞活，仅仅靠管理松绑和财政输血显然是条走不通的死路，因此必须在制度架构和运营模式上有大胆的创新，而资本市场无疑是最可倚重的一种资源和手段。年轻气盛的仰融很是赞同这种理念。于是，在圈内人的引领下，他接触到了东北一家陷入困境的国有客车厂，它就是沈阳金杯客车厂。

沈阳金杯客车厂是一家组建不久的工厂，1987年，沈阳农机汽车工业局将局内的50多个小型的汽车修理和部件工厂拼凑在一起，由快到退休年龄的副局长赵希友出任厂长。赵希友虽已年近60岁，却是一个很活跃和有闯劲的改革家。金杯创建之初，人员涣散，设备老旧，资金缺乏，几乎一无是处。赵希友想到了发行股票的办法。根据当时的报道，金杯是东三省第一家被允许公开发行股票的股份制企业。赵希友的募资规模是1亿股，每股1元。为了融到资金，赵希友使出了浑身解数，他甚至跑到北京国家体改委的大院里贴布

---

① 海南华银国际信托投资公司，由中国人民银行于1988年9月批准成立，股东为北京华远经济建设开发总公司（陈云之子陈元任董事长）、中国金融学院（时任中国人民银行副行长、后出任中国证监会首任主席的刘鸿儒任院长）、中国银行北京分行，投资额1.5亿元，由中国金融学院党委书记、常务副院长许文通任董事长。

告卖股票，好奇的媒体记者对这个新闻大加报道。不过，他摆摊一天，也仅仅只卖出了2.7万股。就这样，从1988年底开始发行股票，历时1年有余，还剩一半股票在自己手上。就在这个时候，仰融北上，以拯救者的形象出现在了焦头烂额的赵希友面前。他开口讲的第一句话就是："请你把剩下的股票都卖给我吧。"更让赵希友匪夷所思的是，这位南方来的年轻人对他说："我要让金杯成为第一家在美国上市的中国公司。"

1991年7月22日，仰融以原始股的价格买下了4600万股记账式股票。这些股票被装在20个纸盒箱子里，从沈阳空运到了上海，在东湖宾馆7号楼的地下室里，仰融从上海财经大学雇来一个班的学生花了大半个月的时间，把它们一一填名过户。于是，他成了金杯的大股东。

日后一个始终没有解开的谜团是，仰融用于购买金杯股票的资金是从哪里来的。2003年，仰融在接受凤凰卫视采访时称，他投入金杯的资本，一部分是向其兄长借的，另一部分是在上海炒股所得。而据很多股市专家指出，1990年前后的中国资本市场规模非常之小，深圳和上海的两个证券交易所都是在1990年12月才正式创办的，进入流通的股票不到区区20只，仰融纵有通天奇才，也绝无可能在一年半载里敛聚起数千万元的财富。据大学毕业就跟随仰融的苏强称，在1991年3月，他到东湖宾馆投奔仰融的时候，"在仰融手下，主要也只是三五个人，没有什么职务，成天拎个包，里面装好多身份证和图章飞来飞去，和企业管理绝不沾边。什么是合法的，什么是违规的，说不清楚"。另据2003年的《21世纪经济报道》披露，有档案显示，仰融策划收购沈阳金杯，其投入的所有现金都来自许文通掌控的海南华银国际信托投资公司。

在购股事宜完成后，仰融迅即赴美。在纽约，美林证券分析师汪康懋正翘首等待着他。据汪康懋回忆，仰融穿着一件厚重的军大衣走在狭窄而高楼耸立的华尔街上，他大声说："我们要把五星红旗插在这个地面上。"在汪康懋的牵线下，第一波士顿证券公司答应做沈阳金杯上市的承销商。汪康懋还记得他第一次去沈阳工厂时的吃惊心情。尽管他已经对中国国有企业的落后状况有了充分的心理准备，可是眼前看到的景象还是让人十分气馁："金杯汽车是一个非常老旧的厂，有50来个部件厂，很粗放，很差，手工作坊型的，根本拿不出手。工厂的厕所是漏风的，国际会计师事务所的女会计师都不愿进去。"当时的企业现状是，金杯几乎没有什么优质资产，其主要出产的海狮客车每年只能卖出2000辆，有99%的零部件都是从日本进口的，时值日元狂涨，工厂的回笼资金还不够买零部件。在国际资本市场上，纽约证券交易所一向以规范严格而著称，在当时，连中国香港和台湾地区都没有企业在这里上市过。可是，在汪康懋、仰融两人的运作下，沈阳金杯的上市文件竟通过了美国证券监管机构的审查，最终得以被批准上市。客观而言，论及第一家在美国上市的中国国有企业，怎么也轮不到名不见经传和了无生机的沈阳金杯。其之所以能意外胜出，主要得益于美国资本市场开始对“中国概念”特别青睐，而他们又对这个社会主义国家毫无认知。就这样，送到门口的“金杯”成了被选中的对象。

在1年多时间的上市过程中，英语不太好的仰融其实只去了两次纽约，美国方面的大部分事务都交由汪康懋等人奔波搞定，而他主要的精力都放在国内资本的组合上。种种迹象表明，在进入金杯的时候，资历浅薄、民间炒家出身的仰融与其说是收购者，倒不如说更像是一个活跃于幕前的操盘手，在他的身后隐藏着一个强大的政商关系群和错综复杂的资本网络。然而，这位心思缜密的人显然不甘于扮演这种“皮影人”式的江湖角色，他要拥有自己的“王国”。就在买下金杯股票的当月，华博财务公司、海南华银国际信托投资公司与沈阳金杯汽车制造有限公司组建了新的沈阳金杯客车制造有限公司，注册资本2998万美元——之所以是这个很奇怪的数字，是因为当时政策规定，3000万美元以上的合资项目要上报国务院审批。金杯占60%的股份，华博和华银分别占25%和15%的股份。1992年，华银把所有股份又转让给了华博。6月，在高人的指点下，仰融悄悄在素有“免税天堂”之称的太平洋小岛百慕大设立了一个项目公司——华晨中国汽车控股有限公司，此公司由华博100%控股，沈阳金杯客车制造有限公司40%的股份被全部注入这家专门用于上市的“壳公司”。到8月，仰融以“股份只有40%，不符合在美独立上市条件”为理由，又安排了一次关键性的换股，将华晨对金杯客车的控股比例扩大到51%，成为该公司的控股方。与此同时，仰融不动声色地完成了对华博的资本改造，其股权结构改为仰融占70%、另一自然人占30%，法定代表人仍是仰融。在这一过程中，许文通与华晨的关系十分耐人寻味。在数次洗牌后，收购资本的提供方、国有性质的海南华银日渐淡出；1993年，许文通离开海南华银，随即出现在“华晨系”的控股核心——香港华博财务公司，并出任董事长。

很显然，仰融通过这一系列让人眼花缭乱的资本重组充分放大了自己在这个上市项目中的权益。他在资本运营上的卓越想象力和操作才能，在这个时候已经鲜明地展现了出来。在这个过程中，有一个小小的细节，在当时被他自诩为精妙之笔，而日后却成了他的“阿喀琉斯之踵”。

当时，沈阳金杯要在美国上市，仅凭一个国有企业的概念还不足以引起美国投资者的兴趣。于是，在幕后人士的指点下，1992年4月，仰融的华博与许文通掌管的海南华银、中国金融学院以及中国人民银行教育司共同发起成立了中国金融教育发展基金会，其性质是“非官方的非营利性组织”，注册资金由中国人民银行教育司从“事业创收”中拿出10万元，华晨则出资100万元，仰融出任董事、副会长。随后，华晨公司隐身其后，其资产以“划入”的方式全部装入基金会中。在某种意义上，这个基金会对于金杯的上市起到了决定性的作用。参与上市全过程的汪康懋证实说，美国证监会官员到中国考察时，中国人民银行出面进行了接待，一些文件都是在中国人民银行的一个会议室里签署的。汪康懋说：“没有他们，华晨上市不好办。”

将一个有中央银行背景而性质又是非官方的非营利性组织的基金会，作为上市公司的主要股东，实在是一个非常奇妙的构思。它既可以激发投资商无限的想象空间，而又对实际运营不造成影响，这可谓是华晨上市一案中最为精妙和关键性的一着。然而，造化弄人的是，10年之后，正是这精妙的设计最终造成了一代枭雄仰融的出局。

1992年7月，金杯汽车A股在上海证券交易所上市。10月，以金杯客车为主要资产的华晨公司在纽约证券交易所成功上市，作为“社会主义国家第一股”，在华尔街引起了很大的轰动，获得超额认购85倍，融资7200万美元。《华尔街日报》在报道中说：“这是一个象征性的事件，也许从今天开始，社会主义中国真正融入了资本主义的游戏中。”

将一家效益乏善可陈、毫不起眼的公司重新“包装”，居然能够在国内及全球最重要的资本市场上双双融资成功，这可算是一个罕见的事件。当时的中国，证监会尚没有成立，连《公司法》都还在讨论之中，华晨的海外上市游走在政策的边缘地带，居然突围成功，非专业出身的仰融财技之高超实在令人钦佩。日后，他十分自得地对《中国企业家》记者说：“外国人认为我是推动中国企业国际化的第一人,他们说中国国际化的税收是我推动的,中国企业国际化的上市准则是我推动的,上市的国际会计准则是我推动的。后来,很多中国公司到美国上市,全是拿我的招股说明书换成它的业务内容跟着上市的。"其言不无夸张之处,但也大半算是事实。全球知名的哈佛大学商学院便曾把华晨上市招股书收录为经典案例教材。

在美国上市成功,得益最大的当然是金杯客车。这家由农机部门拼凑而成的汽车厂一跃成为国内产权性质最优化的知名企业。工厂所在的沈阳大东区是国有老牌企业林立的地区,其门前一条"东北大马路"蜿蜒6公里,20世纪五六十年代创办的钢厂、钢管厂、起重机厂、建筑机械厂和陶瓷厂等比邻而建,在1991年前后都已相继陷入困境,只有马路尽头的金杯汽车厂竟凤凰涅槃,焕然一新。因金杯客车的上市,辽宁省和沈阳市雄心勃发,发誓要在东北打造一个全新的汽车产业基地,用当地官员的话说,"要把沈阳建成为中国的底特律"。

造车:打造"中华第一车"

华晨上市让仰融一战成名。不过在当时,金杯客车在他眼中无非是资本运作的一个题材而已,对于汽车行业,他所知不多,而且也兴味索然。他当时最想干的事情是如法炮制,把一家又一家的国内公司弄到美国去上市。因此,他很高调地在上海搞了一次研讨会,推广华晨海外上市的经验,结果北京相关部委得知后大为不快,发通知警告华晨此举是"非法"的。仰融的复制梦就此破灭。

事实上,就在仰融购买金杯股票的1991年,中国汽车产业正经受着一次世纪阵痛。

这一年的11月25日,中国硕果仅存的国产轿车——"上海"牌轿车宣告停产。在此前的1987年,"红旗"牌轿车已经停产。至此,中华人民共和国成立后的两大轿车品牌均宣告消亡。不少工人闻讯从市区赶到安亭,争相与最后一辆"上海"牌轿车合影告别,有人眼里还泛起了泪花,还有人则手抚车身,依依惜别。在这种伤感时刻,德国大众在华投资却逐年增加,它出产的桑塔纳轿车年产6万辆,竟接近“上海”牌轿车在过去28年里的总产量,已成为中国市场的第一轿车品牌。1991年8月的美国《商业周刊》评论说:“1990年,上海大众的税后利润一举超过了大众的全球赢利目标,其原因之一是,只有在中国这样的国有经济条件下,一辆普通的大众桑塔纳轿车才能卖17.8万元人民币,几乎6倍于该产品的世界平均价格。”1991年5月,国家有关部门决定,在未来4年内报废170万辆在1974年前制造的老汽车,绝大多数的国产老轿车都在此列。这对于中国汽车产业来说无疑是一个天大的利好,可惜那些老迈的国有老厂已经无缘分享这块大“蛋糕”。《南华早报》引用物资部门官员的话说:“政府将为机关和企业用新车替换旧车提供财政方面的帮助,这些新车主要是由中国与美国、日本、德国和法国的合资工厂生产的。”

在资本市场鏖战多年的仰融很快意识到,无意中踏入的汽车行业也许是中国最具成长性的领域。就在美国上市后的一年,与仰融交好的赵希友退休,沈阳市政府把国有股出售给了长春一汽,试图傍住大船好出海。然而,两三年经营下来却起色不大。从1995年起,仰融以大股东的身份接管了金杯客车的管理权,把精力逐渐转移到经营业务上。当时的汽车行业因多年的垄断经营,各大汽车厂家均裹足不前,业内“行规”重重,暮气十足。当仰融真正进入之后,这位大局观十分清晰和敏锐的战略家很快成了一个让人头痛的“颠覆者”。

金杯公司的主打产品是“海狮”牌小客车。而在这个市场中,长春一汽的“解放”牌面包车无疑是当之无愧的“小霸王”,风头正劲。仰融把全公司最优秀的研发人员全部集中起来,专门针对“小解放”开发出了一款低成本的海狮新车型。在这期间,发生过一段很见仰融性情的逸事:仰融曾去长春拜访一汽董事长耿昭杰,耿昭杰傲慢待之,仰融颇为不忿。海狮新车型设计出来后,仰融卷着图纸再找耿昭杰,说:“我这个车一卖,你的小解放肯定就不行了。但是我开发这个车呢,也

金杯客车在装配中

肯定要亏本。我一个月生产500台，一年打个折就是5000台，你每台车给我1万元，总共5000万元，我把这个型号的许可证卖给你。这个情况，我现在通报给你，如果你不同意，我就按我的方式干了。”耿昭杰从来没有见过这种人，以为他一定是疯了。新海狮推出市场之后，因其造型新颖、价格低廉、营销手段灵活而深受中小城镇用户的欢迎。仅1年后，一汽的“小解放”就由赢利转入亏损，两年后，被迫退出了竞争。

在经营策略上，仰融将业内的“行规”一一打破。他十分推崇《孙子兵法》中的一句名言——“知变则胜，守常必败。”因此，他每每以打破常规为制定战略的第一要义。海狮客车第一个在产品广告中打出售价，从而杜绝了经销商中间做手脚的可能；它还第一个实行全国统一份额折让，全国各地经销商不分远近大小，统一折让百分点，杜绝了内部人员与经销商勾结牟利的弊端。此外，仰融还把金融业的承兑汇票制度引入汽车业，公司总销售额的60%用承兑汇票，大大降低了流动资金的占用率。

本来就对汽车业不熟悉的仰融，在经营上毫无包袱和成见，因此打起仗来新招迭出。从1996年起，沈阳金杯一路高歌猛进，迅速成为国内轻型客车市场的老大，每年的销售额都以50%的速度增长，一直领跑同业，并创下了投资回报率高达30%的行业纪录，其销量也从1995年的9150辆起连年递增，到2000年已经达到6万辆。被业界鄙视为“门外汉”的仰融，交出了一份让所有业内高人都感到惭愧的成绩单。

初战告捷之后，仰融对汽车行业的兴趣越来越高。一个小小的轻型客车市场显然无法让他吃饱，他又把目光迅即投向了这个行业最肥沃的一块天地：家庭轿车。20世纪90年代末是中国消费市场的一个突变期，在食品及家电商品获得了高速成长之后，大宗耐用消费品的兴盛时代到来了。随着民众购买能力的提升以及国家政策的鼓励，房地产和汽车成了新的消费热点。从1996年起，家庭轿车的拥有量连年翻番，众多专家纷纷预言，中国的家用轿车时代已经到来了。到2000年6月，北京的私人轿车保有量达到41万辆，成为国内第一个私人轿车超过公务车的城市。与此相关的是，汽车行业的暴利现象已昭然若揭。有人将中国与美国的轿车价格进行比较，同等性能的大众甲壳虫，中国的售价是美国的3.36倍，别克是2.36倍，丰田花冠是2.8倍。让人吃惊的暴利，无疑意味着汽车行业有着巨大的成长空间。

尽管市场前景广阔，但是对于中国的汽车制造商来说，机会却未必很大。因为，汽车行业是一个技术含量很高，规模效益又十分重要的重型工业。历经百年激烈竞争，全球范围内，德国、美国和日本的十来家跨国汽车公司几乎已经垄断了汽车的技术话语权和品牌号召力。在中国市场上，原有的“红旗”牌及“上海”牌轿车都已经被巧妙地消灭。新华社记者、知名汽车观察家李安定曾用“百病缠身”来形容国内的汽车工业状况：投资分散，开发能力差，生产成本高，销售服务体系近乎原始。他断言，如果中国汽车业不能通过巨额资金的筹集来完成结构调整和重组，全军覆灭绝非危言耸听。正是在这种大环境下，作为一家在家庭轿车领域毫无经验的企业，竟试图从这群大老虎嘴里夺食，实在难于上青天。

可是，仰融偏偏不信这个邪。他提出，“要制造拥有百分百知识产权的中国轿车”。此言既出，业内领袖纷纷摇头。

仰融造轿车，并不像别的企业家那样，按部就班，沿台阶而上。他是中国首屈一指的资本运营大师，其胸怀、格局当然非常人可比。从1997年底起，仰融就开始筹划引进德国技术和设备，打造一条年产10万辆轿车的生产线。1999年3月，华晨控股上海老牌上市公司申华实业，并更名为“华晨集团”，这成为他打造华晨汽车帝国的一个重要的资本平台。10月，“华晨中国”在香港联合证券交易所成功上市，发行1958万股股票，募集资金6.5亿港元。仰融对外宣布：“华晨将在5年内斥资40亿元，打造中国人自己的轿车。”

仰融在自主品牌的打造上实行的是双轨并行的战略。一方面，通过委托设计、自身滚动积累的方式培育核心研发能力。华晨出资1亿元，与清华大学联合成立了清华大学汽车工程开发研究院，仰融出任理事长。另一方面，他打破常规的合作模式，在中国申请加入世贸组织的大背景中，同世界级别的汽车公司寻求不同形式和内容的合作。他认为，中国汽车工业现有三种发展模式：第一种是合资；第二种是许可证生产，搞引进；第三种是自主开发，在全球合作分工。他说：“我现在正在研究第四种，应该与全球的汽车行家联合开发，共享资源和平台，划分市场。”

在这种战略思想指导下，华晨先后与5家国际大汽车公司开展了广泛的合作，仰融得意地称之为“五朵金花”：与宝马公司达成意向，合资生产宝马在全球销售最好的3系和5系轿车；与美国通用共同投资2.3亿美元组建合资企业，生产雪佛兰卡车和SUV；接手位于湖北孝感的三江雷诺，控股55%，计划引进雷诺家用型经济轿车"甘果"；收购沈阳航天三菱，与三菱合作生产轿车发动机；与丰田公司合作，开发适合中国市场的丰田经济型轿车。此外，华晨还与世界第一大汽车零部件生产供应商德尔福公司共同开发491Q-ME汽油发动机，准备将之装备在金杯客车和皮卡车上。

"五朵金花"使华晨从一开始就跟巨人们站在了一起。在"金花"们的拥围下，自主产权的轿车研发便不再是闭门造车：仰融请世界著名设计大师乔治·亚罗主持车型设计，整车性能验证由国际权威机构——英国MIRA公司试验鉴定，冲压、装焊、涂装、总装四大工艺设备均由世界著名汽车设备制造公司提供，其重要的总成件、配件则由国际著名汽车厂商供应。他将新轿车的品牌名定为象征意味十足的"中华"。

除了围绕汽车构筑产业和资本平台之外，仰融还频频出手，涉足其他领域。2001年3月，他出资4.1亿元，认购广东发展银行3.43亿股股票，并以4.4亿元参与设立民生投资信用担保有限公司。同月，他受让上市公司中西药业26.41%的国家股，成为该公司的第一大股东。

就这样，在仰融的强势运作下，华晨如大章鱼般地伸展出众多腕足，到2001年前后，仰融打造出了一个市值高达246亿元之巨的"华晨系"。旗下有5家上市公司，分别是内地的华晨集团、华晨金杯、中西药业，香港的华晨中国，纽约的华晨汽车。系内各种关联公司158家，其中控股138家。[①]华晨拥有8条汽车生产线，10多家汽车整车和部件工厂，在中国汽车行业形成了一个前所未有的、"金融—实业"混业体系。在仰融的规划中，未来的华晨将在一家金融控股公司之下，形成汽车、金融和基础建设等三大板块。其中汽车占总产值的80%，到2010年实现150万辆的产销、2000亿元的营业收入、200亿元的利润。无疑，如果这个目标得以实现，华晨就将成为中国最大的汽

---

① 华晨体系复杂，名称容易混淆。其中，"华晨中国"(1114，HK)为香港联合证券交易所的上市公司，"华晨汽车"(CBA)为美国纽约证券交易所的上市公司，"华晨金杯"(股票代码：600609)为1992年在上海证券交易所挂牌的上市公司，"华晨集团"(股票代码：600653)为控股沪市申华实业后更名的上市公司，"华晨系"指仰融掌控的相关公司。

车公司。

缺乏想象力的人很难读懂仰融的布局。仰融认为，对于华晨来说，最重要的竞争对手是时间。因而，必须在中国家庭轿车消费井喷及价格大战开打之前，构筑起一个庞大的、有持续竞争力的制造和研发体系。为此，在稳健与冒险之间，他毫不犹豫地选择了后者。

仰融的这些做法，无异于“离经叛道”。汽车产业对金融家的反感似乎是一个传统。早在亨利·福特的自传中，这个汽车巨头就言之凿凿，认为绝对要让金融家靠边站，“他们没有提出为企业安置一个工程师，他们想要安插的是一名财务主管，这就是企业拥有银行家的危险。他们凭金钱来思考问题。他们将工厂当作是生财而不是生产物品的地方。他们眼睛盯住的是钱，而不是企业的生产效率。”老福特固执地认为，“银行家由于所受到的专门训练及其自身地位的限制等原因，根本就不适宜于指导工业生产”。对于这些论调，仰融当然不以为然。他对《中国企业家》主编牛文文说，所谓造车的“八旗子弟”这么多年始终搞不好的一个重要障碍，就是专家治厂、顺向思维，逆向思维的人在企业里没有发言权。

2000年12月，第一代“中华”轿车在沈阳下线。在隆重的下线仪式上，仰融兴奋地手举一幅“中华第一车”的书法作品向到场的嘉宾和记者展示自己的梦想。他宣称：“到2006年，中国汽车业滩头阵地上唯一敢向外国企业叫板的，是我华晨。”

这一刻的仰融，已俨然一副民族汽车拯救者的形象。

他的汽车梦想的确激发了很多热血的中国人，对于一个拥有13亿人口、正在崛起中的大国而言，居然不能制造出一辆“中华血统”的汽车，实在算得上是奇耻大辱。华晨的高调前行赢得了不少人的尊重。有记者采访65岁的江铃汽车董事长孙敏，问他最佩服哪个

仰融和他的“中华第一车”梦想

中国企业家,这位中国汽车业界的元老级人物脱口而出,“是仰融”。法国雷诺公司的常务副总裁杜迈考察华晨后,对仰融说:“世界革命从巴黎开始,中国汽车的革命将从你身上开始。”

背叛:导致决裂的罗孚项目

一直到2001年初,仰融的事业毫无败落的迹象。

1月,为了表彰第一辆“中华”牌轿车下线,沈阳市政府举办了一个很隆重的仪式,授予仰融“荣誉市民”的称号。仰融公布2000年公司业绩,华晨的销售收入为63亿元,轻型客车市场占有率高达60%,税后利润为创纪录的18亿元,在汽车行业里仅次于上海大众、一汽大众。3月,沈阳政界发生大地震,市长慕绥新、常务副市长马向东因贪污腐败而被拘捕,案情涉及广泛,全市的重要涉案官员达122名,是为“慕马大案”。作为沈阳市最知名的大企业,华晨与政府有十分密切的互动,现任市政府首脑的落马自然会影响到仰融的战略思考。正是在这个敏感时刻,他开始与英国著名汽车公司罗孚商谈,规划南下新建汽车基地。

仰融与罗孚的接触始于发动机项目。“中华”牌轿车下线后,他发现采用的三菱发动机与车型不匹配,动力不足,而三菱方面拒绝进行技术更新,在宝马公司的推荐下,罗孚进入仰融的视野。罗孚是一家拥有100多年历史的老厂,由于成长缓慢,近年来亏损累累,正急切地在全球范围内寻找买家。仰融与罗孚的谈判很快从发动机项目上升到全面合资。这是一个十分适合的合作对象,技术研发能力雄厚,品牌高贵。仰融提出的合作方式包括:合资后罗孚的所有产品都搬到中国生产;保持罗孚英国研发中心和欧洲销售体系的存在,每年在中国生产的产品中,出口欧洲的用罗孚品牌,在中国和亚太区销售的打中华品牌;罗孚帮助华晨完成发动机的升级换代,并在发动机上打上“中华”商标。

仰融的方案一开始让骄傲的罗孚很难接受。他们提出,在中国,合资品牌更受偏爱,未来在中国市场销售的轿车应该打“罗孚”商标,每辆车要收200美元的商标费。仰融很干脆地说:“你放心,我在中国销售绝对不会用你的牌子，这笔钱你肯定是赚不到的。”

尽管仰融的条件十分苛刻，但是中国市场的广阔及德国大众在中国投资获取丰厚利润的事实，最终还是让罗孚同意合资。最终达成的协议是：双方合资建厂，中方以土地、厂房等投入，占51%股份，罗孚方面投入产品、技术和设备。中方借给罗孚1.9亿英镑，用于英国工厂的搬迁、裁员和新车研发。

这是一个让人充满憧憬的大型合资项目，它是中国企业家第一次以整合者和拯救者的角色出现在国际主流商业舞台上。进入21世纪之后，崛起的中国开始在全球经济竞争中展现更为强势的力量，一些快速成长中的大公司都在试图通过并购与合作的方式进行跨国发展和实现产业升级，华晨与罗孚的合资应该是最早和最让人期待的项目之一，与日后的联想并购IBM的PC事业部、TCL收购汤姆逊彩电等相比，仰融所表现出的主动性和企图心似乎更大。如果此次合资成功，中国汽车行业的版图将全部改写，甚至连成长路线都可能赫然改变。因此，其意义之大，绝不亚于10年前的华晨在美国上市。

谈判在秘密状态下进行。跟所有信守承诺的老牌欧洲人一样，决心既下的罗孚公司表现得十分积极，一切都出乎想象得顺利。在相关协议都签署好之后，仰融犯下了一个让他懊悔终身的决定。

他决定把罗孚项目放到浙江省的宁波市。很多年后，仰融都没有把这个决策的真正动机对外透露。看上去，宁波是一个不错的建厂选择，这里有全国最好的深水大港，周边的汽车配件企业众多，宁波市政府表现出浓厚的兴趣，一次性批给华晨3000亩土地，出让价一亩只有区区5万元。而且，让仰融动心的是，他被允许参股投资宁波跨海大桥，这个项目据称将带来上百亿元的现金流。

在这位优秀的战略构架师的算计中，招招精准，环环紧扣，所有的要素都已完美齐备。只可惜，他偏偏漏算了似乎很不重要的一点：东北的政府方面的心态。

或许在辽宁省和沈阳市政府看来，仰融这次是想“趁乱溜走”了。自金杯被救活之后，辽宁省就一直将汽车产业作为全省最重要的支柱性产业，沈阳市也从来没有放弃“中国的底特律”之梦，他们自然希望仰融把所有的资产和项目都放到沈阳。在过去的10年里，他们对华晨有求必应，不遗余力。有一次，一位沈阳市领导对仰融说："为了华晨，我们连买裤衩的钱都垫出来了。"可是，就在超速扩张的关头，仰融却趁"慕马大案"的动荡之际，调头南下，这在东北官员看来，无异于背叛。一位投资银行的分析师认为，"站在辽宁省、沈阳市的角度看，仰融的做法如同掏空金杯汽车，让金杯汽车为他在外省的项目输血"。

政府方面与仰融的谈判细节从来没有公开过，不过其沟通的结果众所周知。政府方面希望仰融把罗孚项目放在辽宁，年初省政府的主要负责人还具体地提出了一个"大连方案"。仰融则坚持在宁波建厂，不过他承诺沈阳仍然将是华晨的客车基地。显然，这是一个无法让政府方面满意的答复。就这样，矛盾突然在2001年的秋天激化了。

矛盾激化的另一个背景是，一向低调而神秘的仰融在2001年变得异常高调，他开始频频接受记者的采访，出现在各种财经类媒体的封面上。也许在他看来，华晨的宏大架构终于清晰，已经到了站出来为伟大事业造势亮相的时候了。在《福布斯》杂志公布的"中国富豪排行榜"上，仰融以70亿元资产排在希望集团刘氏兄弟和欧亚集团的杨斌之后，位列第三。在此之前，除了汽车界之外，很少有人知道仰融的名字，他以暴富者的形象一夜而为天下所知。榜单设计者胡润对仰融资产的计算，是以他在华晨中所占的股权为依据得出的，仰融对此默认。于是，政府方面对他的质疑，便是从资产计算开始的。10年前那着"精妙之笔"终于露出它狰狞的一面。

政府方面认为，华晨绝对不是仰融的华晨。根据10年前的股权设计，中国金融教育发展基金会才是公司的真正所有者，而基金会无疑是国有资产的代表者。在过去那么长的时间里，无论是政府方面还是仰融，都小心翼翼地回避谈论基金会的资产性质，但是它就好像一座大厦的基石，默默地埋伏在那里，一旦动摇，便天崩地裂。

事实上，仰融对华晨的所有权一直耿耿于怀。他对此的心态有过一段很微妙的变化。在美国上市后的很长时间里，他在公开场合都承认华晨是国有资产。1992年，他在一个场合受到中央领导人的接见，中央领导人问他："你这只股票上了市，赚了钱算谁的？"仰融脱口而出："全部是国家的！"随着企业的不断扩大，仰融的说法渐渐有了变化。2001年10月，在一次高层会议上，他突然提到"华晨的出身不好"，他说："什么叫出身不好……当时很多事都说不清楚，直到今天我有些事是否就有权利讲清，也不一定……"在所有的"说不清楚"中，最让他寝食难安的，应该还是华晨的产权归属问题。在随后一次接受记者的采访中，他明确地说："企业不能长期这样股权结构含混不清，历史问题要有所了结，要奠定这个企业未来竞争力的基础。而且这帮管理层跟了我10年，我应该对他们有所交代，我天天为股民考虑，为什么我不能为我的管理者、我的班组长考虑？"

在讲这一席话的时候，仰融其实对产权的"了结"已经有了自己的全盘构想。第一步，他设计并构筑了一个"资本的迷宫"。"华晨系"的100多家企业资产关系盘根错节，互为关联，其复杂程度让人叹为观止，全天下真正弄得清楚的大概就只有他一人了。第二步，在宁波项目中埋下伏笔。他将华晨集团旗下的君安投资、珠海华晨、正通控股、正运实业及沈阳金杯等的股权进行了多重置换，最终，在宁波注册成立了一个由他出任法人代表的中国正通控股公司，它将成为华晨与罗孚合资的中方母体。同时，他在华晨集团内组建了职工持股公司，由3000多名职工入股发起，中国正通投资公司与后者再进行某种方式的股权交换。这样，一个产权清晰的"新华晨"就诞生了。未来，如果沈阳金杯尾大不掉，他完全可以弃之不要，在宁波罗孚项目上换壳重生。第三步，他开始与政府洽谈基金会问题。他认为，基金会只是为了上市而设计的一个"壳"，当年的国有投资仅10万元而已，后来国家就再也没有一分钱的投资。因此，国有资产在华晨中所占的比例最多不能超过30%。

仰融认为自己算度精准，前可进，后可退，百密而无一疏，没有人可能从他手中把"金杯"夺走。他唯一没有算计到的是，如果对方宁愿把"金杯"砸掉也不肯给他呢？在一些地方官员看来，仰融出走是一件让他们颜面尽失的事情。华晨哪怕是真的长成了一棵参天大树，可是如果它长在别人家的院子里，又与我有何相干？何况，树苗当年还是从我家院子里挖过去的。他们认为，华晨属于国有资产，是铁板钉钉的事实。据有关官员援引国务院国有资产监督管理委员会制定的相关法规称："一切以国家名义的投资及由投资派生出的所有资产，都是国有资产。"为此，辽宁省成立了由常务副省长牵头的华晨资产接收工作小组，跟仰融进行谈判，接收工作小组同意给仰融团队30%的股份。日后小组负责人对媒体说："仰融太急，胃口也太大。"

出局：无可诉性的“知识产权第一案”

拉锯式的谈判在2002年春节后破裂。这时候，华晨各项业务的进展已经将双方逼到了必须摊牌的地步——

“中华”轿车自两年前下线以来，已经完成了规模化批量生产的所有准备，准产证即将下发；华晨与宝马的合作报到国务院办公会议，即将被正式批准；而在宁波，3000亩土地的征用工作已经完成，工程即将上马。所有这些项目，都面临数亿元乃至数十亿元的投资，是顺从仰融还是驱逐仰融，仅在一念之间。

辽宁省政府最终选择了后者。

3月11日，仰融和政府方面同时动手。当日，在上海证券交易所上市的华晨集团宣布更名为申华控股。根据后来的《补充公告》，公司最终实际控制人为台湾敏孚企业有限公司的秦荣华，他无疑是仰融“资本迷宫”中的一个代表。同一天，财政部企业司下发公函，将华晨及其派生的所有公司，一次性划转辽宁省政府，所有债务亦一并划转，公函要求“抓紧时间审计，以防国有资产流失”。接收工作小组当即向仰融宣读了这封公函。

罗孚项目最终导致了仰融与辽宁省政府的决裂

仰融继续以不妥协的姿态行事。3月21日，华晨汽车在英国发布与罗孚合资的新闻，并出资1亿元买下宁波的建设用地，一次性向罗孚支付1500万英镑的技术转让费用。一周后，工作小组进驻沈阳华晨，开始全面清查、核查、接收华晨资产。双方撕破脸皮，决裂无可挽回。

5月，仰融飞到山西五台山，徒步登山祈祷拜佛。随后住进了上海瑞金医院。月底，以旅游护照悄然赴美不归。

6月18日，华晨汽车董事会解除了仰融的公司主席、总裁等职务，理由是“不恰当地作出与基金会的业务方针相违背的业务决策，并因而不能顾及本公司股东的集体利益”。第二天，华晨与宝马的合作项目建议书在国务院办公会议上获得通过。而在半个月前，“中华”轿车也登上了最新的车辆生产目录，正式获准批量生产面市。6月25日，身在美国的仰融将自己所持有的华晨中国股票在香港股票市场全部抛售，套现8968万元。至此，仰融出局的猜测得到了公开的证实。

仰融出走后，宛若迷宫的“华晨系”实非外人可以掌控。因此，辽宁省政府方面最重要的工作就是挽留团队骨干。最终，仰融的4位助手、被外界称为华晨的“四大金刚”均同意留任。其中，苏强接任华晨中国总裁兼行政总裁，吴小安接任华晨中国主席，洪星和何涛分别出任华晨中国副主席和财务总监。政府承诺4人可按每股0.95港元的价格，分别获得8000万～9000万股不等的期权认购权，共占华晨中国总股本的9.446%。当仰融在海外得知这个消息后说：“上帝不知道他们在干什么，他们自己也不知道。”

“四大金刚”的留任使仰融的孤身出逃更像是一场众叛亲离的闹剧。8月20日，“中华”轿车的市场投放仪式在北京隆重举行，最先上市的中华标准型轿车市场售价为16.98万元，它成为中国市场上唯一与国际品牌抗衡的中档国产轿车。苏强宣布，华晨将通过5～10年的时间发展为国内的一个重要的汽车集团，5年内目标销售量达到18万～20万台，到2010年，产销汽车78万辆，发动机产能90万台，利润68亿元，销售收入1300亿元，占据中国汽车市场10%的份额。在热烈喜庆、群贤毕至的舞台上，独缺那个身材中等、声如洪钟、总是梳着一个光亮大背头的主角，他本应该出现在镁光灯下接受人们的簇拥和祝贺，而此刻却在大洋彼岸独自黯然神伤。

造成决裂的导火线，位于宁波的罗孚项目被理所当然地终止。当时，土地拆迁已经完成，办公大楼也开始启用，4辆被罗孚改良过的样车已基本完成，新车型正在日内瓦展出，发动机的改良也正在进行中，严格按协议办事的罗孚已经把所有生产设备清单移交中方。当苏强以“立项有误”为理由，告知罗孚和宁波方面的时候，他面对深感意外、惊诧无比的眼光，竟找不出一个合适的解释理由。为了终止合同，华晨赔付了2亿多元人民币。

在这件事上的恩怨纠葛还有几缕余音。

华晨的"四大金刚"

10月14日，仰融通过香港华博财务公司以侵占资产和行政侵权为由，向北京市高级人民法院起诉中国金融教育发展基金会和财政部，其直接诉讼争议标的达20亿元，成为新中国成立以来涉案金额最大的产权纠纷案。仰融是那种总是在创造纪录的人。为了表明自己之"合法无私"，他甚至签署委托书，宣布将法律确认之应得的华晨资产，全部捐献给非营利性社会团体或慈善机构。4天后，辽宁省人民检察院以涉嫌经济犯罪发出全球通缉令，正式批捕仰融。11月，北京市高级人民法院认定仰融的起诉"无可诉性"，暂不受理。仰融转而在百慕大起诉华晨中国汽车，在美国联邦哥伦比亚地区法院起诉辽宁省政府，最后均因"不在管辖权内"而告失败。

至此，"拯救者"仰融完败谢幕。10月23日，新任华晨主席吴小安对记者说："仰融先生在本集团的管理、运作和业务的参与是微不足道的。"

溃败：一个两败俱伤的结局

在仰融出局后的半年里，接收小组看起来稳住了可能发生混乱的局面。"四大金刚"留任，"中华"轿车正式面市，他们甚至还顺利地解决了让仰融寝食难安的"基金会问题"。2002年12月，财政部批准华晨集团以1.44亿港元收购中国金融教育发展基金会所持有的14.4亿股华晨中国股份，这是一个低廉到让仰融掉眼珠子的价格。

“中华”轿车的销售似乎也没有受到太大的影响，在面市后的4个月里就出售了8000辆，2003年销售2.5万辆，实现税前利润2000万元。

在战略布局上，仰融之后的华晨呈现出迅速、全面回归辽宁省的局面。除了被强行终止的宁波罗孚项目外，位于湖北孝感的雷诺项目也被搁浅，当时准备引入的车型已经选定，工程技术人员全部到位。同时，华晨对零部件的供应商进行了调整，辽宁省外的厂家被抛掉了一大片，重新扶植一批省内的零部件厂。辽宁省政府的目标非常坚定，以华晨为核心，将大连、锦州、丹东等一带的汽配企业带动起来。

接下来的事实，就是所有人都不愿意看到的了。

就如同仰融几年前所预测到的，中国的家庭轿车市场真的到了井喷的时代。2002年，中国轿车销量同比增长56%，2003年增幅进一步上升到65%。可是，在这种快速扩大的市场中，华晨的脚步却渐渐地迟滞了起来。2004年，“中华”轿车销量迅速下滑到1.09万辆，同比下降15%，经营亏损6亿元。金杯“海狮”的销量为6.1万辆，同比下降18%，丢失了保持5年的全国销量冠军，跟鼎盛时期的2000年更是不可同日而语。在轻型客车和轿车两大市场，金杯的份额日渐萎缩，边际利润逐年下降。轿车项目命悬“中华”一脉，因缺乏后续资金支持、技术改进迟缓、车型单一等原因，根本无力与跨国品牌正面竞争。

仰融时代的众多合资项目也纷纷难以为继，“五朵金花”无一盛放：与美国通用合作的雪佛兰卡车和SUV项目一直处于亏损状态，2004年被上海通用整合；与英国出租车公司生产奥斯丁出租车的项目也因中方终止合同而半途告吹，已支付的7000万元模具费无法收回；与宝马公司合资生产宝马3系和5系的项目，一直受到销售的困扰，2003年，组建半年的华晨宝马亏损2.5亿元，2004年，

离开仰融后的“新中华”看上去依然鲜亮，但已失锐气

继续亏损近4亿元，中方最终放弃了在合资公司中的主导权，其局面早已非仰融当初所设想。

此时的华晨如一块拼到一半突然被篡改了主题的图板，局面尴尬，进退失据。被委以重任的“四大金刚”也没有表现出令人信服的运营管理能力。北大纵横管理公司的分析师认为：“仰融的棋他们理解得不透彻，而且，他们又必须考虑与政府之间利益瓜葛的问题，是无法全身心经营企业的。”2004年，华晨中国的利润从3年前的9亿元下降到4860万元，降幅之大令人震惊，两年前苏强在北京所做的蓝图规划，恍若隔世梦呓。在重整乏力的情况下，“四大金刚”开始考虑自己的利益，他们分别于2003年和2004年两次抛售手中的企业股权，前后共套现3.3亿港元。消息被曝光后，引起投资者的恐慌，“华晨系”股价一泻千里。2004年底，苏强、吴小安被取代；1年后，“四大金刚”悉数离开华晨。也是在这一年的12月，全球四大会计师事务所之一的普华永道突然“坚决辞任”华晨的审计师职位，这让公众对公司账目审计的真实性产生了负面的遐想。2005年上半年，华晨汽车发布亏损报告，半年报亏2.99亿元。9月，《资本市场》杂志的记者前往沈阳采访，竟找不到华晨总部的办公地点到底在哪里。辽宁省国资委官员称，华晨汽车集团是中外合资企业，不是国有企业，不属于他们的管辖范围；而经贸委官员则表示，不清楚华晨汽车究竟归属哪个部门，所以无法提供情况。到2005年底，华晨的最高管理者在3年多时间里走马灯似地换了四茬人。

时间转到2006年，在中国汽车市场上，已成病躯一具的华晨早已不是那个敢与跨国品牌较劲的“中华”武士了，其效益连年下滑，财务状况日渐恶化。1月，大连市副市长祁玉民出任华晨控股董事长。他说：“我来的时候华晨亏损近4亿元，工厂的生产状态几乎处于停滞，我是稀里糊涂上华晨来的，我来之后真像掉进火坑里一样。”祁玉民到任后试图绝地重生，他重组零部件供应商，推出骏捷新车，还在香港成功募资15亿元。不过，华晨要真正重振雄风，实在任重道远。据华晨中国的资料显示，在2002年，公司销售了2亿多美元的可转换债券，换股价格为4元，2008年到期。而公司的股价长期在2元以下徘徊。如果2008年华晨股价不能恢复到每股4元，仅这一项就要承担20亿元人民币的还款压力。在汽车自主创新上，草根出身的李书福和他的吉利公司呼啸而起，早已取代仰融和“中华”轿车成为新一代国产汽车品牌的旗手。

一盘气象万千、浩荡雄伟的大棋，仅仅在两年多时间里就被下成一个烂局。成败瞬息，不知让人从何说起。

仰融的"产业—金融"布局在日后颇受诟病。有一些人认为，即便不发生"基金会事件"，假以时日也自是难以收拾的局面。可是，至少在他离去之时，仍是一派生机盎然的景象。在战争史和商业史上，那些挽狂澜于既倒、成就一世霸业的大家，其思其行往往诡异而出人意料，他所依赖的其实只有"大势"两字而已。所谓大势，大而言之是时代潮流和行业趋势之所在，具体言之，则是军事家和企业家的气势。若他气如长虹，则自可以聚气成势，势不可当。**仰融之惨烈，在于他气势渐聚之时，却被突然排挤出局。这就好比一位绝世高手，行棋过半，竟被强行勒令离场，其后继者哪怕只稍逊半分功力恐怕也难以为继。何况，那群人还各怀心思，不肯竭尽全力。**

2005年8月，仰融接受《中国企业家》的越洋采访。反思前因后果，他说："我真没有想到，把项目放在宁波会惹出这么多事……要是放在大连，可能什么事都没有。"他还温和地将几年前的产权之争形容为一个"误会"："看着现在的华晨，我心里不是滋味。虽然阴差阳错，发生了一个很大的误会，但我相信今天这个误会也解释得差不多了。如果有机会能重回岗位，我认为会是双赢的。当然，这是我个人的愿望，完美的结果要看双方的诚意。"这位由资本界而"误入"汽车圈的企业家依然对华晨和汽车难以忘怀："说句心里话，现在要为这个企业止滑，需要的不是一般的手段，成本非常高，被救活的可能性只有百分之一。那我对华晨是进还是退呢？出于对自己身心健康的考虑，我可以不去沾华晨，还能留个清名在。但如果我真的有机会接手华晨，我会义无反顾，宁愿折寿、减命，也要挽救它的'滑铁卢'。"

作为缔造者，华晨对于仰融而言，已经超出了事业、金钱乃至荣誉的意义，它似乎已是其生命本身。这种微妙而难以言表的情结，是企业家群体之外的人很难完全理解的。然而，在中国的政商氛围中，仰融能够返回华晨的概率大概比救活它的概率还要低。

在仰融说那些伤感而决然的话的时候，他已经是一个虔诚的基督教徒。在《圣经·诗篇》中，有一首悠远而忧伤的诗歌：对人而言，生活就像山间的青草，就像野地的鲜花，曾经那样的繁茂。当微风吹过又吹远，大地知道一切都已改变。

在中国汽车史上，仰融和他的华晨就像所有曾经盛开过的“鲜花”和茂盛过的“青草”，微风已吹过又吹远，岁月更迭，世事早已变得面目全非。

【华晨大事记】

1991年7月，仰融以原始股的价格买下4600万股沈阳金杯客车厂的股票。

1992年7月，金杯汽车A股在上海证券交易所上市。10月，以金杯客车为主要资产的华晨公司在纽约证券交易所成功上市，作为“社会主义国家第一股”，在华尔街引起很大的轰动。

从1995年起，仰融以大股东的身份接管金杯客车的管理权，开发出新型“海狮”牌小客车，击败长春一汽的“解放”牌面包车，成为轻型客车市场的第一汽车品牌。

1997年底，仰融开始筹划引进德国技术和设备，宣布打造一条年产10万辆轿车的生产线。

1999年3月，华晨控股上海的老牌上市公司申华实业，并更名为“华晨集团”。10月，“华晨中国”在香港联合证券交易所成功上市。仰融宣布将在5年内斥资40亿元，打造中国人自己的轿车。

从2000年起，华晨先后与宝马、通用、三菱等5家国际知名汽车公司开展合作，实施“五朵金花”工程。

2000年12月，第一代“中华”牌轿车在沈阳下线。华晨当年度实现销售收入63亿元，税后利润18亿元，在汽车行业里仅次于上海大众、一汽大众。

2001年前后，仰融打造出一个市值高达246亿元之巨的“华晨系”，旗下有5家上市公司，各种关联公司158家，其中控股138家。

2001年夏天，仰融与英国罗孚汽车公司洽谈合资项目，决定将新工厂设在浙江省宁波市。在《福布斯》杂志公布的“中国富豪排行榜”上，仰融以70亿元资产排在希望集团刘氏兄弟和欧亚集团的杨斌之后，位列第三。

2001年秋天，辽宁省成立华晨资产接收工作小组。辽宁省政府与仰融就华晨的资产性质开展谈判。

2002年3月11日，谈判破裂。财政部企业司下发公函，将华晨及其派生的所有公司，一次性划转辽宁省政府。公函要求“抓紧时间审计，以防国有资产流失”。

2002年5月，仰融赴美不归。6月，华晨汽车董事会解除了他的公司主席、总裁等职务。仰融将自己所持有的华晨中国股票在香港股票市场全部抛售套现。

2002年10月14日，仰融起诉中国金融教育发展基金会和财政部，其直接诉讼争议标的达20亿元，成为新中国成立以来涉案金额最大的产权纠纷案。4天后，辽宁省人民检察院以涉嫌经济犯罪发出全球通缉令，正式批捕仰融。

2004年，华晨中国的利润从3年前的9亿元下降到4860万元，降幅之大令业界震惊。

2005年8月，仰融接受《中国企业家》的越洋采访，声称“如果我真的有机会接手华晨，我会义无反顾，宁愿折寿、减命，也要挽救它的‘滑铁卢’”。

到2005年底，华晨的最高管理者在3年多时间里走马灯似地换了四任人。

2006年1月，大连市副市长祁玉民出任华晨控股董事长。当时，华晨亏损近4亿元，工厂生产几乎处于停滞状态。他试图重振华晨昔日雄风。

2007年3月，拥有自主研发技术的1.8T中华轿车上市。

【后续故事】

没有了仰融的华晨汽车陷入低迷，是预料之中的事情。据中国汽车工业协会统计，在2010年的前三个季度，全国汽车销量排名前十位的品牌及汽车企业的销售收入排行中，均已没有华晨的名字。

让人惊奇的是，通缉令在身的仰融却试图回国东山再起。

2009年6月，中国企业界一个最扑朔迷离的新闻是，仰融宣布重回汽车界，在美国和中国分别投资100亿美元和450亿元人民币，发展新能源汽车。仰融在美国通过长途电话接受记者采访，亲口证实正计划在美国和中国同时组建汽车公司。根据他的计划，其组建的汽车公司将以目前正炙手可热的新能源汽车作为切入点，计划在美国投资100亿美元，达到300万辆产能。按照仰融的说法，目前他在美国的项目已获得美国政府批准，并无偿得到3万亩土地的使用权以及多项税收减免政策。

在中国，为吸引地方政府提供优惠条件，仰融开出了一个“831111”的诱人条件——未来8年，实现产能300万辆，产值1万亿元，税收1000亿元，提供10万人就业，人均年收入达到10万元。为此，他计划未来投入450亿元。

据《经济观察报》2009年9月27日的报道称，美国时间9月24日，仰融召开新闻发布会，正式宣布启动美国造车项目。据称，这一造车项目全名为HybridKineticMotors(HKMotors)，落户在阿拉巴马州。工厂将于2012年建成完工，预计第一阶段的产能将在2014年达到30万辆。

对于仰融的汽车计划，从资金来源、规模和技术可能性以及他是否真的能够回国等等，国内人士多持怀疑态度。

【档案存底】

在仰融与辽宁省政府的博弈中，让他最为痛心和被动的事情是，他深为倚重的、被称为华晨“四大金刚”的4个助手集体背叛了他。助手们的理由是，“我们是职业经理人，只对企业的前途负责”。辽宁省政府官员后来透露说：“当时以那么高的待遇留下他们，是省政府情急中迫不得已的举动，在当时没有其他人能玩转华晨。但从长远来看，他们不是省政府放心的企业经营者。而他们在华晨两年半的业绩，也没有证明他们是取代不了的人。”2005年8月，仰融接受越洋电话采访，对自己的用人和他出走后的华晨战略进行了反思。编者有删选。

“我没有为华晨培养一个好的接班人”

走了一个人企业就衰败，我有责任

从1991年合资到2002年我走，我为这个企业付出了全部的心血。看到现在的华晨，我心里犹如打翻了五味瓶，很不是滋味。作为创始人，我不可能看到华晨亏损心里高兴。华晨走了一个人，3年就如此衰败，我是有责任的，起码我没有培养好继承者。早期没有一个人才培养计划，现在一个突发事件就使企业衰败至此。

如果我有机会回去救这个企业，我首先要改变我以前的管理模式，不要亲自主刀，应该是指导、培养一批人，我不在岗位的时候他们照样能够把企业搞好。用如此心胸来培养起一批接班人，那才是真正的企业大家。

一个企业要经营好，首先，必须用心去经营企业，这是非常关键的，这是一个前提。现在华晨面临的问题是想做好这个企业的人决定不了企业的命运，决定企业命运的人跟企业是没有血缘关系的，没有用心去做。

其次，一个企业既定的发展蓝图不能以个人的成见来任意改变和否定。在一个企业里，不应该出现后任领导完全推翻前任领导的做法。企业做这么大，不能任意地去改变它的路线，这是要出大问题的。过去华晨走金融与产业融合的道路，后来他们说只做产业不做金融，但事实证明，这条路是行不通的。我走的时候，宁波罗孚项目的金融方案已经设计好了，为什么没有执行下去呢？否则，中华轿车不会是现在的这个样子，金杯客车也会得到很好的投资收益。太可惜了！

一些人对我的"产业与金融结合"的做法一直颇多异议。我认为光说一个人是做金融还是做产业是在转轨过程中的一种特别的论调。在完善市场经济体制的过程中，这种论调会被吸收和消化掉。在国外健全的金融体系环境中，金融与产业没有很清晰的划分，关键是看集团里产值和利润的份额比例。如果金融业务的产值超过产业部分，它就是以金融为主的集团。我的设想是，华晨在一个控股公司下有三块：第一，汽车部分，我有"五朵金花"和罗孚；第二，基础建设部分，有宁波大桥项目，我还曾想过买下金茂大厦，作为汽车业务的总部，这样更有利于在亚太地区挂"中华"的牌子；第三，金融部分，比如说保险、信托。但是，集团80%的产值会来自汽车。

别看我这个人胆子这么大，勇往直前，其实我是一个非常保守的人。德隆、中科都找我谈过，连合约的草稿都打好了，但我胆子没有那么大，最后也没签。我从来没有拿流通股去抵押贷款，从来没有用银行的贷款去炒股票。我知道什么是红线，闯了这个红线就一发不可收。1996年，苏强拿着金杯客车的5000万元资金到上海去炒股票，最后是我到上海以公司法人身份、拿着法人证书把钱追回来的。工厂就是工厂，管理人员不能涉足股票，也不能涉足资本市场，谁沾边我就把谁换走。苏强是好意拿公司的钱炒股票希望借此改善公司的伙食，但是怎么能这么做，万一赔了怎么办？工厂就要停产，几万人没有饭吃。在企业里边玩金融，一定会把企业玩死。

在我走后，留下来的4个人(指“四大金刚”)在预知企业利润达不到预期的前提下抛售股票，这种行为在西方国家是违法的。他们想把与政府达成的交易量化，但是人家给你的承诺是理论上的，这个承诺的兑现首先要看你给企业作出了什么贡献，而不能总想着企业给你什么待遇。我离开后，他们的待遇不变，年薪30多万美元加5%的利润提成。我在的时候合约中有规定，公司达不到指定的利润指数，不允许提这5%。去年(2004年)好不容易有了一点利润，他们还拿这个提成，没有任何道理。我走了之后，没有人监督他们。我认为这4个人都是很聪明的，但必须有一个人去带他们，结果4个人都想做头了，这4个人就完蛋了。你这4个人能当军长还是司令，我不知道吗？如果你能独当一面我为什么不让你去担当，我要那么辛苦干吗？我现在的身体比以前还好，为什么？因为我不累了。我以前真累啊！能力是日积月累的，但是还要有天赋。

我走之后，华晨有三错

我认为我走后，华晨管理层在“中华”上面有三错。第一错是定价错误，一步错步步错；第二错是管理层把自身定位为辽宁的干部，要把零部件采购基地放在辽宁；第三错是由于前两个错，导致产量达不到一定的水准，工人人心涣散，苏强等人也心不在焉。这三错是伤害企业最大的三个错误。

我走之前为“中华”定下的策略是：以低价切入市场，每年逐步提升价格，价格提高的前提是零部件、内饰件质量的提升。当时，为了赶上比较好的时机，定价是12.99万元。12万元的车，消费者觉得与桑塔纳比，这个车还是好的，但是你定价到18万元，消费者要跟帕萨特、本田比，他就觉得不值了。

所以，定价的一闪念，使得“中华”后来走入歧途。如果说定价是12.99万元，罗孚的改良内饰件进来之后，加上2万块钱的改良费用，应该是14.99万元，那你可以卖到15.99万元。你还可以获得一笔利润。到了两年后，12.99万元的产品可以限量生产。总之，中华轿车以12.99万元的价格做到四五万台，也可以保持盈亏平衡点。但是最终要靠提升品质、提高价格获取利润，走的是这条路线。

但是后来的管理层急功近利，他们后来的定价是错误的。你怎么可能指望企业在生产量只有一两万台时就要赢利呢？我当时的预计是，3万辆的产销以下，企业亏损是正常的。第一年“中华”有可能政策性亏损5亿元，那就让它亏。汽车是一种规模经济产业，达不到批量生产10万辆以上，或者不能按照国际水准管理，是不能达到盈亏平衡的。你生产1万辆就想赚钱，这可能吗？要以批量生产来带动利润，不能依靠短期行为获利。新的产品以低价位进入市场，每年通过调整配置涨价才是对的。华晨为什么要走中国其他合资企业的常规道路，先黑一把老百姓的钱再说？短期行为到了极点，最后是自己坑了自己。

跟罗孚的合资合作本来可以弥补“中华”内饰件、发动机的不足，但是后来这个项目停下来了。在内饰件方面，2001年我当时发了4台样车到英国给罗孚，由罗孚帮我把内饰件全部改良，而且改良的样车都造好了，非常漂亮，整个车焕然一新。而且还匹配了罗孚2.5升的发动机，罗孚同意装在我车上的发动机用“中华”商标。它的发动机比“中华”原来用的三菱好，两者不是一个级别上的。如果这样来改造“中华”，可以想象2003年、2004年中华车是什么档次的车。就算我真是一个坏人，这坏人也是有可取之处的，更何况我不是一个坏人，为什么不用罗孚改良的发动机和内饰件呢？太可惜了。

质量下降与辽宁省的有关政策失误也有关系。他们认为，辽宁的汽车工业就应该在辽宁配套，不应该给外省市的零部件厂配套。他们进行零部件区域的调整，把辽宁以外的零部件厂甩掉了一大片，重新扶植了一批新的零部件厂。这种地方保护主义在当今还盛行，这是不对的。我走了之后，苏强他们4个人就自己把自己定位成沈阳的干部，沈阳的干部就要考虑沈阳的利益，零部件产品能在辽宁沈阳做的，就要在当地做，从宁波那边拉回来。他们这种走回头路的配套模式，怎么能让一个企业的产品质量有提升呢？只有倒退不可能提升。以我对品质的要求，上看宝马，下看罗孚，我认为这些零部件就是不合格。

除了定价策略，当时还有另一条线路我没有说给他们听。我认为，要采用多元化的方式来保证企业的销售。所谓多元化的销售，不是以产定销，或者反之，而是要用很多工具来达成销售。当年一下单就要下3万台，零部件供应商由于达到了3万台批量之后，积极性起来了，能够放心地投入生产，就能提高质量，工人也能士气高涨。如果小批量，以销定产，今天开，明天关，士气低落，质量就得不到保证。所以，要对销售做好金融财政补贴，给企业分担销售费用、广告费用，把企业的费用降到最低。这就需要汽车产业之外的体外循环，用其他手段来保证“中华”顺利投放到市场上去。所以，光懂产业是不行的，还要懂金融。一个头脑里边有两种理念的人，才能将华晨融会贯通。因为“中华”是一个全新的挑战，必须用新的方法来保证产品投放市场。但是这一套我没有来得及讲，讲了之后他们也未必能使用得当。

今日华晨，如同得了绝症

华晨走到今天的局面，如同一个得了绝症的病人，它的病根就是没有用心去经营它的人。同样是一套太极拳，用心去打与不用心去打，表面上看架子一模一样，但真正需要用四两拨千斤的时候，花架子是不可能有力道的。因为他没有掌握用力的门道，没有用心去打。

如果有机会再让我来经营华晨，我肯定会使出浑身解数把企业救起来，否则我也不会东山再起。要做汽车我一定会回到原来的地方，如果不能，我在汽车产业上就画上了句号。再也不走汽车制造这条路，再也不过问了。

【新新观察】

企业家的“政治博弈术”

在中国公司的成长路径上，企业与政府的关系之密切其实远远超出一般学者的想象。这不仅仅是寻租牟利的问题，而是由中国经济的变革逻辑所造成的。随着改革的深入，中国的商业决不会进入“政治归政治，经济归经济”的状况，相反，政商之间的密切度将越来越高。我们观察20世纪90年代中后期的企业败局，如三株、爱多、秦池等等，大多数为企业家市场战略的失误；而近5年里的企业败局，如华晨、德隆、格林柯尔、铁本、三九等等，无一不表现出强烈的政商博弈气息。

这种特征，便要求企业家必须具备一定的政治素养。在很多关键的时刻，企业家的“政治博弈术”往往决定了企业的命运轨迹。仰融在商业上展现出惊人的才华，可是却在政商关系的处理上失去理智，以致在事业的巅峰时刻陡然坠落。而造成这一结局的最重要的原因，正是政治博弈的失败。与他这种“对抗型”相对照的，我们还可以总结出其他的一些类型。

●“依赖型”——早期改革往往有典型先行的特征，那些被选中为改革典型的企业家有时候便会产生一种错觉，以为自己既然是典型了，那么政府一定不会让我倒掉。其最典型的便是步鑫生。1983年，海盐衬衫总厂厂长步鑫生因严格管理而成为举国学习的“活榜样”，政治的光环使得步鑫生放松了经营而日日忙碌于演讲和开报告会。日后他曾对人说：“当时我有一个错觉，既然是党中央把我树为典型，肯定是不会让我倒掉的，有什么事情办不成的呢？”而事实却是，几年后企业难以为继，谁也保不了他，最后他以黯然下台而中止了企业家生涯。

●“滥用型”——因改革而成名，却将这种辛苦形成的信用滥用。1991年前后，南德集团的牟其中在既没有外贸权，也没有航空经营权，更没有足够现金的情况下，用几车皮的四川罐头换回了苏联飞机，他也因此成为“资本经营”的先驱。当时，举国舆论及各地政府均对他充满敬意。然而，牟其中却从此再也没有认真地做过一笔生意，他到处演讲许诺，常常信口开河。几年下来，他连续不断的、让人瞠目结舌的、恶作剧式的承诺，最终使他在政界、经济界、传媒界和社会公众层面多重失信。

●“借用型”——中国的改革带有很强的周期性，每到一个阶段就会形成一种新的思潮，而善于借用者便自然成了最有可能的利益获得者。在这一方面，很多老资格的民营企业家都是其中的高手。曾担任了48年村支书的知名农民企业家、江苏华西村的吴仁宝便曾直言不讳：“政治优势要为经济建设服务，这一点华西村从来没有动摇过。”据称，他每天晚上必准时收看新闻联播，从中揣测政治风向标。1992年，邓小平南方谈话甫一公开，他当夜召集人开会，预测中国经济将再度高速成长，于是决定囤积钢材，后来狠狠地赚了一笔。在外来商人中，黄鸿年最具典型性。邓小平南方谈话发表后，加快开放顿时成为共识。这时，印度尼西亚巨贾之子黄鸿年第一时间来到中国，他先是在香港组建了一个中策公司，自称是“配合中国改革开放策略”之意，然后便在内地开展大规模的收购活动。他的并购基本上都是“市长工程”：与政府一把手直接沟通，利用他们急于创造改革业绩的心情，借邓小平南方谈话的东风，用好政治牌，高举高打，以气造势。在短短1年多时间里，中策斥资

4.52亿美元购入了将近300家国有企业。之后黄鸿年将优质资源包装出售给其他跨国公司或在海外上市,成为当时获利最为丰厚的外来资本者。

●"若即若离型"——与政治始终保持一步之遥,这是另一位民营企业家浙江万向集团董事长鲁冠球的名言,他也因此成为企业界的"常青树"。鲁冠球成名甚早,在20世纪80年代中期就成了乡镇企业的代表人物之一。中国乡镇企业协会成立的时候,会长由农业部部长兼任,两个副会长,一为禹作敏,另一为鲁冠球。我在企业史的创作中,搜集到一个十分有意思的细节:1993年,禹作敏与天津市政府公开对抗,矛盾激化。与禹作敏关系颇佳的鲁冠球曾去信慰问,其中有"投鼠忌器"一词,言下之意是安慰禹作敏,政府应该会考虑到他的改革影响力,不至于给予严厉的惩戒。然而,日后的事态发展竟大大出乎他的预料。这一事件之后,鲁冠球开始重新思考企业家与政府的博弈关系。10多年后的今天,他身上的政治色彩已非常之淡,呈现出一位老练的家族企业家的本色。

顺驰
一匹被速度击垮的黑马

迈克尔·舒马赫是地球上开汽车最快的人。

这位“速度的宠儿”在 F1 比赛中曾获得过 7 次年度总冠军,举世无人可及。

有人问舒马赫:“赛车最关键的技术是什么?”

他说:“刹车。”

开车最快的世界冠军往往也是刹车技术运用得最优秀的。

一个朝阳行业，在经历了漫长的酝酿期之后，必定会迎来一个突发式的暴涨期。在这个阶段，激情与混乱交融，暴利与风险共舞，往往会出现若干匹傲视天下的“黑马”。他们以颠覆权威的姿态出现，以超乎想象的速度成长，他们是行业中最引人注目的异端、明星和标杆。

而这些“黑马”的最终命运，便构成了商业史上跌宕起伏的传奇。所有关于战略、企业家素养和管理的命题，无一不是以最极端和最生动的方式隐藏在这些故事之中。

孙宏斌，便是一匹这样的黑马。他在25岁时成为中国最大计算机公司的接班人，30岁时在牢狱中度过生日，40岁时则成为房地产业最让人敬畏的人物之一。他以速度击垮一切竞争对手，然后，自己也被速度击垮。

孙宏斌

26岁时的那场牢狱之灾

1989年，联想集团总裁柳传志看中了一个名叫孙宏斌的年轻人。

这时候的联想正走到创业以来最

关键的十字路口。自1984年以来，联想靠联想汉卡从中关村崛起，迅速发展成一家规模不小、声名显赫的公司。然而，也就是在这个时候，危机蹑足而至。首先是计算机技术发生衍变，汉卡市场出现萎缩，柳传志推出联想微机，然而市场的接受度却不太高；其次，创业精神有消退的先兆，那些创业元老把持各个重要岗位，却缺乏决战的血性。柳传志必须要找到新鲜的血液，让公司重新焕发创业的激情。这时候，他选中了孙宏斌。

改变了孙宏斌命运的柳传志

这是一个眼睛很大很亮，长着一张娃娃脸的山西青年。他是清华大学的研究生，毕业后不久就投奔到了联想。在公司那群意气风发的年轻人中，他形象木讷，不善言辞，因为一开口就是很浓重的山西口音，甚至还受到嘲笑。可是，做起事情来却非常扎实，肯出死力，为了达到一个目标敢于不择手段，有山西人"不到黄河心不死"的劲头。他原是销售部一个很普通的职员，可是几个月后，就因业绩卓然受到提拔。1989年10月，联想成立企业部，专门负责汉卡和微机产品的全国分销业务，25岁的孙宏斌被任命为企业部经理。柳传志一直想编织一张全国性的分公司网络，可惜此前的那帮元老整日坐在北京城里，这个计划始终无法实现。孙宏斌上任后，带着一群热血青年只花了两个月时间就建起了13个独资分公司。到12月，公司产品出现积压，这些分公司像泄洪一样地泄出去1000万元的产品，让压力顿解。

柳传志自是十分欣赏这个年轻人。孙宏斌讲话缺乏逻辑，而且山西口音很重，柳传志就逼着他每天到自己的办公室讲一个故事；在经营上，孙宏斌跟主管供货的业务部经理矛盾很大，后者是老资格的创业元老，不拿小毛孩似的孙宏斌当一回事，于是柳传志痛下杀手，将之撤职，然后把两个部门合并起来都交给孙宏斌打理。当时，柳传志因融资和进出口业务等原因长期督战香港，内地市场便全部托付给了孙宏斌的团队。在年终的集团总结大会上，他用相当赏识的口吻表扬说："企业部能够克服困难，自己解决(困难)，而不是坐等,他们部里的气氛给人一种蓬勃向上的感觉,有一种嗷嗷叫的工作感觉,这一点我自己亲眼看到了。"在当时的联想公司,孙宏斌与总裁办公室主任郭为,是最为耀眼的两颗新星。比孙宏斌小1岁,后来成为联想当家人的杨元庆在这一年刚刚进入公司大门。可是,仅仅半年后,柳传志突然把他这个最欣赏的弟子亲手送进了监狱。

事情缘起于一张内部报纸。1990年3月初,在香港的柳传志突然发现一张很陌生的《联想企业报》,仔细一看,它不是集团的那张由他创办的《联想报》,而是孙宏斌的企业部报纸。在头版刊登的《企业部纲领》中,第一条就是"企业部的利益高于一切"。在中国企业界素有"政治权谋家"之称、对种种细微变动都十分警觉的柳传志嗅出了一丝异样的气息。他预感,孙宏斌似乎想在企业部里建立自己的独立王国。他当即决定飞回北京搞清楚这件事情。

事态竟比他想象得还要严重。因为总管集团的所有销售业务,孙宏斌权重一时,全国的13家分公司经理都是由他挑选任命的,自然紧密团结在他的周围,事事唯他马首是瞻。有一次,孙宏斌带着4个最贴心的部下在一家酒馆聚会。在高谈阔论中,他们认为,联想集团现在被一群没有用的老人占据,想做点事情的年轻人总被打压,柳传志英雄寂寞,身边缺乏有才干的人,所以需要孙总登高一呼,拯救联想。他们还煮酒论英雄,认为在当今中关村里,四通的万润南、联想的柳传志和孙宏斌是3位最杰出的豪杰,而经过一番分析后,结论是"孙绝对第一,万第二,柳第三"。因为,"孙能用人,给大家一个能成事的舞台。而柳传志身边都是庸人,把住权力不放手"。大家都说孙宏斌是领袖型的人物,不仅聪明而且英明,别人对他的话要苦思冥想,才能悟出真谛。

就这样,在一群"嗷嗷叫"的年轻人的簇拥下,孙宏斌开始在企业部里树立孙氏权威。他定了一个规矩,企业部的员工只对孙宏斌一人负责。比如,所有新员工都要回答"自己的直接老板与公司大老板是什么关系"这样的问题,"假如你一天生产200个部件,直接老板向大老板汇报一天生产300个,当问到你们的时候应该怎么回答?"正确的答案是,"应该异口同声地说是300个"。再比如,柳传志在集团内倡导"大船结构",要求公司像一条大船一样,分工协作,统一行动。而孙宏斌对此进行的解读是:"联想公司是一艘大船,企业部是一只小船,联想的大船沉下去了,企业部的小船就漂起来,变成大船。"在这段时间,孙宏斌绕开集团总裁室的人事管辖,私自调进一些人做自己的心腹。他还订立了自己的干部培训计划，专门召开会议培训新人，其要旨是对孙宏斌本人表达忠心。

当这些蛛丝马迹汇总到柳传志桌前的时候，他的震惊程度是可以想象的。3月19日，他召开高层干部会议，当场指出孙宏斌的“以自我为中心”的“帮会行为”，说他既有可能成为“可造就之大才”，也有可能成为“公司的危险人物”。现场的孙宏斌抱胸而坐，颇不以为然。4月4日，柳传志宣布将孙宏斌调出企业部，他勒令这位突然变得难以控制的爱将“低姿态进入”，“不许成立新的单位或带人进去”。

柳传志显然仍希望孙宏斌悬崖勒马，然而，冲突却立刻爆发了。在其后的企业部会议上，孙宏斌表示他的属下不能理解公司的决定，而那些狂热的年轻人更是当着柳传志的面一个接一个地站起来提出诘问：“你说我们有帮会成分，能不能具体说一下？”“我们直接归孙宏斌领导，孙宏斌的骂我们爱听，与总裁何干？”原本希望惩前毖后的柳传志被乱炮轰击，愤怒至极，他拂袖而去，临走时丢下一句话：“你们要知道，联想的老板是谁。”当晚，柳传志接到报告，称孙宏斌等人聚会商议，有人建议把分公司的钱转移到别处，当时孙宏斌手中掌握着1700万元的货款。柳传志当即向公安局和检察院报案。5月28日，孙宏斌被警方羁押，1年后，北京市海淀区人民法院判定孙宏斌“挪用公款”罪名成立，刑期5年。

就这样，山西青年孙宏斌的人生经历了一场十分奇异的跌宕。他差点成为中国最大的计算机公司的接班人，却最后被那个无限赏识他的人送进了监狱。他出生在山西省临邑县一个贫困家庭，历来相信人生就是一场豪赌，本来就一无所有，所能失去的无非是原来就没有的。他的孩子是1990年1月出生的，4个月后，他就被关了起来。在坐牢期间，他拒绝让妻子把孩子带来给他看，因为他不想让孩子看到父亲是这副样子。他的30岁生日是在监狱中度过的，那天，云月黯淡，他蹲在墙角一宿未眠。

顺驰，就是“孙氏”的谐音

1994年3月，孙宏斌又站在了柳传志的面前。他因为表现良好，提前1年多被释放了。

此时的他面庞消瘦了很多,脸上挂满沧桑。他说:“开始的时候,我对柳总也有一种怨恨,后来慢慢就没有了,对整个事情的看法也改变了……这个事情如果不这样做,那又该怎么收场?所以我认了。”在孙宏斌的心目中,柳传志是这个世界上唯一赏识过他的人,也是在他走投无路的时候,唯一可以求助的人。柳传志对孙宏斌的感情更是十分复杂,他一直认为这是一个“少见的、能一眼把产业看到底的人”。很多年后,柳传志对《联想风云》的作者凌志军说:“其实后来我想一想,孙宏斌到联想来了以后,他也没有说一定要跟谁对着干。他就是想形成自己的体系,觉得这是他的一块独立王国,谁也别管我。”面对这个曾经意气风发,如今却无比落寞的青年人,一向爱才的柳传志不禁大起恻隐之心,他答应帮助孙宏斌开始自己的新事业。在临分手的时候,柳传志说:“我从来没有说过谁是我的朋友。现在,你可以对别人说,柳传志是你的朋友。”

孙宏斌怀揣着柳传志借给他的50万元,离开北京来到了天津。在幽静的天津五大道,他租了一个临街的小院子,办起了一家小小的房地产销售代理公司,并给公司起名叫顺驰,也就是“孙氏”的谐音。这是一个从来不缺乏野心的男人,他一定要做一份打上自己深刻烙印的大事业。

孙宏斌在大学里学的是水利,所以对房地产业有职业上的亲近。而在跟柳传志的交谈中,柳传志也预言房地产业是一个很有发展前景的产业,并承诺可以跟孙宏斌合作开发。就在1995年初,顺驰与联想一起投资开发了香榭里小区,不过,孙宏斌并没有从这个项目中赚到钱。一是因为小区的建筑面积只有1万平方米,是个很小的项目;二是天津的楼市非常清淡,几乎无利可图。天津虽然是个直辖市,但是国有大型企业偏多,20世纪90年代中后期均先后陷入困境,而民营企业则相当不发达。因此,城市经济常年处于低迷状态,民间消费能力弱,在商业上竟被戏称为“天尽头”。在这个水少塘浅的氛围中,雄心万丈的孙宏斌常叹生不逢时。在创业的前几年里,他的公司始终只有二三十个人,竟还比不上当年他手下一家联想分公司的规模。在香榭里小区项目平淡收场后,顺驰主要的业务是做房产代理中介。跟那些小打小闹的代理公司不同,孙宏斌总是怂恿开发商大量投放广告。他聘用的销售人员也全部是大学本科毕业生,一拉到市场上,就显得非常与众不同。他喜好豪赌的个性,在代理业务中显露无遗。顺驰是天津第一家尝试买断式的代理公司,也因此,它在全城的同行中迅速成名,获得了不错的赢利。

1997年底,亚洲金融危机爆发,中国经济面临重大压力,启动内需成为主要战略任务。这时候,一直被限制发展,却能够带动巨额消费的房地产业突然受到重视。1998年,国家停止福利分房政策,接着中国人民银行颁布《个人住房贷款管理办法》,取消了以往对个人住房信贷的多种限制,并允许多家商业银行进入住宅抵押贷款市场。由此,压抑多年的住房需求被彻底地释放了出来,中国房地产业开始爆发式地成长。也是在这一年,已经在这个行业中磨炼多年的孙宏斌拿到了一个建筑面积为14万平方米的成片项目。据称,他获得了200%的投资回报率,房地产业的暴利时代真正地到来了。

2000年8月,天津市举办了历史上规模最大的一次土地招标会,顺驰击败众多参与投标的国有房产公司,以1.72亿元的价格一举拿下3个地块中的两块,轰动一时。根据规定,顺驰要在1个月内缴足这1亿多元的款项,当时房产界很多人均认为,“小孙”根本不可能拿得出那么多的钱。可是,他们实在小瞧了这个20多岁时就操过大盘的神奇小子。他日夜奔波、四处游说,竟准时上缴了资金。在庆祝会上,他数度哽咽,激动得泪流满面。

属于孙宏斌的梦幻时刻终于开始了。在接下来的两年多时间里,挟竞标得胜的威风,顺驰在天津攻城略地,叱咤风云。孙宏斌坚持中介代理和房产开发两条腿快跑的策略,在天津第一个大规模地创办中介连锁店,从2000年到2003年,相继开出了60家连锁店,几乎覆盖了整个天津市场。顺驰还办起了中国第一个基于互联网的房产服务网www.tjhouse.com,孙宏斌亲自指导开发出一个网上交易软件,各连锁店实现了网络联结和信息共享。此外,他还借鉴联想的全国营销经验,建立了梯级布控体系,以连锁店为中心店,各小区物业部为协作店,各社区为基本店,保证最近距离接触房源,是为“章鱼模式”。这个章鱼网络使得顺驰在房产推荐及客户资源的开发上,遥遥领先于同行,奠定了难以撼动的市场地位。

在房地产开发上,孙宏斌则表现得异常彪悍。**中国的房地产业是一个充斥着灰色交易的行业,在许多地块的背后都有一个让人厌恶的博弈故事,各种利益环节纠缠不清,房地产企业的总经理们主要的工作就是在这个肮脏**

顺驰的销售团队在业内曾经是非常突出的

的漩涡中摆平关系，互博套利。孙宏斌似乎没有掉进这个游戏里，他的土地大多数是通过合作开发和公开竞标获得的。在竞标会上，他拿地以出手凶狠、不肯退让著称。一位顺驰人后来回忆说："每做一个项目，大家都认为我们疯了，快完蛋了，但我们都挺过来了。"尽管拿地成本稍高，可是顺驰的项目总是靠推广炒作而搞得风生水起，它所做的广告也像孙宏斌本人那样张扬和气势逼人，每当有楼盘推出必是一个整版接一个整版地轰炸，其用词往往如"用蓝色覆盖天津"或"天津，看我"。这种大喊大叫式的广告模式被专业人士看不起，但是，市场反应却总是很不错。与此同时，顺驰在设计及建造理念上也比那些国有房产公司高出一筹。靠着这种强悍的高举高打的战略，顺驰房产的售价虽然比附近地段的都要高，却还是受到市民们的欢迎。

到2002年底，快速成长中的顺驰在天津累计开发了30个项目，建筑面积达数百万平方米，占到天津全市房产开发总量的20%。其比例之高，在各大城市中仅有新疆广汇集团的孙广信堪与相比——后者在乌鲁木齐商品房开发中占了2/5的比例。

孙宏斌真的登上了事业的一个巅峰。不过在他的眼中，天津显然不是他梦想的全部。这个雄心勃勃的男人把目光瞄准了一个更大的天地：全中国。

当孙宏斌杠上王石

在2002年之前，顺驰还没有走出过天津城。

作为天津房地产业的老大，孙宏斌加入了由万科王石发起的中城房网。这是一个成立于1999年，由全国各城市的主流开发商组成的松散型组织，其宗旨是"形成一个集体采购、信息共享、融资互惠的利益平台"。而实际上，这些功能都没有能够实现，它最终成了房地产大佬们的“华山”，谁在这里的话语权越大，便似乎意味着他在江湖上越有地位。

孙宏斌在加入中城房网不久，就展现出他蔑视权威、桀骜不驯的一面。在2001年的一次论坛上，有人提请由万科牵头，联合各家一起去全国买地。坐在一角的孙宏斌突然冷不丁地说：“为什么要以万科为主？”旁边的一个企业家告诉他，中城房网是由王石提议发起的，当年的协议书便是由万科起草的。孙宏斌马上回应说：“那就由顺驰来起草吧。”四座闻言，俱愕然视之。

算来这是孙宏斌杠上王石的第一个回合。在当时，万科和王石已如日中天，无论企业规模、知名度还是企业家的号召力，顺驰与万科，孙宏斌与王石，均不可同日而语。但是，孙宏斌对这个比自己年长12岁的前辈好像一点都没有谦让的意思。

转眼到了2003年7月，又是中城房网的一次论坛。轮到孙宏斌发言，他先是东拉西扯地侃了一段，然后突然用轻描淡写的口吻说：“一个城市应该能支撑一个50亿元到80亿元销售额的地产公司。顺驰今年销售额要达到40亿元，我们的中长期战略是要做全国第一。”说到这里，他微微顿了一下，侧脸看了看坐在一旁神情阴晴难辨的王石，接着悠悠地说：“也就是要超过在座的诸位，包括王总。”

这时候，全场已是鸦雀无声，所有人的目光都在看王石的表情。自19年前出道以来，这大概是王石遇到的最离奇的事情了，从来没有人敢于用这种充满火药味的姿态当面向他发起挑衅，这似乎不是企业家之间应有的相处之道。他几乎是不假思索地应声反驳道：“你不可能这么快超过万科，是不是要注意控制风险？”

王石的反应在孙宏斌的预料之中。他好像是一个做了恶作剧而得逞的坏孩子，带着一脸的诡笑回应说：“王总，我们可能超不过，但是你总得让我们有个理想吧。”

当孙宏斌杠上王石

这个有趣的细节被在场的数十位记者亲眼目睹，在大家的印象中，此前的顺驰和孙宏斌不过是中国地产界的二流角色，而这番突兀的挑衅式对话，却让所有的人对他刮目相看。在一个资讯过度的时代里，任何一个行业都需要那么几个与众不同的异端分子，他们用极端或特立独行的方式为容易疲倦的媒体提供刺激的话题。孙宏斌的表演无疑让唯恐天下不乱的记者们兴奋不已，从此，顺驰的一举一动都能够跑到主流财经媒体的版面上了。数日后，赚足了眼球的孙宏斌回到公司，他召开中高层大会，宣布顺驰将走向全国的重大战略，"坚定、坚决地进行战略储备"。他在会上的讲话题为《鸿鹄之志向，蚂蚁之行动》。联想到他几天前挑战王石的情景，他自比鸿鹄，自然是将后者视为了燕雀。在年底的一次记者访谈中，当被问及"顺驰凭什么挑战万科"时，他更是直截了当地说："万科不是我们的对手。"他的解释固然是"我们最大的敌人是我们自己"云云，但是其向万科挑战之心却已昭然若揭。

孙宏斌以近乎无礼的方式挑衅王石，看上去很不可思议。不过，他这么做，除了桀骜本性之外，并非是完全的冲动行为。事实上，正如柳传志所评价的，此刻的他，已经一眼把中国房地产业看到了底。2002年以后的中国房地产市场一派火暴，北京、上海等中心城市的房价年均增长都在30%以上，武汉、重庆及天津等次中心城市的房价也水涨船高，民众购买力很强的杭州等地还出现了炒房团，更引人关注的是，很多二线城市也相继到了房价井喷的时刻。孙宏斌判断，随着宏观经济的向好，中国房地产市场将会有一个较长时期的上涨阶段，这与当年中国香港、日本、韩国等地方经济起飞时期的情况非常相似。而在这种大背景下，全国的房地产公司绝大多数苟安于一个城市，只有万科等极少数企业开始了异地开发。各地政府在经营城市理念的推动下，其实非常希望有实力的外地房地产公司进入开发，土地的公开招标制度也为企业拿地提供了政策上的可能。**一个最为重要的事实是，房地产业实在是一个利润太高的行业，而且房价又在持续上涨的通道里。综合上述的种种分析，孙宏斌得出的结论是，此时正是走出天津，到全国去"割稻子"的最好时机。**他对那些房地产到底有没有泡沫的争论十分不以为然。在一次对话会上，他不耐烦地说："咱们开发商在这里讨论泡沫毫无意义，如果你判断有泡沫，那就赶快卖房；如果判断没泡沫，那就赶快买地……"

在下决心要走出天津之后，孙宏斌首先要做的事情就是把顺驰的品牌在全国打响。这时候，对他来说，最直接且没有成本的做法就是，用耸动性的方式挑战这个行业的第一领袖。这自然也算是眼球经济的一种。孙宏斌的目的一下子就达到了，他没有能够当场激怒早年性情暴烈、后来涵养竟修炼得很好的王石，却也让全行业的人和媒体记者跌破了眼镜。

孙宏斌出征全国，第一个大的战役就选在了北京。深圳住交会——全称为“中国（深圳）国际住宅与建筑科技展览会”，是当时国内规模最大的房地产展会，每年与会者超过10万人，几乎所有重量级的房地产企业家都在会上出现，因而被视作“超级名利场”。在2002年11月的深圳住交会上，孙宏斌又一次语出惊人：“北京的好房子还没有出现。”就这一句话，把京城里上千个同行都集体得罪了。

2003年12月8日，北京市首次拍卖大宗国有土地——大兴区黄村卫星城北区一号地。750平方米的国际饭店会议大厅座无虚席，共有10家房地产商报名竞买，其中有华润、住总、广东富力等著名大佬，顺驰也在其中，在一开始并不太起眼。尽管在不久前，孙宏斌已经被炒成了一个新闻人物，但是大家还是把他当成一个喜欢说些疯话的戏剧式人物。竞拍会结束，顺驰以高出起拍价1倍多的9.05亿元拿下了这块地。当天晚上，顺驰宣布，6个月后大兴项目将上市销售。顺驰的出价让业内人士大呼难以想象。根据他们的测算，该项目的房价将达6300元/平方米，高出同一区域的项目约2000元。

这时候，人们才相信看上去有点疯疯癫癫的孙宏斌似乎真的想兑现他对王石的挑衅。就在北京拍卖会的同时，十几支调研小组已经像饥饿的猎豹在全国各地四处寻地，孙宏斌把要拿的土地分成四大类：第一类是指三线城市的小地块，可以快速实现现金流，并且利润率很高；第二类是主要城市的中高档项目，规模不大，一期就可以开发完成；第三类是属于目标城市的中等地块，分两期开发；第四类则属于目标城市的大型地块，符合公司长期战略目标，能够使顺驰在未来成为区域性的领导者。

从2003年9月到2004年8月间，全国各地的开发商都经受了一次又一次的顺驰风暴。在石家庄，顺驰以5.97亿元拿下一块起拍价为2.04亿元的地块；在上海青浦以1.2亿元拿下130亩土地；在南京，以6.53亿元拍得河西奥林匹克体育中心地块；在苏州，更是出价27.2亿元吃进苏州工业园区地块。在根据地天津，顺驰花了17.515亿元买进奥林匹克中心配套项目，创下该市土地公开交易史的纪录。顺驰所购之地，大多数为拍卖所得，所以在每一个城市，它都被视为陌生而可怕的搅局者，其参拍的土地基本上都成了当地最贵的地块，因此又得到了一个“天价制造者”的雅号。它理所当然地受到了很多区域性开发商的抵制。在石家庄，当地最大的房地产商在一次与顺驰同台的竞标中落败，其总裁震怒之下起草了一份致业界的倡议书，认为顺驰参与竞标扰乱了石家庄的土地秩序，导致混乱局面，影响石家庄土地的持续开发。

这些插曲除了能生动地佐证顺驰的攻击力之外，并不能阻止它猛兽般的脚步。到2004年8月，顺驰旋风般地跑马全国，共购进10多块土地，建筑面积将近1000万平方米，其中长三角地区就占了400万平方米。在短短的1年时间里，顺驰从一家地方性公司变成了全国性公司，企业员工从几百人陡增到近万人。孙宏斌所取得的业绩似乎也很让人服气。2003年，顺驰的销售额如他所预言的达到了45亿元，而当年万科的销售额为63亿元。在外界看来，年轻的顺驰或许真的能在未来的一两年内超越行业的大哥大万科。孙宏斌提出的全国战略计划更是让人看到了他的勃勃雄心：3年内，进入一线城市北京，进入有增长潜力的二线城市，进入天津市周边的三线城市；5年内，集中力量进入两个以上一线城市，以一线城市为中心覆盖周边二线城市；10年内，在所有一线城市成为主流开发商，并覆盖绝大多数二线城市。

在中国企业史上，我们已经目睹了太多让人热血沸腾的战略计划，这一次，顺驰能“意外”成功吗？

现金流的“极限运动”

孙宏斌不是草莽型的企业家。他出身名校清华大学，拥有硕士学历。在1999年，他还专门去全球最好的商学院——美国哈佛大学商学院读了半年的AMP总裁研修班，跟英特尔的传奇CEO安德鲁·格鲁夫等全球知名企业家有过同场研习的经历。因此，不能简单地认为，他的全国战略是一次缺乏规划、毛手毛脚的冒险。事实是，在舆论高调的掩护下，他在相当多的方面进行了缜密的思考和筹划。

首先，他在拿地上很有技巧性。顺驰所拿的土地大多数是在城市的边缘地带或者规划中的新中心，在北京是南城大兴黄村，在郑州是郑东新区，在上海的两块地是离市区有1小时车程的青浦区和奉贤区，在南京是河西新城区，在苏州的两块地均在新的工业园区，在无锡是滨湖新城区。这些土地都有以下的特点：由于是“生地”，不被注重短期效益的当地开发商看好，竞争相对不太激烈，而且有未来升值的潜力；当地政府的出售心急迫，便于获得支持；基本上没有拆迁的遗留问题，有利于迅速开工和交付；地块面积普遍较大，适合建设大规模的中低档住宅楼盘。

其次，在项目定位及设计上有很强的现实性。顺驰坚持只做住宅项目，而且以中档价位为主。孙宏斌认为这类房产的消费群最大、变现性最高，适合短期内快速出售。而相对于很多地方上的开发商，顺驰所形成的全国性品牌、较为成熟的广告营销手段和设计理念则具有一定的竞争优势。

除了以上两点，**孙宏斌最重要的战略基点是对现金流的严格控制。有人计算过，顺驰在1年时间里拿地的资金累计需要80亿元，以顺驰现有的资本实力根本不可能支付出那么一大笔钱。因此，对于强力前行的孙宏斌来说，他唯一可行的战略便是把有限资金的使用效率提高到极限。**

提高资金效率的第一招，是大幅度地缩短建造和交付的时间。顺驰在建造速度上一直在创造“全国纪录”。2002年9月，顺驰在天津塘沽区拍得一个40万平方米的地块，从进场施工到开盘销售，它仅仅用了2个月的时间，让同行大为惊奇。2003年年底，竞买北京大兴黄村地块得手后，它当天就宣布将在6个月内开盘，同行均认为绝无可能。因为按照行业常规，从规划设计到开盘销售，一般起码需要1年的开发周期，但是顺驰竟打破常规，真的在6个月后如约开盘。其后，它在各地的项目均以6个月为最迟开盘期限。规划、建造时间的缩短，当然让顺驰的获利能力大增，特别是在所谓的三线城市，如荆州、榆次等市，顺驰投入几千万元购地，4～6个月内就开盘收钱，半年左右就可收回成本并获得丰厚利润。

第二招是加快现金的流动和运用。孙宏斌认为，现金流体现了一家开发商的实战能力，顺驰的商业模式就在于“缩短从现金到现金”的周期。在实施全国扩张战略后，顺驰的预算从半年调整一次很快缩短到每月一次，后来到了每周一次。它还形成了以天为单位的紧绷型现金流模式，公司建立了严苛的考核指标体系，关注到每个项目的开工开盘时间、回款、现金调度，这一切均以天为单位，任何一个时间节点均不得有延误的借口。顺驰的业务中心也是围绕现金流来展开的，包括在全公司统一调度资金、延缓支付买地的钱、

3个月至6个月开工、提前收取业主购房款项、利用合作伙伴的资金等，这一整套办法，都是为了保证现金不断流。

在内部控制的同时，孙宏斌还提出了“付款方式比地价更重要”的理念。他决定一块土地的取舍，一是考虑地价，二是看付款方式的优劣。他往往要求政府方面降低首付款的比例和延长结算的周期，如果这方面有弹性空间，他宁可提高土地的购买价格。出于对中国房地产业的长期看好，孙宏斌企图用眼前的利益来换时间，靠地价的持续上涨来弥补购地的高成本。他的这种策略受到不少地方政府的热烈欢迎，顺驰因此不惮于进入任何一个陌生的城市。

孙宏斌的所有战略设计其实都是围绕着“速度”两个字，当各方面都不完全具备成熟的条件时，他必须在最短的时间内取得决胜，用速度来击败一切竞争对手。

品牌打造的速度——通过挑衅行业领袖的方式吸引眼球，迅速提高知名度和关注度；

购买土地的速度——绕开行业灰色地带，通过高价竞拍的方式快速拿地；

建造周期的速度——把普遍需要1～2年的开盘周期缩短到不可思议的6个月；

项目销售的速度——高调运作，以最快的速度完成销售，快速收回资金；

现金流动的速度——建立以天为单位的资金考核体系，把有限资金的利用率提高到极限。

在实际操作中，孙宏斌的战略似乎真的起到了以一博十的效率，顺驰以较少的资金快速地运作着一些庞大的项目。以北京领海的一个项目为例，土地款项为9.05亿元，开盘前付30%，年底再付30%，余下将在第二年付清。运作这个项目的总投入约需20亿元。顺驰以3亿元启动，前6个月规划和开建期内的资金全部由承建商垫付，开盘当天就有1亿元的销售额，以后的工程款及地款都通过销售回款。从开盘到年底，公司共回笼6亿多元的资金，不仅足够本项目使用，还可以拿去买新的土地，其资金杠杆效用率高达1:7。据公开信息披露，顺驰在2004年的现金流总量中有78%是通过销售得到的钱，只有10%和12%是来自银行和合作单位。在当时，几乎每一家房地产公司都在使用这种资金运作策略，这个行业的暴利潜规则也便隐藏于此。孙宏斌的超人之处，是他用紧绷而极端的速度战略将之发挥到了极致。

王石曾经替孙宏斌算过一笔账：顺驰通过高地价的投标策略攻城略地，截至2003年年底，顺驰预缴地价的资金在70亿元人民币以上，进入2004年第一季度，预付资金规模已经超过100亿元。从资金流上看，除非有强大的财团或银行做后盾，否则按期交付地价款是不可能的。资金流靠什么支撑呢？顺驰的答复干脆简单：靠销售资金回笼。问题是：依靠天津的地产项目销售回笼的资金不足以支撑需上缴的迅速增长的土地款。顺驰到底靠什么在维持紧绷的资金链呢？这不得不让人作出一种假设：顺驰在冒险，在赌博，在赌如今各级地方政府执行拍卖土地政策时的公信力。王石因此断言："顺驰如此夸张的拿地方法将影响到全行业，这种恶意的竞争和同政府的博弈方式对于市场的规则而言是一种巨大的破坏。"

奈何天不佑宏斌

如果仅仅从战略本身而言，孙宏斌无疑是一个天才。他一眼看穿了房地产业的暴涨特质，然后以最快的速度和最科学紧凑的策略获得了最大的成功。2004年，顺驰宣称实现了120亿元的销售额——实际上完成了92亿元。广东富力集团董事长李思廉在一次论坛中说："如果孙宏斌今年真能做到100亿元的销售额，那正是万科和我公司销售额的总和，的确算得上是地产行业里的第一了。"孙宏斌日后说，如果"老天"再给顺驰1年时间，就足可以消化掉所有的财务风险，实现全国战略的"完胜"。

可惜，"老天"偏不给这一年时间。

"老天"并不是虚幻，它是中国宏观经济。

正当顺驰在各地疯狂"吃"地的同时，全国的房地产市场已呈现出过热现象。中国社会科学院的一份年度报告称，从宏观层面看，2004年由于全国房地产市场，尤其是东部沿海主要城市房地产市场的不断升温，房价不断上涨，造成大量普通居民买不起房，直接影响了城镇居民家庭住房条件的改善，同时也影响到金融安全和社会稳定，民怨已渐成沸腾之势，上涨过快的房价成为千夫所指。并且，房地产过热，直接拉动生产资料价格的大幅上扬，宏观经济面临新的全面过热。毫无疑问，有"天价制造者"之称的顺驰是房价上涨过快的重要助推者之一。正是在这种判断之下,对房地产业的调控已势在必行。2004年3月到5月之间,国家推出了一系列严厉的调控措施,包括:控制货币发行量和贷款规模;严格土地管理,坚决制止乱占耕地;认真清理和整顿在建和新建的项目;在全国范围内开展节约资源的活动。中央一系列文件和举措如一道道“金牌”接踵而出:3月25日,推出再贷款浮息制度;4月25日,央行提高银行存款准备金率0.5个百分点;4月27日,央行电话通知暂停突击放款;4月29日,国务院办公厅颁发“严格土地管理”的紧急通知;4月30日,温家宝总理发表“推进银行改革是整个金融改革当务之急”的讲话;5月1日,银监会宣布“进一步加强贷款风险管理”的7项措施。与此同时,国内各大报刊纷纷发表言论,对房地产业的过热进行反思甚至出现情绪化的猛烈声讨……

这一连串“急急如律令”般的政策出台和舆论营造,不仅改变了投资者的收益预期、消费者购房的价格预期,而且改变了政府对房地产业发展的支持理念和支持方式,从而直接导致了购买力的迅速下降,楼市成交量的急速萎缩。房地产业的冬天突然降临了。在所有受到冲击的开发商中,正阔步急奔在扩张道路上的顺驰无疑是受创最大的一家。王石对顺驰的预言不幸变成了现实。从5月开始,北京、苏州等地的银行开始对顺驰出现了惜贷,放款速度明显减慢。5月3日,顺驰召开领导团队会议,紧急下令停止拿地。

8月7日,海南博鳌如期举办一年一度的全国房地产论坛,在“山雨欲来风满楼”的氛围中,发生了孙宏斌与王石的第三次交锋。不过,这一次似乎是王石杠上了孙宏斌。

大会首日的第一位演讲嘉宾就是王石。在谈及宏观调控的影响时,他单刀直入地直指顺驰:“像媒体炒作的那家黑马,在宏观调控下会很难受,这次他也到会了,还要发言的,到时候大家问他,他要说不难受,那是吹牛。”接着,他提出了很多的警告:规模不要追求太大,资金链不要紧绷、不留余地,否则市场一有风吹草动就会受影响,天天加班都没用;去年销售额还只有20多亿元,今年就到了100亿元,这是不可能的;融资越来越不容易,国内的钱都融不到,到国外融资就更难了。在接受记者采访时,王石索性点名评论:“如果把握好节奏,顺驰能够成为一家非常优秀的公司,但现在它要为盲目扩张造就的奇迹付出代价。顺驰与万科根本不能同日而语。这种黑马其实是一种破坏行业竞争规则的害群之马。”

到了大会的对话环节，主办方有意把王石、孙宏斌、刘晓光等5人请到台上，面对来自全国各地的600多位房地产商和数十家媒体，一场预料之中的碰撞果然发生了。对话主持人刘晓光问孙宏斌："孙总，你先说，宏观调控中你最难受的是什么？"孙宏斌答："其实最难受的还是钱。对这也没什么好办法，还是以前的办法，合作开发，快点卖房。今年，我们一直在调整自己的目标……根据最后一轮的保守估算，今年的销售回款可以达到100亿元。"话音未落，一旁的王石当即脱口说："睁着眼睛说瞎话，这是吹牛！"台下一时愕然，接着掌声和笑声轰然响起。

面对王石的质疑，孙宏斌表现得不再像1年前那么轻狂了。不过，他仍然坚称，"顺驰的风险几乎是零"。按他的判断，中国房地产市场的发展前景将仍然是"房价看涨，供需两旺"，因此，哪怕有资金上的困难，也是短期的和眼前的，顺驰的"资金渠道相当广泛"。在随后的一段时间里，孙宏斌的全部精力都投入到了寻找资金当中。

顺驰有可能获得的资金来自4个方面：一是自有资金和合作伙伴资金，这一方面本就已经被挖潜到了极致；二是销售回款，受宏观调控的影响，各地的房产项目销售一天比一天艰难，原定的考核指标几乎没有完成的可能，资金问题日渐严重；三是银行，它的大门也越关越紧，而且松动无期；四是信托、境外基金和上市，在前三种来源均没有指望的情形下，它成了唯一可以寄托希望的地方。

孙宏斌之所以在博鳌论坛上尚有底气，是因为在他赴会前的7月28日，刚刚接待了由汇丰银行、普华永道会计师事务所、史密夫律师行、西盟斯律师行等著名中介组成的顺驰上市中介团。这些人考察了顺驰总部和开发的楼盘，并拜会了天津市有关政府部门，看上去对顺驰在香港联合证券交易所上市信心满满。可是，在他们回去之后，就再无音讯。据称，上市搁浅的原因是"顺驰2004年发展速度很快，手里有35个项目，但当年的利润体现不出来"。

香港上市无望后，孙宏斌迅即与美国投资银行摩根洽谈私募事宜。摩根提出了一份带有"对赌"性质的协议，其大致内容是：摩根以7.5亿元购入顺驰20%的股权，但如果来年顺驰纯利润低于某个数值，摩根得到的20%股权将翻一番，也就是40%。跟投资银行的洽谈持续了将近1年，孙宏斌几乎把全部的希望都寄托在了这次谈判上。可是，到2005年10月，孙宏斌最终认为摩根提出的条件太苛刻，谈判流产。

顺驰模式是很多人质疑的焦点

当上市和私募均不顺利之后，其实，孙宏斌能腾挪的空间已经很狭小了。在这期间，各地房地产项目的销售仍然没有起色，因资金断流而诱发的种种危机开始四处爆发。在北京，顺驰的领海后期项目因为没有上缴土地出让金，一直没有获得土地证；在天津，太阳城二期因出规划红线未获得土地证，项目其他部分则停工达半年之久；在苏州，占地面积超过1平方公里的凤凰城，其中两块地被政府认定为闲置土地而被收回；在石家庄，两个项目被整体转出；顺驰的南京公司和华东公司相继被出售。2005年年底，顺驰进行大规模的人员调整，裁员20%。2006年年初，孙宏斌承认，顺驰目前在全国16个城市有房地产业务，进入的城市太多，收缩到10个城市将更为合适，接下来，顺驰的一些房地产项目可能与外面的公司合作，有的项目可能被卖掉。有媒体曝光说，顺驰拖欠的土地费用加上银行贷款余额，总数估计高达46亿元。

在这些事件发生的前后，顺驰的快速建房模式也暴露出了后遗症。房地产业向来有"百年大计，赶工为祸"的原则，顺驰快马加鞭地赶项目，免不了在质量和信用等方面遗留瑕疵。据《中国产经新闻》报道，自2004年年底以来，天津太阳城的业主频频向各部门投诉，声称他们花几十万元甚至近百万元买来的太阳城房子竟然是"劣质房"，建造商顺驰公司单方面改变规划，侵犯广大业主权益。有业主投诉称："太阳城简直就是'纸糊的'，墙体出现大量裂缝，偷换装修材料、'马路游击装修队'装修的！当初就是冲着顺驰的品牌来买的房子，没想到顺驰更坑人，整个装修几乎都是假的。"另外，天津的财经作者郑爱敏在《解读顺驰》一书中也提到一则个案：顺驰在某市临近大型风景区的一个项目启动，当时项目在审批手续上还有一些未尽事宜，但是因为硬指标已经如同高悬的令箭使其迫不及待，于是，新闻发布会匆匆召开，广告铺天盖地地轰炸起来。为了加大项目的吸引力，广告文案人员擅自把政府对风景区的未来规划也一并写到了楼盘的计划中。这当然引来政府部门的不满，结果，报纸广告被勒令修改，所有路牌广告被要求全部撤掉重做。

当一个大企业的危机爆发的时候，首先表现为细节上的失误，继而内外交困，烦恼频至。从2004年秋天开始，时运不济的孙宏斌便陷入到了这样的泥潭里。

一次没有技术含量的失败

没有哪种职业，具有像企业家这样的功利性。

一场伟大的爱情，并不需要一个美满的结局为注脚，有时候甚至还相反。一位绝世的武士可能死于一场宵小之辈的阴谋，但这并不妨碍他英名永存。即使是一位诗人或小说家，只要他们一生的某个时刻创作出了一首或一部伟大的著作，便可以站在那里永久地受人敬仰。

可是作为一位企业家却没有这样的幸运。

企业家的成功能被人记取和传颂，只有一种可能，那就是：他所一手缔造的企业仍然在创造奇迹。企业家总是需要有一些看得见、可以被量化的物质和数据来证明自己的价值。这些物质和数据还必须每年保持一定的增长，甚至，增长的速度应该比自己的同行还要快，否则，他就很难被视为成功。

也正是这种特征，构成了企业家“不幸的宿命”：除非退出舞台，否则永远不能以成功来定义。

绝顶聪慧且富有勇气的孙宏斌便落进了这个“不幸的宿命”。2006年7月，孙宏斌向心腹部下交底：他已经将家里的存款都陆续垫进了公司，其中一张信用卡仅剩下两位数，资金的刚性缺口达5亿到6亿元，负债高达30多亿元。仅就根据地天津市场而言，所有可售房屋已经全部售罄，但手中剩余的项目却迟迟没有能力启动，有些甚至连拆迁都没钱做。事实上，顺驰已经到了弹尽粮绝的地步。

9月5日，孙宏斌与香港路劲基建公司签署了股权转让协议。根据有关条款，顺驰中国被分为三部分：顺驰A、顺驰B和凤凰城地块。路劲基建联合体分别获得顺驰A的55%股份的认购期权，行使价格不多于5亿元，有效期为6个月；顺驰B的55%股份的认购期权，行使价格不多于4亿元，有效期为1年；凤凰城地块的认购期权，行使价格不多于3.8亿元，有效期为9个月。

孙宏斌以12.8亿元的代价，出让了55%的股权，并基本失去了对顺驰的控制权，这是一个相当低廉的出让价格和苛刻的付款条件。而3年前，仅仅北京大兴地块，顺驰一出手就是9.05亿元。2004年底，孙宏斌还曾底气十足地算账说："顺驰手中拥有上千万平方米的价格适合的土地，如果按市场价转手，光地价就净赚50亿元。"《中国企业家》杂志刊发的一篇评论中写道，"转让协议透露出的信号太过明显：顺驰要的是救命钱。虽然少，虽然贵，但是必须得要"。路劲基建是一家投资、经营和管理收费公路的香港公司，它于2005年初才进入内地房地产业，在业内基本上没有什么知名度。2006年上半年，该公司的净利润为2.48亿港元。

"买了个便宜货"的香港路劲基建董事局主席单伟豹

在正式签署协议的仪式上，孙宏斌对满脸笑容的路劲基建董事局主席单伟豹淡淡地说了一句："你买了个便宜货。"

一个视现金流为第一要素的企业家，最终还是败在了现金的断流上。就这个意义而言，顺驰和孙宏斌的败局是一次没有技术含量的失败。在一个正处于蓬勃上升通道中的行业里——房地产业尽管遭遇宏观调控的寒流，但长期而言仍然是一个上升中的行业——孙宏斌居然将企业的成长做得如此的刚性，实在是一个很让人遗憾的事实。

2006年10月，就在顺驰股权转让后不久，万科集团在桂花初放的杭州西子湖畔召开高层半年度会议，王石在发言中一再提醒部属必须时刻保持理性和对危机的警觉。他说："我不应该指名批评顺驰，从此以后，我不会再指名批评别的公司了。"也许，在他看来，一个关于黑马的故事已经画上了句号。

孙宏斌交出顺驰的管理权后，专注于一家名叫融创集团(SUNAC)的经营业务。在融创网站上，它宣称"正式成立于2003年，主营业务是房地产开发经营管理，在天津、重庆等地握有几块优质的土地，年开发能力在10亿元左右”。孙宏斌刻意地回避与媒体见面，在融创网站及制作精美的宣传册上，都找不到他的名字。这位在而立之年就经历了奇特厄运的企业家，在“四十不惑”到来的时候再度陷入痛苦的冬眠。不过，他只是被击倒，并没有出局，他也许还会拥有一个更让人惊奇的明天。

1999年，孙宏斌在哈佛大学商学院读书的时候，曾与自己的职业偶像、写作了《唯有偏执狂才能生存》的安德鲁·格鲁夫有过同场研习的难忘经历。他在一次大型论坛上评价自己说：“我的性格是偏执狂。我们企业的性格就是：不管别人说什么，不管遇到什么困难，不管你是大腕还是普通百姓，我们都要坚定地走下去，因为我们知道目标，清楚自己要到哪里去。”

他的这段话引来了长时间的掌声。

其实，掌声有时候是非常可怕的。激情往往更容易获得喝彩，但是激情也最容易酿造悲剧。

【顺驰大事记】

1994年3月，孙宏斌怀揣着柳传志借给他的50万元，到天津创办顺驰房地产销售代理公司。

1995年初，顺驰与联想一起投资开发香榭里小区。

2000年8月，顺驰击败众多对手，以1.72亿元的价格一举拿下天津的两个热门地块，轰动津门。

从2000年到2003年，顺驰在天津相继开出了60家连锁店，几乎覆盖了整个天津市场，还办起了中国第一个基于互联网的房产服务网www.tjhouse.com。顺驰在房产推荐及客户资源的开发上，遥遥领先于同行。

到2002年底，快速成长中的顺驰在天津累计开发了30个项目，建筑面积达数百万平方米，占到天津全市房产开发总量的20%。

2003年7月，孙宏斌在中城房网的一次论坛上当面挑战王石：“我们的中长期战略是要做全国第一，也就是要超过在座的诸位，包括王总。”

2003年12月8日，顺驰进军北京，以9.05亿元拿下大兴区黄村卫星城北区一号地。

从2003年9月到2004年8月间，顺驰旋风般地跑马全国，共购进10多块土地，建筑面积将近1000万平方米，得到“天价制造者”的雅号。2003年，顺驰实现销售额45亿元。

从2004年3月到5月之间，国家推出了一系列严厉的调控措施，房地产业的冬天突然降临。5月3日，顺驰召开领导团队会议，紧急下令停止拿地。

2004年8月7日，海南博鳌举办全国房地产论坛，王石点名评论顺驰：“这种黑马其实是一种破坏行业竞争规则的害群之马。”

2004年11月，顺驰的香港上市计划搁浅。

2005年10月，顺驰与美国投资银行摩根的私募谈判流产。顺驰进行大规模的人员调整，裁员20%。

2006年年初，媒体曝光，顺驰拖欠的土地费用加上银行贷款余额，总计高达46亿元。

2006年9月5日，顺驰与香港路劲基建公司签署了股权转让协议。孙宏斌以12.8亿元的代价，出让了55%的股权，并基本失去了对顺驰的控制权。转而他专注于一家名叫融创集团(SUNAC)的经营业务。

2007年1月26日，路劲基建宣布收购孙宏斌手中的剩余股权，总持股增至94.7%。

【后续故事】

孙宏斌一直想重新站起来，他获得成功的可能性很大，因为他处在一个非常好的产业之中。

在管理融创时期，孙宏斌一改以往风格，转而与大型国有企业合作。融创与北京的首钢集团、重庆的渝能集团等相继达成了合作意向。2008年12月，就在全球金融危机席卷而来之际，孙宏斌控制的首钢融创以20.1亿元拍下北京海淀西北旺项目，成为该年度北京冷清土地市场中的“新地王”。这被看成是“孙宏斌归来”的一个标志。据称，融创在北京、天津、重庆、成都和长春等城市均有项目启动。

2009年，中国的房地产狂热飙升，孙宏斌试图借势再起，12月，融创地产宣布将在香港上市，此前，私募基金贝恩资本、鼎晖投资和德意志银行均已入股该企业。按照IPO时间表，12月3日，融创展开路演，12月7日招股，12月11日定价，12月18日挂牌。融创计划在香港发行6亿股新股，预计募集资金17.4亿～22.2亿港元。

然而，时运似乎仍然冷冷地站在孙宏斌的对面。就在融创地产开始路演之际，12月5日，北京召开中央经济工作会议，12月14日，国务院会议通过“国四条”，宣布抑制房地产过热现象。同一天，融创地产发布公告称，鉴于当前的市场状况，公司决定不会按原定时间表进行全球发售。算来，这已是孙宏斌第三次冲击香港上市未果。

进入2010年之后，偏执的孙宏斌仍在努力。3月12日，融创以17.8亿元的天价夺下了天津一块占地面积7万平方米的地块。9月，有媒体报道，融创将在下周赴香港上市进行推介，暂定9月24日至29日公开招股。这一次，孙宏斌终于如愿以偿。10月7日上午，融创中国正式在香港联合证券交易所挂牌上市，开盘价3.5港元，较招股价3.48港元高出0.57%，报收3.37港元，较招股价下跌3.16%，成交2.54亿股。

此时，中国的房地产市场正处在风雨飘摇之中。

2012年12月31日，中国房地产企业2012年度销售TOP50榜单出炉，融创中国全年销售额上升到356亿元，位列12位；而在2010年，其排名还远在30名之外。

“对我自己来说，没变的是理想、激情，变了的地方就是要讲究平衡，不走极端。但这并不意味着，企业不需要承担任何风险。承担风险和控制风险是一个矛盾。”孙宏斌这几年似乎确实改变了很多。

【档案存底】

孙宏斌答《普鲁斯特问卷》

《普鲁斯特问卷》曾为法国贵族沙龙中的流行游戏，经《追忆似水年华》作者普鲁斯特回答后，该问卷更是名声大噪。综合来看，该问卷较为全面地展示了答卷者的价值观、兴趣爱好及特质。孙宏斌在接受记者采访时，作答了该份问卷。

记者（以下简称记）：你认为最理想的快乐是什么样的？

孙宏斌(以下简称孙):事情做成时最快乐。

记:你最害怕的是什么?

孙:有时候会怕死,想到人这一辈子就那样死了,觉得是一件挺恐怖的事。

记:还在世的人中你最钦佩的是谁?

孙:没有,我从很多人的身上都学到了东西,现在觉得把一些常识性的东西做好就非常不错了。

记:你自己的哪个特点让你觉得最痛恨?

孙:无。

记:你最痛恨别人的什么特点?

孙:不努力。你要是努力了但不行,这可以理解;但要是根本不努力,不能容忍。

记:你觉得最奢侈的是什么?

孙:有时间去想事。我这个人目的性很强,会去想一些有用的事。

记:你认为你自己的哪种美德被过高估计了?

孙:外界都是来挑刺的,没人说我有美德,所以不知道自己哪种美德被高估了。

记:你对自己外表的哪一点最不满意?

孙:没想过,我觉得这个问题在根本上与自信有关。只要有自信,什么身高啊、相貌啊,就是有问题也都没问题了。

记:还在世的人中你最轻视的是谁?

孙:没有。

记:你使用最多的词汇是什么?

孙:该干什么就干什么,想明白了就干。

记:你最伤痛的事是什么?

孙:现在没有。

记:你这一生中最爱的人或东西是什么?

孙:姑娘。

记:何时是你生命中最快乐的时刻?

孙:没有什么,过了难关最快乐。

记:你最希望拥有哪种才华?

孙：远见。

记：你目前的心境怎样？

孙：平和。

记：你认为你最伟大的成就是什么？

孙：改变了很多人的命运。

记：如果你能选择的话，你希望让什么重现？

孙：没什么想重现的。

记：你最珍惜的财产是什么？

孙：人。

记：你认为程度最浅的痛苦是什么？

孙：对痛苦没感觉，更谈不上程度浅的了。

记：你最喜欢的职业是什么？

孙：创业型的。

记：你本身最显著的特点是什么？

孙：目标感比较强。

记：你最喜欢男性身上的什么品质？

孙：责任感。

记：你最喜欢女性身上的什么品质？

孙：聪明，不是美丽，有的女孩很漂亮，但一句话说出来，兴趣都没了。

记：你最看重朋友的什么特点？

孙：有洞察力，想得明白。比如说华为的任正非，虽然没见过他，但觉得他就是一个明白人。

记：你希望以什么样的方式死去？

孙：在工作中、战斗中死去。

记：你的座右铭是什么？

孙：没有。

【八方说词】

彼得•德鲁克曾经说："目前快速成长的公司，就是未来问题成堆的公司,很少例外。合理的成长目标应该是一个经济成就目标,而不只是一个体积目标。"他早在20世纪70年代就已经注意到了成长的危机。他认为,如果企业都以每年10%的速度增长,很快就会耗尽整个世界的资源,而且长时期保持高速增长也绝不是一种健康现象。它使得企业极为脆弱,与适当地予以管理的企业相比,它(快速成长的公司)有着紧张、脆弱以及隐藏的问题,以致一有风吹草动,就会酿成重大危机。

这样的论述,在雄心万丈的企业家们听来似乎有点刺耳。可是,在我们的身边已经有太多的惨痛案例可以为德鲁克的声音作出注脚了。

企业的经营战略,是一个辩证取舍的过程。有时候,你不得不在"快速的成长"与"健康的成长"之中做出抉择;有时候,你不得不寂然自问:此时此刻,我是否必须成长?

这实在是一个很痛苦的过程。有人说杰克·韦尔奇在通用电气总裁任内最大的成就是收购了上百家有价值的企业。可杰克·韦尔奇却说,不,我对公司最大的贡献是拒绝了至少1000个看上去很值得投资的机会。他在自传中写道,作为一位CEO,首要的社会职责就是确保公司的财政成功。

如果说成长需要梦想和勇气,那么,拒绝超出能力的成长似乎需要更大的理智和决断。以创造奇迹的心态经营企业,迟早会成为奇迹的吞噬物。

在顺驰创造奇迹之后,国内房地产业的"大佬"们对此都有过评论,其观察的角度和结论很有参考研究的价值。

"地产大佬"说顺驰

王石(万科集团董事长):对于顺驰现象,万科曾出台过一份研究报告,其中有三点:第一,孙先生靠二手房代理起家,对客户需求市场反应敏感,企业的贯彻力强,职员斗志旺盛,经营上极其强调资金流,产品专注于住宅开发;第二,一家急速扩张的房地产企业,短缺的是资金和管理团队;第三,从资金流上看,除非有强大的财团或银行作为后盾,否则按期交付地价款是不可能的。实际上,顺驰在许多城市都在拖延交付地价款,而另一方面,又继续高价拿地。

报告的结论是:孙先生在赌博。高价拿地的时候就没有准备按时还钱,同政府公信力博弈，属恶意竞争行为。如果把握好节奏，顺驰能够成为一家非常优秀的公司。但如果把握不好，它就要为盲目扩张造就的奇迹付出代价。

顺驰提出超过万科的目标对我来说不感到意外，长江后浪推前浪，这是规律。把万科当做超越目标是万科的荣幸，经营规模上超越万科也是可能的，比如说通过几家房地产企业的合并、资产重组来快速达到目标。但如果仅仅从自身企业的自然增长来看，超常速度发展孕育着很大的商业风险，比如，速度与管理团队的跟进，质量与速度的矛盾。高速增长的假定前提是市场的高速增长，一旦市场波动，紧张的资金链就有可能出现问题。俗话说：欲速则不达。

如果我们对此进行更深层次的考虑，可以说，企业规模的大小不应该是企业的目标，行业第一也不是仅仅依靠规模来衡量的。只要企业具备自己的核心竞争力或者比较好的竞争优势，即使规模不是行业老大、老二，同样具有生命力；反之，为大而大的企业在真的形成规模之时也就是迅速走下坡路之日。在中国新兴企业中，类似的例子不胜枚举。

潘石屹(SOHO中国董事长)：顺驰的行为是一个企业的行为，也是企业自己的一个决策，它的这个决策要是对了，它就会赚钱，企业就会长治久安地发展下去；如果说作为一个企业的老板，他判断错了，这个市场一定会惩罚这个错误。市场会惩罚这个企业所犯的错误，我想这是一个基本的常识了。

对于顺驰，它愿意以多高的价格拿地，咱们不用操心，市场和时间会去检验。作为一个好的企业，一定应该是遵守法律、遵守政策、不能做假账的，不能够故意拖欠别人钱的，不能够偷税漏税一分钱的，只要做到这些，就是好的企业。当然它做到这些，别人就会尊重它；如果它不断地犯错误，让市场去惩罚它。

顺驰最近一两年急剧地扩张，确实让许多同行目瞪口呆。关于顺驰的评论，非常非常的多。我认为这种神话般的扩张是非常危险的，成功者可能是九牛一毛。只有一种可能，就是中国在这次宏观调控中，大幅度地限制建设用地的供应量，使土地变得非常稀缺，价格高速上涨，顺驰这一两年来高速扩张圈的地，就会很值钱。可是我想，中国政府在这次宏观调控的过程中，会采取一种非常理性的行为，充分地考虑市场的供求关系。于是，这种假设基本上不可能成立。任何一个大公司的崩溃，都会给周围人和公司带来巨大的灾难和不幸。我想很少有人愿意看到顺驰成为这样一个崩溃的公司，给房地产市场带来负面的影响。所以,顺驰的孙总要小心谨慎,不要太冒进了!

任何一个企业,不考虑自己的能力过度扩张,都是非常非常危险的。尤其在中国目前金融形势趋紧的情况下,这种危险就更加加剧了。

冯仑(万通集团董事局主席):顺驰的快速扩张有4个前提:一是银行信贷的支持约束不严,资本金的门槛较低;二是土地政策不是像现在这么严格,地方政府为了招商和利益,可以允许先上缴一部分订金,然后分期支付土地出让金;三是预售市场持续火暴,政府较少干预,消费者不管你怎样的房子和什么价格,基本上都能够接受;四是一个内在前提,就是企业本身的财务和管理能力能够持续地跟上。

但是在宏观调控背景下,顺驰扩张模式至少有3个前提发生了变化,所以它面临一个必须转型的问题。另外,顺驰还多少有点特殊,与其他几个企业相比,还不是处在同一个企业的生命周期上。

比如,万科等企业的开发历史都要比顺驰长,已经经历过几个周期了。而顺驰从开发来讲,还处于第一个生命周期,还是一个原始积累时期。而原始积累时期的企业,都有一个规模导向,大多数领导人内心的那种膨胀和扩张的欲望,往往是处于生命第一周期的企业最明显的特征。顺驰这种开发模式是把传统开发模式推到极致了。万通一直不太主张这种模式,我们认为这种模式是很危险的。

万通从1991年创建以来,一直到1995年,都在寻求多元化扩张。你去看这个时期的万科,它也是如此。所以,顺驰从企业来讲,处于原始积累阶段;从行业来讲,3个前提发生了变化,所以你就必须变化,否则就没有办法活。对于万科这种成熟企业来说,行业和企业发展的周期曲线对它影响不会很大,最大的影响是宏观经济周期曲线。假如宏观经济下来了,像万科这种企业也面临一个挑战。

我的观点是,在行业还在发展、宏观经济继续增长的背景下,顺驰还能重组,是顺驰的幸运;顺驰能够由被动的压力转化为主动地进行重组,是它的明智;如果能够调整成功,则是它的能力;调整以后再高速向前走,是它的高明。

现在有很多时候,(市场)是不给你机会进行调整的,比如说当年的海南房地产市场,一泻千里,泥沙俱下。

铁本
钢铁之死

一定要低估自己的能力；
一定要坚守附属而不僭越的立场；
一定要学习政治；
一定要在迂回与妥协中保护自己；
一定要舍得，大舍才能大得。
——铁本和戴国芳用自己的故事讲述“中国式商道”。

“每一块钢铁里，都隐藏着一个国家兴衰的秘密。”安德鲁·卡内基(1835—1919年)的传记作者W.克拉斯如是说。卡内基出生于一个清贫的纺织作坊家庭。他碰上了美国经济迅速崛起的大年代,靠着天才的敛财能力和超人的毅力,在密西西比河边建起了当时世界上最大的钢铁工厂,也因此成为美国现代史上的第一个首富。

100多年后的中国,也有一个人出身同样贫寒,他想在长江边建一个中国最大的钢铁厂。如果他成功的话,很可能也如卡内基那般,成为这个国家的新首富。

可惜,他功亏一篑。

戴国芳和铁本的故事意蕴悠长，这里面或许真的隐藏着这个大变革年代里很多的“深度秘密”。

长江边的钢厂梦

戴国芳想建一个大钢铁厂的想法,是在2002年的春天突然迸发出来的。这时候,39岁的他在长江南岸的长堤边踱来踱去,像一个捡到了宝贝的孩子。

这是一个从蒿草丛里长出来的苦孩子，他出生在江苏省常州市一个叫渎南村的小村庄里。12岁那年,因家里实在太贫穷,只好辍学去谋生。他的第一份工作就是捡废铜烂铁。随着苏南模式经济的发展,常州一带办起了很多中小型制造企业，戴国芳就每天去工厂附近拾捡和收购废旧铜铁。尽管没有受过太多的教育，可是他对于经商似乎有特别的天赋，稍稍积攒了一点钱后，他就去买了一辆手扶拖拉机，这样收购的半径就一下子大了很多；不久后，他又买回一台压块的机器，将收来的碎铁压成铁块，可以卖出更高的价钱。

戴国芳

在改革开放后的相当长时期里，能源紧缺一直是困扰长江三角洲企业的最大瓶颈，也正因如此，钢铁行业的成长性一直比较好。1984年前后，戴国芳在自家老院子的旁边辟出一块地，挂牌办起了一家名叫三友轧辊厂的炼钢作坊。他从上海钢铁三厂等国有企业购买了几台被淘汰下来的二手转炉和化铁炉，形成了简单的产业链。在积累了一定的炼钢经验之后，戴国芳又跑到常州附近的地方，去承包了一些濒临倒闭的国有钢厂的车间。那是一个体制决定效率的年代，在国有企业厂长手上毫无生机的炼钢车间一旦转到了戴国芳的手中，顿时就成了赚钱的机器。最多的时候，他名下的承包车间有5家之多。

1996年，戴国芳注册成立了江苏铁本铸钢有限公司，注册资本200万元。“铁本”之意，以铁起家，不离本业。到2000年前后，铁本的厂区面积扩大到了18公顷，拥有1000多名工人，销售收入超过1亿元。然而，工厂的规模还是偏小，技术水平很低，生产的都是轧辊、连铸坯等低档次产品。为了让铁本跃上一个新台阶，戴国芳决定倾家荡产上高炉项目，因为唯有如此，才能从成千上万家炼钢小工厂里跳脱出来。3年后，铁本的高炉项目建成，戴国芳当着数千工人，面对高炉长跪不起，泪水与汗水交混而下。这一年是铁本的腾飞之年，全年的钢产量猛增到100万吨，销售收入超过25亿元。在当年度的《新财富》“中国400富人榜”上，他名列第376位，估算资产为2.2亿元。

就在高炉项目的建设过程中，戴国芳的心里升腾起了一个更大的梦想。

2001年之后，随着宏观经济的持续高速成长，各种能源全面紧缺，其中钢铁和电力是最最紧俏的两大物资。在钢铁市场上,无论是线材还是板材,普通钢还是特种钢,价格普遍持续上涨,几乎到了“一天一价”的地步。铁本厂的门口,来自全国各地的大卡车每天排成长龙,等候提货,这样的景象天天出现。按戴国芳的估算,中国的这股钢铁热起码还可以延续5到6年,这应该是钢铁人一生难遇的大行情。

戴国芳把新工厂的地址选在了长江边一条狭长的沿岸地带。在长江中下游一线,有着一条十分显赫的钢铁长廊,由西而东,湖北的武汉钢铁、江西的九江钢铁、安徽的马鞍山钢铁、江苏的南京钢铁、上海的宝钢集团,如巨人比肩而立,无一不身列“中国百强工业企业”。小学都没有读完的戴国芳,便想把未来的铁本建在这些国字号大佬的身边。

铁本的新建计划得到了常州市政府的大力支持。常州与苏州、无锡并称“苏锡常”,是苏南模式的起源地。此地的中小企业非常发达、活跃,但是跟苏州和无锡相比,大型企业却是一条短腿。2001年前后,常州的社会固定资产投资增长率一直位列江苏之首,可是国内生产总值在全省13个省辖市中只能排名第六。饥渴的常州需要一个超大规模的投资来填补这段让当政者难堪的差距。在那几年的市政府报告中,“全市上下齐心协力,抓投入、上项目、增后劲,加快建设大企业、大项目,努力实现投入总量和项目规模的新突破”,是一个年年必提、十分迫切的发展战略。此时的铁本已经是常州市的一个大企业,上缴利税排名全市第二,戴国芳的设想一提出来,当即获得了市政府的响应。谁都知道,钢铁是一个大投入、大产出的产业,铁本的梦想一下子变成了常州市政府的梦想。

在常州的很多官员看来,戴国芳是一个值得信任的人。他面庞瘦削,寡言,平生没有任何爱好,只是整天窝在工厂里,和技术人员在一起切磋。他是当地出了名的“五不老板”——不坐高级轿车,不进娱乐场所,不大吃大喝,不赌博,甚至不住高级宾馆,平日生活十分俭朴,家中所有积蓄都投到了工厂里,父亲和继母一直在乡下种菜务农。他的一家,住在钢铁厂里一栋很简陋的小房子里,房屋的一面墙被大卡车撞了一个口子,他也没有在意。他常年开的车子是一辆抵债抵来的桑塔纳2000,即使是成了富人榜上的亿万富翁,也不改节俭本色。

铁本的工地

在一开始，戴国芳的设想并没有如后来那样宏大。2002年5月，他提出的规划是建一个比现有产能大1倍多一点的新厂，它的主体建设是两座高炉和一个14米深的深水码头，占地2000亩，年产260万吨的宽厚板，总投资额为10亿元左右，主要以自有资金滚动投入。

然而，在有关人士的热情推动下，铁本项目一改再改，日渐膨胀。在短短的6个月里，项目规模从一开始的200多万吨级，加码到400万吨级、600万吨级，最后被定在840万吨级，规模占地从2000亩攀升到9379亩，工程概算为天文数字般的106亿元，产品定位为船用板和螺纹钢等较高档次产品。

在那个时候，铁本的固定资产为12亿元，净资产6.7亿元。以这样的资本规模要启动一个超百亿元的项目，无疑是"小马拉大车"。戴国芳对属下说："地方上这么支持，上哪儿找这么好的机遇？"也正是确认了政府支持的信息后，当地银行对铁本大胆放贷，于是铁本一下子获得了43.99亿元的银行授信。

一家民营企业要启动一个投资上百亿元、占地近万亩的钢铁项目，是很难得到中央有关部门批准的。中国的钢铁行业是一个有准入门槛的半垄断性行业，按有关规定，投资额在3000万美元以上的项目就必须报国家发改委审批，铁本项目如果照实上报，不但审批流程旷日持久，而且获准的机会也十分渺茫。

中国经济改革，向来有"闯关"的传统，所谓"看见绿灯快快行，看见红灯绕开行"，很多改革便是在这种闯关中得以成功实施，在日后被传为美谈；也有不少在这个过程中黯然落马，成为违法的典型。这种改革发展与制度设计的落差，成为贯穿中国企业史的一个灰色现象。[①]常州人在铁本项目上，也尝试了“闯关”。人们怀有的侥幸心理是，一旦几亿元乃至数十亿元投下去，难道还让已经生出来的孩子再塞回娘肚子不成？

于是，铁本的840万吨项目被拆分成7个子项目和1个码头项目分别上报，铁本相应成立了7家徒有其名的“中外合资公司”，在建设用地的权证审批上，用地被“化整为零”，切分成14块土地报批申请。项目所在的常州高新区经济发展局在一天之内，就火速批准了所有的基建项目。戴国芳日后在看守所里对前来采访的记者说：“当时的所有手续都是政府去搞的，我们也没有去过问这些事。当政府说可以动了，我们就开工了。”

如果铁本项目没有被强行中止，那么，常州市的“闯关”就将成为政府部门积极支持民营企业大胆发展的又一个精彩案例。

有了政府的鼎力支持，戴国芳将全部精力都倾注到了项目的可行性上。

钢铁行业尽管在表面上是一个大进大出的行业，可是其赢利的秘密则仍然是规模与成本的控制艺术。100多年前，安德鲁·卡内基在打造他的钢铁帝国时，天才地发现了这样的准则。他说：“价格的低廉和生产的规模是成正比的，因此，生产规模越大，成本就越低……降低成本，抢占市场，开足马力，只要控制好成本，利益自然就来了。”

戴国芳没有读过卡内基的书，可是他却不折不扣地遵循了“卡内基准则”。

840万吨的规模，已足以让铁本跻身中国最大的钢铁公司的行列，当时全国超过1000万吨的钢铁厂只有宝钢和唐钢两家而已。戴国芳聘用了很多顶级钢铁专家参与论证和定位，在技术方面，从锻熔、炼铁到烧结、焦化等部分，均采用了国内最先进的设备，高炉则采用国家允许的120吨高炉。

跟几乎所有的领域一样，民营钢铁企业一直有成本上的优势。有资料显示，民营企业炼铁成本比国有企业每吨要低60元到90元，炼钢成本每吨低60元

---

① 一个“闯关”成功的改革实例是，1993 年，北京市政府投资 10 亿元扩建中关村科技园。按当时中央规定，市政府只有 2 亿元以下的审批权。结果该工程被拆成 5 个“2 亿元”进行审批。

到150元，成品每吨低100元到300元。因而，戴国芳说："就像家里造房子一样，你去买一套现成的房子，它贵得很，我们自己去买材料造，它就能便宜50%吧。我们搞一个高炉只要3个多亿，而人家要7个亿乃至8个亿。"为了形成长远的成本优势，戴国芳还与澳大利亚的一家公司达成了长期的铁矿石供应协议，比市场价格便宜很多。当时，他的协议价格为每吨300多元，市场上每吨则在1000元左右，而且这个价格长期不变。

1978年就打下了第一根桩的宝钢是新中国的骄傲，可戴国芳却想要超越这个骄傲

戴国芳的这些投资措施，加上钢铁市场的持续高温，使得几乎所有的人均对这一项目抱以乐观态度。戴国芳本人也信心爆棚。他对前来采访的江苏媒体记者说："铁本要在3年内超过宝钢，5年内追上浦项。"宝钢、浦项分别是中国和韩国最大的两家钢铁厂，分列全球第五、第三。

棋局中的一枚棋子

当戴国芳豪言要"超宝钢、追浦项"的时候，他的身边其实已经弥漫起了一场漫天大雾。世局如棋，变幻无常，戴国芳是一枚只顾自己埋头往前冲的棋子。

对于中国企业家来说，"政治是什么"始终是一个问题。在这个群体中，我们看到太多的过度热情者、视而不见者、公然对抗者、茫然无知者，可是，却很少发现分寸拿捏准确、进退从容有序的人。

一直到入狱的时候，只有小学学历的"民营钢铁大王"戴国芳都没有搞清楚这个问题,或者,他从来没有问过自己这个问题。放眼当时国内,正有两场大讨论如火如荼地展开着,它们的结论将极大地影响中国经济成长的棋局,戴国芳身处变局却毫不知情。

第一场大讨论是关于中国民营企业的重型化趋势。

自20世纪70年代末以来,中国经济的复苏是一场民营企业崛起的历史,这些体制外的草根工厂在没有任何资源和工业背景的情形下,从乡间萌芽,自轻纺和快速消费品等"轻小集加"型行业入手,渐渐形成了一股强大的经济力量。到2001年前后,民营企业对国民经济的贡献率已经超过国有企业,拥有最大量的产业工人和产业资本,在很多行业,"国退民进"已成一种趋势。也就是在这一时刻,随着住宅、汽车、电子通信等终端需求行业的增长,市场对上游的能源产业,如对钢铁、有色金属、电力、煤炭等形成了巨大的需求,中国的产业结构发生了从轻型化向重型化跃迁的必然调整。向来嗅觉敏锐的民营企业家无疑意识到了这个重要的转型,那些已经完成了原始积累的企业家开始纷纷向一直被视为是国有企业"禁脔"的上游产业挺进。在这一群体中,戴国芳大概是知名度最低的一个,就当他在长江边做钢铁大梦的时候,上海复星的郭广昌正谋划在浙江宁波建一个几乎同等规模的钢铁厂,著名的四川希望集团刘永行则在内蒙古紧锣密鼓地筹划一个投资过百亿元的电解铝工程。

针对这一活跃景象,经济界和传媒界有不同观点。有人认为,上游产业是国民经济的支柱产业,应该由国有企业唱主角,不应该让民营企业入场搅局。有经济学家甚至认为,这些产业根本不可以市场化,应当由国家来垄断经营。另一种观点则为此欢呼不已,《中国企业家》杂志刊发的一篇评论中不无激越地写道:当人们看到,民营企业的升级和中国的新型工业化正在适时对接,民营"企业家精神"和民营资本一并注入中国的重工业中的同时,人们不再怀疑:耕耘在重工业领域的民营企业在未来数年内将刷新中国民营企业的最强阵营;这轮以市场化力量为主要发动机的新工业运动将托生出中国第一批不是官员出身、不被政府任免、只以市场论功过的重工业巨头。

第二个与此颇有关系的争论是,中国到底是否应该走重型化的道路?这场争论的主角,是国内两位元老级的经济学家——厉以宁教授和吴敬琏教授。厉教授认为,自20世纪90年代中期以来,在经历了轻工业的高速发展之后，中国的“二次重工化”开始显露端倪。这里面既有“由轻到重”的客观规律在起作用，又体现了产业发展本身对设备更新改造的巨大需求。因此，从政府到企业，都应该在战略布局和技术创新等方面顺应这一趋势。

吴敬琏则对厉以宁的“重型化阶段在中国不可逾越”论提出异议。他认为，经济结构在向重型化工业方面转化，其调整的主力其实不是中央政府，而是地方政府。原因有两个：其一，政府作为调整主体，财政收入、政绩考核决定政府必然要搞产值大、税收高的重化工业；其二，政府也有能力发展重型工业，因为它拥有土地和贷款权这两个最大的资源。吴教授认为，产业结构调整应该发挥市场的力量，现在政府在那里纷纷投资、纷纷参与是不对的，而且，现阶段中国在工业化的道路上不应选择重型化，而要依靠第三产业和小企业的发展。

厉以宁与吴敬琏观点的对立，事涉中国经济的成长路径，也对日后评判铁本事件有宏观上的参照意义。

当戴国芳在常州的长江边为他的钢铁梦想激动不已的时候，中国经济界和传媒界正展开着这两场与他干系很大的讨论。可惜他无暇关注到这些艰涩的“书生争论”。他平日很少读书看报，一位相熟的北京专家曾把《中国企业家》上的那篇文章带给他看。专家最后说：“如果你的项目做成，你就肯定是中国首富了。”

正在工地上忙碌的戴国芳憨憨地笑了。他没有听出“如果”那两个字里隐藏着的万千玄机。

戴国芳的一句“赶超宝钢”，在一些人听来别有一番滋味在心头。

钢铁，对于一个现代国家而言，曾经意味着一切。自工业革命以来，一个国家的钢铁生产能力几乎是国力强盛的象征物。冷战期间，美苏对抗在相当长时间里其实是一场关于钢铁的竞赛，苏联领导人斯大林提出了“钢铁就是一切”的口号，而美国在钢铁工业上的投入也不遗余力，很多年里它一直是全球第一钢铁大国。

新中国建立后，毛泽东对钢铁也情有独钟。在综观天下大势后，他总是以钢铁为最重要的指标，并尊之为“钢铁元帅”。正是基于如此浓烈的钢铁情结，毛泽东提出了“以钢为纲”的国家战略。1959年，他提出赶超英国，不是

15年,也不是7年,只需要2到3年,2年是可能的。这里主要是钢。在这一赶超目标下,他发动了"大跃进",全国范围内开展了轰轰烈烈的全民大炼钢铁运动。

1978年,中国拉开了改革开放的新帷幕,国门开放,百业俱兴,启动的第一个大型项目,便是上海的宝山钢铁厂。这一年的12月18日到22日,中国当代史上最重要的会议之一——中国共产党十一届三中全会在北京召开,全会的中心议题,讨论把全党工作重点转移到社会主义现代化建设上来。就在全会结束的两天后,总投资达214亿元的宝钢公司在上海北郊的一片海滩上打下了第一根桩,它被国内外舆论视为一个具有象征意义的工程。在将近30年的时间里,中国的钢铁工业一直处在快速膨胀的阶段,年均产量增长超过20%,1992年,中国的钢铁产量首次超过美国跃居全球第一。

2001年之后,工业化和城镇化进程的加快,进一步造成了钢材的全面紧缺,中国全境再掀炼钢狂潮。大型国有钢铁公司纷纷宣布投入巨额资金开建新项目,地方的中小型钢铁工厂更是如雨后春笋般地冒了出来。钢铁业原本是一个巨额投入、长期产出的行业,可是在旺盛需求的拉动下,它竟成了一个可以短线投机的暴利型行业。在长江三角洲一带流传着"五个一"的说法,"生产1吨钢只需投资1000万元,100万吨的产能只需1年建成,1年就可收回投资"。这种疯狂的投入产出效率,让其他行业的人听来近乎传奇,就连一向被视为暴利行业的房地产业的企业家都觉得不可思议。万科地产的当家人王石在自己的博客中写道:"请问我们的企业家, 你们当年搞轻纺和一般制造业的时候得多少年收回投资? 现在搞重化工业投资竟然提出1年回收,那不是投机是什么? "

有资料显示,2002年前后, 全国的炼钢企业从20世纪80年代的114家增加到了260多家,平均规模不足年产70万吨,其中200余家的平均规模还不到年产10万吨,"散、乱、小"的问题非常突出。2002年,全国钢铁行业的投资总额为710亿元,比上年增长45.9%;2003年,这个数字达到了1329亿元,投资同比增长96%。与钢铁行业相类似的是,电解铝的投资增长了92.9%,水泥投资增长了121.9%。宏观投资过热,渐成最高决策层的共识。2003年年底,宏观调控的大闸终于拉下。12月23日,国务院办公厅下发〔2003〕103号文,即《国务院办公厅转发发展改革委等部门关于制止钢铁电解铝水泥行业盲目投资若干意见的通知》，要求各地运用多种手段，迅速遏制盲目投资、低水平重复建设的势头。第二年的1月，再发文《国务院办公厅关于开展贯彻落实中央经济工作会议精神情况专项检查的通知》。2月4日，国务院专门举行关于严格控制部分行业过度投资的电视电话会议，明确要求对钢铁、电解铝、水泥三大行业进行清理检查，国务院随即组织审计署、国家发改委、财政部、国土资源部、建设部、农业部、商务部、中国人民银行等部门的人员，组成8个督查组分赴各地清查。清查重点便是那些进入三大行业、"盲目投资"的民营企业。

就这样，戴国芳和他的铁本，被卷入了一场始料未及的惊涛骇浪。

宏观调控的分水岭

铁本悲剧性地成为2004年那场宏观调控的"祭旗者"，却是由非法用地问题意外引发的。

2月初，几个新华社记者在江苏搞调研，他们的调研题目是各地兴建高尔夫球场和大学城的占地问题。在南京的采访中，一位专家无意中说了一句："常州有个企业在长江边建钢厂。"说者无心，听者有意，记者们直觉地认为，建钢厂肯定需要大量土地，或许也有非法占地的问题。他们致电询问国土资源部，得到的回复是该部并不清楚这个项目。于是，记者们转头到了常州，一路沿江寻找到了钢厂工地。2月9日，一篇题为"三千亩土地未征先用，环保评审未批先行"的内参材料递到了中央高层。不久后，国家发改委、国土资源部和国家环保总局派出调查组赶赴常州。

在宏观调控的背景下，铁本问题很快从毁田占地变成了违规建设。处在事件漩涡中的戴国芳开始变得焦躁不安。他自己也不清楚，事情怎么会变得越来越糟糕，那些日子他整天在工地上奔波。根据他的预算，到5月底，钢厂的第一只高炉就可建成，马上可以投入生产，到那时"生米就煮成熟饭"。他对手下人说："这么大的项目，建成就建成了，最多是罚款，不可能拆掉。"然而，事态远比他想象中的要严重得多。自上年12月国务院通知下达后，各地的重化工业项目投资并没有降温的趋势。根据国家统计局的数据，全国第一季度的固定资产投资同比仍然增长了43%，创下20世纪90年代中期以来的

中央电视台"焦点访谈"栏目播出《铁本调查》

最高增长率,其中钢铁行业的投资增幅更是高达骇人的107%。此时,有非法占地、违规建设等多项重大嫌疑的铁本项目跳上台面,无疑成了一个最合适、也最典型的惩戒对象。

面对声势浩大的调查,从来没有应付过大场面的戴国芳方寸大乱。他和他的谋士们"天真"地认为,铁本问题也许花钱就能够摆平。于是,他向上级呈递了一份"自查报告",内称:"我公司在接受国家有关部门调查违规投资、违规用地事项时,进行了自我财务检查,发现了经营过程中的违法问题——自2000年公司设立开始,我公司从常州物资回收公司及武进物资再生有限公司收购价值十几亿元废旧钢铁,其中有虚开发票近2亿元,抵扣税额近2000万元……法定代表人戴国芳疏于管理应承担相关责任。"这份为了"花钱消灾"的自查报告,是戴国芳为挽救铁本而做的最后努力,他将抵扣税款迅速补缴至当地的国税局。出乎他预料的是,正是这份自查报告在两年后成了检察院最有力的指控证据。

3月20日,遭到巨大压力的常州市组成了铁本项目清理工作领导小组,紧急下达了停工令。月底,国务院领导抵达江苏,常州市委书记、市长被召去汇报铁本项目及其所引发的问题。

4月初,一个由九部委组成的专项检查组赶赴常州,对铁本项目进行全面检查。这是自1990年的柳市事件①后,中央九大部委第二次针对一个地方

① 柳市事件:1990年5月,国家七部局对温州乐清市柳市镇的低压电器企业进行查处整肃,全镇1267家门市部被关闭、1544家工业户歇业。这是当时轰动一时的打假制劣行动。详见吴晓波著,中信出版社、浙江人民出版社出版,《激荡三十年——中国企业1978—2008(上)》的1990年一章。

项目进行空前的联手行动。19日，戴国芳和他的妻子、岳父等10人被警方带走，原因是“涉嫌偷税漏税，且数目可能很巨大”。

4月28日，九部委在国务院常务会议上向温家宝总理汇报查处情况，其定性为：“这是一起典型的地方政府及有关部门严重失职违规、企业涉嫌违法犯罪的重大案件。”第二天，新华社向全国播发通稿，列举了联合调查组认定的铁本五大问题：

——当地政府及有关部门严重违反国家有关法律法规，越权分22次将投资高达105.9亿元的项目分拆审批；

——违规审批征用土地6541亩，违规组织实施征地拆迁；

——铁本公司通过提供虚假财务报表骗取银行信用和贷款，挪用银行流动资金贷款20多亿元用于固定资产投资；

——有关金融机构严重违反国家固定资产贷款审贷和现金管理规定；

——铁本公司大量偷税漏税。

针对铁本事件的行政处理亦史无前例，8名政府官员和银行官员受到严厉惩处。其中，常州市委书记范燕青被处以党内严重警告；常州市人大副主任顾黑郎被罢免，并给予留党察看的处分；扬中市委书记宦祥保被撤职；江苏省国土资源厅副厅长王明详、省发改委副主任秦雁江、中国银行常州分行行长王建国等被撤职或责令辞职。

戴国芳的家产8万元被查封。

铁本公司被高调处理，是2004年度宏观调控的一个标志性事件。《人民日报》在题为“坚决维护宏观调控政令畅通”的社论中指出：“国务院责成江苏省和有关部门对这一案件涉及的有关责任人做出严肃处理，是严格依法行政，维护宏观调控政令畅通的重要举措。”这个社论，将铁本在此次宏观调控中的典型角色表露无遗。铁本

九部委联合调查后，铁本停滞的工程现场

事件被认为是本轮调控的分水岭。在此之前,中央政府一直试图通过货币政策的调整来达到控制投资过热的目的,可是,在成效不明显的情况下,政府断然更弦,强行加大了行政调控的力度。此后,众多民营企业在钢铁、电解铝及水泥等行业的投资项目纷纷搁浅,上海复星集团郭广昌的建龙项目、四川希望集团刘永行的三门峡电解铝项目均被勒令中止。

铁本之死与建龙之活

在雷霆万钧之下,铁本终不得苟延,成了一场轰轰烈烈的宏观调控运动的牺牲者。在它被严令停工的时候,银行贷款资金的投入已经达到26亿元,在这个意义上,铁本倾覆,财务损失最大的是那些冒险的国有银行。

在铁本事件中,以下现象非常之耐人寻味:

在钢铁等行业,正当民营资本被严令喊停的时候,国有及国际资本则纷纷大踏步挺进。就在铁本事件发生的同时,宝钢与当时世界最大的钢铁公司阿塞勒、第二大公司新日本制铁三方合资,开建1800毫米冷轧工程,此外,还与澳大利亚哈默斯利公司签署了每年购买700万吨铁矿石的长期订购协议。公司总裁兼董事长谢企华宣布,宝钢打算在2010年前斥资500亿元到600亿元,将产量从2000万吨扩大到3000万吨,增加50%的产能。这一新闻,震惊全球钢铁界。

随即,中国第四大钢铁企业武汉钢铁集团表示,武钢的几个大规模项目,已经通过国家发改委审批,总投资将超过200亿元。其他的国有大型钢铁企业也纷纷启动新项目:本溪钢铁集团与浦项合作,启动了冷轧板项目;鞍山钢铁集团与欧洲第二大钢铁公司德国蒂森克虏伯共同投资1.8亿美元,建设年产40万吨的热镀锌板项目;唐山钢铁集团、马鞍山钢铁集团则与世界最大的矿产资源企业必何必拓公司分别签署了300万吨铁矿石的订购协议。

跨国钢铁公司在中国的投资步伐似乎也没有停滞。就在戴国芳被拘押3天后,在距常州仅105公里的苏州工业园区,澳大利亚博思格钢铁公司投资2.8亿澳元(约17亿元人民币)的钢铁项目举办了热热闹闹的奠基仪式。公司总裁毛思民说:“一切顺利得出乎意料,不到1个月我们就拿到了营业执照。”

苏州工业园区则透露，博思格的项目从递交申请材料到颁发营业执照，前后只用了7个工作日。

有媒体评论说，一个17亿元的项目，7天之内就搞定营业执照，这对于国内绝大多数地区的投资者来说简直是天方夜谭。因为按照国家现行规定，投资在5000万元到2亿元的项目须由国家发改委审批，2亿元以上的项目报国务院审批，整个程序烦琐，没有一年半载不可能批得下来。况且，钢铁投资正是宏观调控的重中之重，铁本事件又近在眼前，博思格项目审批的神速实在让人惊叹。新华社记者徐寿松在《铁本调查》一书中十分感慨地写道："同一产业，同一时间，同一省份，铁本和博思格，一土、一洋两家钢铁公司的命运何以相隔生死两重门？有人在门里轻歌曼舞，有人在门外长歌当哭。"

从全年度的行业数据来说，也能够让人们看到真实的一面。在铁本被严处之后的几个月里，全国的钢铁产量似乎得到了短暂的控制，可是从6月起就逐月加速回升，7月开始日产水平连创历史纪录，至10月更是突破日产80万吨，达到80.44万吨。前10个月，全国累计生产钢材2.72亿吨，比上年同期增长24.12%。2005年，钢产量继续在高速增长的轨道上前行，全国生产钢材3.71亿吨，同比增长又达到24.1%。更有意味的是，在2004年，全国只有两家钢铁厂的钢材产量超过1000万吨，而到2005年则一下子猛增到了8家，其中除了沙钢，均为国有大型企业。

从数据的意义上看，铁本的"杀鸡儆猴"效应并没有真正达到。由此案，有人因此将宏观调控戏称为"宏观过热，调控民企"。

即使是在被调控的民营企业中，命运也各有迥异。与铁本同时被勒令停产的宁波建龙就有另一番生死情景。

宁波建龙钢铁公司的启动始于2002年4月，几乎与铁本同时。浙江籍企业家郭广昌跟戴国芳一样看好未来的钢铁市场，他选址宁波北仑港，决意在此投资12亿美元，建一个年产600万吨的钢铁工厂。1967年出生的郭广昌毕业于复旦大学哲学系，是国内民营企业中的少壮派人士。他于1992年创办复星，最初的业务只是为上海的一家房地产公司做销售和市场推广代理，两年后复星推出了自己开发的房地产项目，在上海房地产的高温时代获得爆发性增长。其后，复星相继进入医药、金融、零售等领域，并在证券市场上翻云覆雨，构筑了中国股市上赫赫有名的"复星系"。在2002年的《福布斯》中国富

比戴国芳幸运的郭广昌

豪榜上，郭广昌名列第九。更让人瞩目的是,他的头上环绕着一大串的“光环”:第九届全国政协委员,第十届全国人大代表,全国工商联常委,“上海市十大杰出青年”,上海市浙商商会会长。

复星进入钢铁业的时间在2001年。该年7月，复星出资3.5亿元收购了唐山建龙30%的股份;两年后,又与老牌的民营钢铁企业南京钢铁集团联合组建南京钢铁联合有限公司,“复星系”实际控股60%,并同时控股上市公司南钢股份,而这1年,南钢股份实现净利润4.89亿元。正是在获利不凡的诱惑下,郭广昌下注宁波,建龙项目便是以南钢的身份进行投资建设的。

2004年2月,国家发改委、银监会等组成联合调查组进驻建龙。5月,在铁本事件后的1个月,中央电视台曝光建龙事件,其违规行为主要有3项:其一,违规审批,将本应由国务院主管部门批准的项目变成了地方审批;其二,未获环保部门批准,擅自开工;其三,短贷长投,将银行7亿元流动资金贷款转成固定资产投资。从这些情况看,建龙违规性质与铁本非常相似,因此,它被称为“铁本第二”。建龙被喊停的时候,其建设进度也与铁本差不多,炼铁高炉、热轧车间、码头等都基本建成,实际投入资金已达48亿元。项目停建消息传出后,复星的股价应声大挫。当时,唐万新的“德隆系”刚刚开始崩塌,同样为民营资本运作高手的郭广昌颇受关注。7月,有媒体披露“复星系”被有关银行列为“慎贷”黑名单,资金链随时面临断裂风险,复星一时间黑云压城。

与铁本不同的是,在事件发生后,尽管宁波市计委、国土资源局等6名干部受到了处分,但是建龙和宁波方面均没有人员被拘押,项目的实际控制人郭广昌更是没有受到行动限制,他仍有自救空间。在被查处后的第一时间,复星股份发布公告称,公司和宁波建龙及股东没有任何关联。9月,郭广昌在杭州的一次长三角论坛上又突然暗示,建龙还隐藏着一家“影子股东”,那就是著名民营企业家、全国工商联副主席刘永好的新希望集团。

郭广昌的暗示,无非为了不断测试上层对建龙事件的处理底线。从后来的事态发展看，真正让建龙项目峰回路转的是浙江一家大型国有钢铁企业的参与。

就在建龙项目开建的同时，杭州钢铁公司在宁波大榭岛也开始筹建一个占地5400亩的钢铁项目。由于拆迁等问题上的纠缠，当建龙工程已经建设过半的时候，杭钢的大榭项目还没有正式动工。

建龙搁浅后，浙江省政府当即提出了整合建龙和杭钢的意向。对此，处于有利位置的杭钢董事长童云芳放言，“要么控股，要么不参与”。郭广昌当然也不甘心被吃掉，他在杭州的那次论坛上便明确表示，政府综合考虑杭钢与建龙的发展是对的，但整合必须要以改革的方式，而不是以老套套，必须以最优化、最有竞争力的市场方式来解决以谁为核心的问题。他对记者说：“国有企业参股可以，控股得让民营企业来。不要借宏观调控之名，让国有企业来控制民营企业。”《财经》在关于此事的评论中设问道：“在这场民营企业与国有企业和政府的谈判中，已被判定违规的前者显然居于弱势地位。但问题在于，是否一定要让国有企业控股才可以放行？”

郭广昌的挣扎和传媒的设问被证明是无效的。2004年8月，一个消息已经传遍财经圈：杭钢与建龙初步达成重组协议，杭钢持股51%，郭广昌方面持股49%。关于建龙事件的处理意见也如期下达，国务院将宁波建龙钢铁违规项目的处理权限下放到浙江省政府。这意味着，重组后的建龙项目获得“合法准生”。

2006年年初，国家发改委以“发改工业〔2006〕434号”文核准了宁波建龙钢铁项目。根据批文，国家发改委同意杭州钢铁集团公司结合自身结构调整，对宁波建龙钢铁有限公司进行重组，由杭钢集团作为控股大股东，联合其他股东，将其重组为“宁波钢铁有限公司”。

郭广昌以牺牲控股权为代价，死里逃生。

最让人意外的公诉书

谁也没有料到，对铁本事件的后续处理，成了一件十分棘手的事情。

最开始的时候，外界认为，铁本项目这么轻易获得地方政府的支持，肯定又是一个官商结合的典型,但随着调查的不断深入,一直没有迹象显示这其中存在的腐败现象。除了钢铁,草根十足的戴国芳好像人情不通、政治不懂。

说铁本项目是低水平的重复建设,也很难立论。原冶金部部长、中国钢铁协会会长吴溪淳非常肯定地认为:“铁本不是低水平重复建设,铁本的问题不是技术问题。”曾多次考察过铁本项目的和君创业研究咨询公司董事长李肃告诉记者:“当年铁本项目从钢铁技术角度论证是‘国内最好的钢厂’,投入产出非常合理,就算其他钢厂出了问题,它都能赚钱。”在建龙项目得以复活的消息见报后,《经济观察报》记者采访钢铁规划研究院副院长李新创,请他谈谈对铁本事件的处理看法,这位参与起草全国钢铁产业政策的专家说:“当时怎样决定就怎么做,现在是要维护国家宏观调控政策的权威。”

2006年3月下旬,在被羁押两年之后,戴国芳案即将开庭审判,国内上百家媒体闻风而动,《商务周刊》记者钟加勇也前往常州采访。

他先去了长江边的铁本工地。戴国芳被逮捕后,工地上的数千工人早已散了。为防止物资被盗,地方政府招聘了近50名保安轮流值班,当地的魏村派出所还专门派出了10名干警。记者绕着工地走了一圈,就足足花了2个多小时。他看到的景象是:工地上蒿草疯长,四处是锈迹斑斑的钢材、各种已经褪色的施工材料以及凌乱散落的各种设备,破旧的工棚空无一人,已现雏形的炼钢高炉和基本建成的发电站均被废弃。在过去的两年多时间里,施工现场没有采取任何保护措施,一切任凭风吹雨打,所有设备有的已经贬值,有的已经直接变成废铁。按照当地政府监管组的计算,每月损失就达到6000多万元,简单地乘以两年时间,10多个亿已经没了。戴国芳投下去的数十亿元,就跟它在狱中的主人一样,已经被轻易地遗弃。

记者还专门去了位于武进区东安镇渎南村的戴家探访。在村口,他碰到戴国芳的继母刚刚从菜地浇菜回家,戴父终年无语,“已经完全不跟人说话了”。戴家是一个天井很宽的农家小院,东边是两间平顶房,西边则是堆放杂物的几间低矮瓦房。与邻居家相比,这无论如何都看不出是亿万富翁的老家。小院旁边,就是戴国芳“钢铁梦想”起步的地方——三友轧辊厂。此时也已是一派荒凉,满目萧条。据称,戴国芳的家产被查封时只有8万元钱,他的3个子女原本都在常州国际学校就读,出事后就都转到普通中学就读,生活费和学费都靠一些过去的朋友接济。

3月28日，铁本案在常州市中级人民法院开庭。最高人民法院、江苏省高级人民法院、江苏省人民检察院都派出代表旁听，铁本方面则由17位知名律师参与辩护，案卷多达290本。

然而，常州市人民检察院的公诉书却让在场的所有媒体都大吃一惊。戴国芳等人被控的罪名只有一条：虚开抵扣税款发票罪。检察院指控称，2001年至2003年3年间，铁本公司采取制作虚假的废钢铁屑过磅单、入库单，以及东安加工厂的收购码单等手段，通过李建华、季春梅，分别让武进物资再生有限公司、武进阳湖金属回收公司、常州拆船公司、常州金属回收再生资源有限公司、常州再生资源批发中心有限公司（均另案处理），为铁本虚开废钢、铁屑销售发票2373份，金额超过16亿元，抵扣税款1.6亿元。

在这份公诉书中，两年前铁齿铜牙般地认定铁本的“五宗罪”竟无一被指控。

对铁本虚开抵扣税款发票罪的指控，控辩双方也展开了激烈的辩论。检察院出示的最有力的指控证据便是戴国芳为了“花钱消灾”而上递的自查报告。

辩方律师认为，国内的废铁回收行业有一个很特殊的背景：2001年5月1日起，国家为鼓励资源的再生利用、变废为宝，对废旧物资回收行业实行免税政策，回收单位可办理税务登记手续，领取收购凭证和普通发票。根据《国家税务总局关于废旧物资回收经营业务有关税收问题的批复》：“鉴于此种经营方式是由目前废旧物资行业的经营特点决定的，且废旧物资经营单位在开具增值税专用发票时确实收取了同等金额的货款，并确有同等数量的货物销售，因此，废旧物资经营单位开具增值税专用发票的行为不违背有关税收规定，不应定性为虚开。”

这个法规性批复对废旧物资回收行业的规范化起到了积极的作用，不过由此开始，业内也出现了虚开收购凭证、虚做购进废旧物资以达到免税的现象。一位记者在报道中谈到：“这也能解释为什么全国各大钢厂门口都有这样的开票公司。”

铁本方面无法澄清自己没有这种行为。不过，戴国芳从经营角度否认了公诉人提出的数额，他认为铁本在2001—2003年期间总销售额只有29亿元，根本不可能虚开那么多废钢，否则“铁本不用铁矿砂也能炼出钢来”；同时，由于物资回收行业零散的收购点根本无法开发票的行业特殊原因，铁本需要集体开磅单，然后再找物资回收总公司开进项发票；按照有关规定，如果是向公司进废钢，可以抵扣17%或13%的增值税，铁本只抵扣了10%，实际上“反而是多缴税了”。

很显然，戴国芳陷入了一个始料未及的法律陷阱。他所面对的指控与两年前拘押他的理由完全不同，但却同样可能让他无法自清。一位资深传媒人士在评论中认为：“铁本被起诉的理由，是钢铁行业内几乎所有企业都在一定程度上‘遵守’的潜规则——虚假开出废钢发票以获得免税。在这一点上，假设铁本不遵循这个潜规则，铁本的成本就比同行高，而一旦铁本遵守所谓的行规，‘法虽不责众，但中国的问题是可以选择性责罚’。事实正是这样，铁本虽然不是潜规则的最大获益者，铁本的税负率在法庭上被证明比同行要高，但铁本却是最‘倒霉’的。”

北京大学教授周其仁在铁本案初审结果公布后，撰写了专栏文章：

读报的第一反应是，铁本案怎么就成了一桩税收官司？两年前震动全国的铁本案，直接起因是“违规建设大型钢铁联合项目”。当时由发改委等九部委对铁本作了专项检查，查明“这是一起典型的地方政府及有关部门严重失职违规，企业涉嫌违法犯罪的重大案件”。其中，当地政府涉及违规立项、违规批地，铁本公司则涉嫌“通过提供虚假财务报表骗取银行信用和贷款，挪用银行流动资金贷款”和“大量偷税漏税”，而“有关金融机构严重违反国家固定资产贷款审贷和现金管理规定”。随后，国家税务总局宣布：“认定江苏铁本公司等3家企业偷税2.94亿元。”以上信息，全部经新华社和中央电视台播发消息，国人皆知。现在，戴国芳等人被羁押两年之久以后，法庭公开审理的公诉罪名仅为“虚开发票，抵扣税款1.6亿元”——这么大的一个变化，说明了什么？

我认为最可议之处，是人们——尤其是地方官员和民营企业家们——都知道这次铁本绝不是因为抵扣税款才“犯事”的，但是轮到“办”的时候，却以涉税案为罪名。政府真要抓税案吗？普遍抓就是了。为什么差不多家家钢厂都有的“开税票”行为，平时没有事，别人也没有事，偏偏到了2004年4月被发现上了一个大规模钢铁联合企业的铁本头上，就是关乎身家性命的大事？

周其仁教授在文中耐人寻味地说：“回头看历史，戴国芳要庆幸我们国家正在向着法治国家的方向走才对。”

历史可以回头看，戴国芳却再也走不回去了。对于企业家来说，成功的结局会有很多种，而失败的下场则永远只有一个。戴国芳入狱，铁本死去，一个钢铁梦想在飘摇迷离的江南烟雨中化为一道浓烈而不无哀怨的雾气。

【铁本大事记】

1996年，戴国芳注册成立江苏铁本铸钢有限公司，注册资本200万元。

2002年5月，戴国芳提出在长江边建钢铁厂的规划，总投资为10亿元左右。

2003年，在《新财富》杂志推出的“中国400富人榜”上，戴国芳名列第376位，估算资产为2.2亿元。

2003年，在常州市政府的推动下，铁本项目从200多万吨级加码到840万吨级，工程预算为106亿元。戴国芳提出“3年内超过宝钢，5年内追上浦项”。

2004年2月，铁本项目因“毁田占地”被新华社记者写成内参上报中央。

2004年3月20日，“铁本事件”的性质转为违规建设，常州市紧急下达了停工令。

2004年4月初，中央九部委组成专项检查组对铁本进行全面检查。19日，戴国芳等人被拘捕，“涉嫌偷税漏税，且数目可能很巨大”。

2004年4月28日，铁本事件被定性为“一起典型的地方政府及有关部门严重失职违规、企业涉嫌违法犯罪的重大案件”。第二天，新华社向全国播发通稿，列举铁本五大问题。《人民日报》专门发表了社论。铁本成为宏观调控的“第一案”，项目全面下马。

2006年3月，铁本案开庭审理，戴国芳被控“虚开抵扣税款发票罪”。

【后续故事】

2009年4月，戴国芳因虚开用于抵扣税款发票罪而获刑5年，至正式宣判时，戴国芳已被司法机关限制自由刚好5年，因此抵去上述刑期并于当年4月17日恢复自由身——刑期与关押时间上的巧合，这与三九集团的赵新先如出一辙。

三个月后，铁本破产清算组成立。铁本的资产分为新厂和老厂两部分，其中老厂占地800亩，当年由常州市政府派员组成的企业监管清算小组转租给当地的钢企鑫瑞特钢有限公司，年租金10万元。后来，最终以7.108亿元的价格被江苏金松特钢有限公司拍得，这个价格是最初评估价的64%。而新厂的设备部分，被常州嘉汇物资公司以1.994亿元的价格拍得，这一价格是最初评估价的72%。占地面积达6500余亩的新厂土地不在拍卖资产中，后被中石油获得，投资200亿元在此地建设成品油集散中心和化工产品集散交易中心。

在所有的大败局人物中，戴国芳是最“不愿意”东山再起的人。

2010年8月，《中国企业家》的记者曾4次到位于常州市煌里镇的戴家采访，戴国芳与他隔墙通话，说：“还是不要见了吧，最近什么事也没做，就想安静待着，如果要做什么事的话，给你打电话。”

曾有《商界评论》的记者进入戴宅采访，据描述：戴家院子很大，围墙有50多米长，但仅在院子的东北角上有一栋三层半小楼。小楼久经岁月，破败不堪，窗户缺失了几块玻璃，墙壁上到处都是雨水常年浸湿后的痕迹，外表镶嵌的瓷砖也都斑驳，3楼走廊顶上的天花板已经破损，连粉刷的石灰粉都掉了，与上面那半层一样，几乎没有人居住的迹象。2楼则窗户紧闭，窗帘也全部拉上，密不透风。东门是道小铁门，也已锈迹斑斑。

令人颇感意外的是，2013年年初，有媒体传出戴国芳重回钢铁业的消息。他一手创办的江苏德龙镍业有限公司，主营生产高镍铁、10–15%镍铁合金，是“国内最大的镍铁合金生产企业”。戴国芳的儿子，22岁的戴笠出任公司总经理。

【新新观察】

中国企业家的“法罪错位”

30年企业史，企业家落马无数，而喊冤申屈之声不绝于耳。细细品读这些案例，会发现一个很奇异而很少为人关注到的事实：一些被定罪的企业家往往犯事于东，却获罪于西，竟活生生有一个“法罪错位”的现象。

20世纪90年代中期的管金生一案，很让人印象深刻。

1995年，中国最大的证券公司万国证券的总经理管金生一手导演了一场大灾难。当时，国债期货市场最大的一个悬念是1992年发行的三年期国债券会不会加息。这期代号为"327"的国债规模有240亿元，将在当年6月到期，它9.5%的票面利息加保值补贴率，每百元债券到期应兑付132元，而此时在市场上的流通价为148元上下。当时，银行的储蓄利率为12.24%，市场普遍认为"327"国债的回报太低了，因此有消息称，财政部可能要提高"327"国债的利率。

但是管金生不这么看。他认为目前的宏观局面是投资过热，中央不可能从国库中拿出额外的钱来补贴。于是，他下令万国证券做空"327"国债。

然而，这次他竟赌错了。2月23日，财政部宣布提高利率，"327"国债将以148.5元兑付。

消息一经核实，"327"国债的市价就开始一路上涨。管金生手中握有大笔"327"国债期货合同，每上涨1元，就意味着他将赔进10多亿元。被逼到死角的管金生急红了眼。他下令，不惜一切代价必须把价格打回去，万国证券在市场上不断放单，多空双方发生惨烈的绞杀战，市场上一派"血雨腥风"。到收盘前的最后7分钟，已经失去理智的管金生孤注一掷，共砸出2112亿元的卖单，硬是把价位打落到147.4元。

管金生的疯狂举动，终于让管理当局无法容忍。在这一天的攻防中，万国放出上千亿元的卖单，这至少需要100亿元的保证金，它显然不可能有那么多的资本保证，毫无顾忌的违规操作几乎是铁板钉钉的事。当晚，上海证券交易所受命宣布，16点22分13秒——也就是管金生用天单压盘的那一刻——之后的交易是异常的，此后的所有"327"国债交易均无效。试图虎口夺食的管金生终于被老虎咬住了，当时的局势是，如果按147.4元的收盘价计算，万国证券在"327"国债期货交易中赢利10多亿元，而按上海证券交易所后来的决定，万国证券则巨亏60亿元。

5月19日，管金生被逮捕后，被判处有期徒刑17年。有意思的是，全世界的人都知道他是因为"327"国债事件而被捕的，但是对他的指控罪名却是受贿和挪用公款。法院的刑事判决书指控，管金生利用职权，先后3次受贿29.4万元，此外还挪用公款240万元供他人进行赢利活动，"犯罪情节特别恶劣"。这位从江西小山村里走出来的股市枭雄功败垂成，无语向天。他没有委托辩护人，也拒绝法院为其指定辩护人。

跟管金生案很类似的,还有另一位"股市教父"的断罪。

1997年前后，正处在事业巅峰的深圳君安证券公司总裁张国庆开始考虑用MBO的方式完成君安的股权改造。他既是公司的总裁，又是董事会主席,身兼经理人和资本代表两重角色,自然有制订规则、双手互套的便利。经过巧妙安排，以张国庆等若干高管持有大部分股权的职工持股会变成了君安证券的实际控股股东,持股比例达77%。君安此举,在金融界引发了大震荡,管理当局对此颇为不满。经有关部门审计认定,张国庆涉嫌"侵吞国有资产,将国有资产变相转入私人名下"。然而,耐人寻味的是,在法庭最终的审判中,张国庆的罪名变成了"虚假注资"和"非法逃汇",他因此获刑4年。

在我搜集到的企业史资料中,有不少非常著名的"法罪错位"案例:

年广久案——这位因雇工争论而出名的"傻子"每到宏观紧缩就会大难临头。1989年底,私营经济再成灰色名词,芜湖市突然对年广久立案侦查,罪状是他"贪污、挪用公款"。这个案件一直拖了两年。1991年5月,年广久的经济问题不成立,却因犯有流氓罪,被判处有期徒刑3年。而更具黑色幽默意味的是,第二年初,邓小平在南方谈话中第三次提及年广久,1个月后他就被宣布无罪释放。

牟其中案——这位当代企业史上的"堂吉诃德"曾经"忽悠"过无数个让人热血沸腾、最终却没有任何着落的大项目。1997年9月,一本非法出版的杂志增刊突然从地下冒了出来,其刊名为骇人听闻的《大陆首骗牟其中》。据称该书是由"3个曾经投奔南德的高级打工仔冒着被追杀的生命危险"写作而成的。它把牟其中描述成一位"上骗中央、下骗地方"的中国第一大骗子,在书的封面上,赫然印上牟其中前任律师曾经说的话:牟其中不亡,天理不容。2000年5月,武汉市中级人民法院以"信用证诈骗"罪名判处牟其中无期徒刑。至今仍有不少法律专家认为,牟其中的言行颇有可议之处,然而对其骗开信用证的认定则大有商榷的地方。

沈太福案——1992年,长城机电技术开发公司的沈太福以开发出一种高效节能电动机的名义向全社会集资,其年利息高达24%。沈太福在全国设立了20多个分公司和100多个分支机构,雇用职员3000多人,其中主要的业务就是登广告、炒新闻、集资,在不到半年的时间里,共集资10多亿元人民币,投资者达10万人。长城公司的集资风暴引起了中央政府的严重关注,中国人民银行下发“通报”予以制止，然而沈太福却状告中国人民银行，索赔1亿元，并召开国内外记者招待会，造成舆论一片哗然。不久，沈太福被宣布逮捕。尽管所有人都知道他是因为高息集资扰乱了中央金融政策而被捕的，然而最后却以贪污和行贿罪名被起诉。北京市中级人民法院的诉状称，沈太福多次以借款的名义，从自己公司的集资部提取社会集资款，这构成了贪污罪；他还先后向国家科委副主任等多名国家工作人员行贿25万余元，这构成了行贿罪，两罪并罚，决定执行死刑。

近年来，最典型的“法罪错位”案件应该算轰动一时的铁本事件。

任何一场改革都无先例可循。因而，在一个变革的年代，很多改革行为在一开始都是对现有体制的突破，因而“先天地”带有违法、违规的特质。这使得改革者必须冒极大的风险。而当其变革行动受到质疑的时候，一些当政者往往不愿意正面回应。

事实上，在人类历史所有的大变革时期，“法罪错位”几乎都是一个普遍现象。在这个意义上，中国企业家的“原罪”亦是这个改革时代的“原罪”。

【八方说词】

从1978年开始，中国经济就出现了每隔三五年发生一次大调整的规律，每当此时，必定有宏观调控政策出台，而每次宏观调控的重点对象必为民营资本。中国的民营企业便是在这种政策边缘化的状况下艰难地成长起来的。铁本事件正是这一“潜规则”中的典型案例。此案发生后，企业界及学界对此多有反思。

“一定要低估自己的能力”

荣海（西安海星集团董事长）：民营企业一定要清楚自己能做什么，不能做什么。每当宏观经济过热的时候，民营企业要取得银行贷款相对容易一些，这时最怕民营企业一时头脑过热，沉迷于产业整合、大幅扩张中，虽然这表面上看上去很风光，可一旦宏观调控来临，国家收紧信贷政策，便无法再取得“短贷”资金，资金链就会立刻断裂。在目前情况下，民营企业融资渠道普遍不畅，全是用短期资金来做长期项目，而国有企业有银行支持，甚至可以拿到长达10年的贷款，是不会出现“短贷长投”问题的。因此，民营企业家一定要低估自己的能力。

李嘉(统一石化总经理。“统一”是汽车润滑油领域最大的民营企业，产量居全国第一。2006年9月，李嘉将企业卖给了壳牌集团)：我们是一个民营企业，没有强大的资源背景(基础油供应)，无法支撑下去了。“统一”润滑油一直受中石油和中石化的原材料垄断所困。在中国，润滑油产业的最下游零售终端已经高度市场化，产业的最上游原料基础油，则被中石油、中石化控制。而去海外采购则可能使成本增加20%左右。加入“壳牌”无疑可以成功突破国内两大巨头的这种垄断，并且可以规避原材料价格波动带来的风险。

冯仑(万通集团董事长)：民营资本从来都是国有资本的附属或补充，因此，最好的自保之道是要么远离国有资本的垄断领域，偏安一隅，做点小买卖，积极行善，修路架桥；要么与国有资本合作或合资，形成混合经济的格局，在以自身的专业能力与严格管理为国有资本保值增值的同时，使民营资本获得社会主流价值观的认可，创造一个相对安全的发展环境。今后，随着和谐社会的建立和发展，民营资本将以数量多、规模小、就业广、人数多为特征，其生存空间将被局限在与国有资本绝无冲突或者国有资本主动让出的领域。面对国有资本，民营资本只有始终坚持合作而不竞争、补充而不替代、附属而不僭越的立场，才能进退自如，持续发展。

黄孟复(全国政协副主席、全国工商联主席)：要打破限制民营企业的“玻璃门”。比较突出的表现为：一是观念歧视仍然存在。主要是在一些政府部门中仍不同程度地存在“疑私”、“怕私”和“防私”观念。一些人办理个体、私营企业事务远不如像办理国有企业事务那样理直气壮、坦然从容，而是冷淡消极、缩手缩脚。二是市场准入限制多，政策不平等。一些行业和领域在准入政策上虽无公开限制，但实际进入条件则限制颇多，主要是对进入资格设置过高门槛。人们将这种“名义上开放、实际上限制”的现象称为“玻璃门”。看着是敞开的，实际上是进不去的，一进就碰壁。

三九
中药的“最后一次失败”

“一人机制”,成就三九;

“一人机制”,摧毁三九;

“一人机制”的背后,是对明星企业家的能力膜拜。正如《追求卓越》的作者吉姆·科林斯所言:“对于一个企业的健康发展,没有什么比明星CEO的增多更具破坏性。实质上,我们现在普遍认为能够使企业脱胎换骨的那些领导素质都是不正确的。”

并不是所有的中国公司，都有那么幸运，可以站在一个行业的高地上向“全球第一”的目标发起冲锋。在那些有可能的行业里，中药应该是最被寄予厚望的一个，它发源于中国，并在这里有深厚的学科基础、消费市场及民众认同。

赵新先的三九集团是中国中药企业中唯一一个把产值做到将近100亿元的企业。它曾经构筑了一个令人生畏的企业集群；它的产品曾经风靡全国；它曾经拥有3家上市公司，在连锁药店、健康网站、中医医疗设备等领域的扩张业绩无人可及。

当它的冲锋最终疲软下来的时候，似乎也意味着，一场长达20年之久的世纪决战悄然落幕，在未来的市场上，中药可能连与西药一次势均力敌的失败机会都已经难求了。

一个人的三九

1985年8月7日，深圳城郊的笔架山上，茅草丛生，满目荒芜。赵新先躺在一个铁皮做的狗棚里，他用铁锹当枕头，用军衣当被子，曲身而眠。从撬起的铁皮缝里，他瞧得见南方浩瀚的星空。那年他已经43岁了。

赵新先是广州第一军医大学下属南方医院的药局主任。他受命到笔架山上创办南方药厂。跟着他创业的有6名医院的员工和8个聘用的工人，其中一个是他的夫人。这支由军人组成的小团队自然有超人的激情，他们用7天时间就安装了别人要花1个半月才能装上去的粉碎机，在20天里打出了一口日抽水量1200吨的机井，在3个月里铲平了15万土方的山坡，造好了两个标准化车间。

赵新先

当时的中国已经沉浸在商业的狂欢中，医药行业大小企业林立，仅广东省就有200多家制药厂。年过不惑的赵新先要在这片“红海”中打出一番新天地并非易事，这时的他，全部的家当是医院拨下的500万元创办费。赵新先决意建一条国内最好的生产线。他构思了一套中药自动化生产线，把中药生产中的提取、浓缩、干燥三道工序合而为一，从投料到出产，全部流程实现自动化、管道化、密闭化，每天生产的药品，可供20万人一日两次的用药量，而全车间只需要9名工人，每班只要3人。在上级拨给的500万元经费中，原本只有50万元是设备添置费，赵新先冒着违反财务纪律的危险，擅自把盖职工用房的钱全部拿去添置新设备。就凭着自主创新和果敢大胆，他成功地建成了中国第一条中药自动化生产线。

赵新先手中还有一个宝贝，那就是治疗胃药的中药配方。这个配方是几年前他在粤北乡间从老乡那里得来的，原料是南方特有的三桠苦和九里香，对治疗胃病有奇效。他和南方医院消化科教授们日夜攻关，将之开发成一个纯中药复方冲剂。为了给这个胃药起名字，赵新先两天时间抽掉了5包烟，最后定名为“三九胃泰”。

“三九胃泰”始终是三九集团的利润支柱

慢性胃炎是中国人最常见的慢性病，胃药市场非常之大，同时也鱼龙交杂，混乱不堪。赵新先不但建厂、研发有一手,搞起营销来也别出心裁。他不像别的厂家那样扛着产品四处推销,而是穿上整洁威严的军服,到各大中心城市去开“学术报告会”。在商界和公众心目中,军队和军方医院的信誉一向很好。赵新先自是占了信用和权威上的先机。他把各地的卫生局、药材公司、各大医院和新闻媒体邀集在一起,大讲“三九胃泰”的病理和药理。赵新先一个月跑了10个城市,开了10场学术报告会,所到之处刮起了一阵“三九旋风”。等他回到深圳,订单已如雪片般追踪而来。办厂第一年,南方药厂就实现了1100万元的销售收入。

三九拍摄了中国第一个明星代言广告

在广告营销上,赵新先有两个发明。他是出租车顶箱广告的中国发明者。1988年,他在一部美国电影中偶尔瞥见一辆车顶背着个广告灯箱的出租车一闪而过。第二天,他就跟广州市的出租车公司洽谈,在400多辆出租车上安装了“胃药之王,三九胃泰”的顶箱广告。这些车在市区四处跑,传播效果出奇地好。这种广告形式很快风靡全国,连香港也在两年后立法通过了这种广告行为。赵新先还是明星代言广告的首创者。也是在这一年,他说服著名的老电影艺术家李默然为产品做广告:“干我们这一行的,生活没有规律,常患胃病……三九胃泰是治胃病的良药。制造假胃药品,是不道德的行为,应该受到社会的谴责。”这则半功能、半公益的明星广告在中央电视台一播出,顿时就引起轰动。人们开始讨论,明星到底能不能做广告,李默然到底收了企业多少钱,这些争议让始料未及的李默然困扰不已,却把“三九胃泰”的名气越炒越大。

到1988年底,南方药厂的产值就达到了18亿元,实现利税4亿元,居全国500家最大工业企业第82位,成为当时国内知名度最高、赢利最好的中药企业。而当时,与三九几乎同时创建的海尔、联想、万科等公司的销售额无一超过10亿元,华为、娃哈哈则才创业不到1周年。1989年前后,赵新先一口气推出壮骨关节丸、正天丸、皮炎平等系列中药产品,它们的销售额在1年内都超过了1亿元。南方药厂在中药开发和市场运作上的能力，在国内已无人可以撼动。在某种意义上，在整个20世纪80年代，它是最成功的市场化企业之一。

南方药厂的快速崛起，使赵新先成为中国企业界一颗耀眼的新星。1989年4月，解放军总后勤部为南方药厂记集体二等功，授予赵新先“优秀军队企业家”称号，颁发二级英雄模范奖章一枚，还向全军作出了《关于向赵新先同志学习的决定》。9月，赵新先被国务院授予“全国劳动模范”的称号。

如果说赵新先的经营才略让人惊叹的话，那么，他以强人姿态所形成的“三九机制”则在当年更具轰动性。

就跟很多中国企业一样，企业家在草创期间起到了第一要素的作用，其经营能力及个人魅力成为企业取得成功的关键。在南方药厂奇迹般的崛起中，赵新先的才干无疑是最具决定性的，渐渐地他在企业内部形成了不可替代的绝对权威。1991年10月，解放军总后勤部出资1亿元从广州第一军医大学手中买下南方药厂，第二年，药厂更名为三九集团。解放军总后勤部对三九集团的管理实行的是最为宽松的法人代表个人负责制。其做法是，解放军总后勤部给赵新先充分放权，在组建企业集团的文件中明文规定只管赵新先一人，他对企业全部资产的增值和安全全权负责。在三九集团内，赵新先是总经理兼党委书记，下面不设副总经理，集团总部只设党务部、财务部和人事部3个机构，甚至连总裁办公室都没有，赵新先之下设5个秘书，分别处理相关具体事务。赵新先将这种管理设置，得意地称之为“一人机制”。

三九的管理模式，在当时国内的所有国有企业中绝无仅有，甚至是不可想象的。它突破了僵化的国有体制对企业的束缚，带来的结果是真正的政企分开，从而解决了国有企业10多年来始终难解的老大难问题。这是所有国有企业家们梦寐以求的制度设计。许多年来，他们受困于体制，如“笼中之狮”。而赵新先正是凭此硬是让自己合理合法地挣脱在绳索之外，使企业的成长始终牢牢地控制在自己的手中。在相当长的时间里，三九集团一方面享受着国有企业的种种制度优势，另一方面又靠“三九机制”而保持自由成长的空间。

关于“一人机制”最戏剧性的一幕出现在1992年9月。时任国务院副总理的朱镕基到三九集团视察，看后十分满意，临走时朱镕基提出要跟药厂的领导合影留念。他对赵新先说:“老赵,把你的那些副厂长叫来一起照。”赵新先说:“副总理,我这儿没有副厂长,领导就我一个人,我是厂长、书记、总工程师一身兼。”

这个细节被记者写进了报道中,赵新先的“一人机制”顿时在国内传为美谈。1993年,中央电视台编辑播出了一套介绍国有企业改革经验的电视专题片,第一篇是“海尔经验”,第二篇就是“三九机制”。1994年8月,《人民日报》在头版头条的重要位置,连续发表了关于三九速度、三九机制和三九精神的长篇通讯,这种带有强烈政治意味的报道全面肯定了赵新先的改革成绩。

客观地说,一直到赵新先退休的那一刻前,他一直牢牢地掌控着这家国有企业。在其后的10多年里,三九的故事如过山车般跌宕刺激,而其得失成败也可谓“成也一人,败也一人”。

至少在20世纪90年代中期之前,三九因产品之卓越、机制之先进而无敌天下。**“三九胃泰”实在是一个太优秀和能赚钱的产品,在后来的20年里,它几乎没有太多的更新换代,每年就可以给三九带来10亿元的销售额和上亿元的利润,在胃药市场上,没有出现过一个比它更成功的产品。“一个过于优秀的产品,常常给了企业家更多犯错误的机会。”这是所有商业规律中最让人欷歔的一条。**

曼哈顿时代广场上的三九广告(丁刚摄)

1995年5月1日,在美国纽约曼哈顿最繁华、也是最具有商业标志意义的时代广场,竖起了第一块中国公司的广告牌,在可口可乐、索尼、丰田等国际品牌的旁边,“999三九药业”的霓虹灯广告十分醒目。赵新先专程赴美召开记者招待会,他站在广告牌下接受数十家中国以及美国媒体的采访,侃侃而谈,顾盼生风。这应该是他企业家生涯中最值得骄傲的时刻。第二天的《纽约时报》报道说:“这是中国企业第一次在世界上广告密度最大、最有影响力的商业区做了中文广告，时代广场由此出现了一种新的广告语言——中文。”

在后来的几年里，很多人出国到曼哈顿，必去参观这块三九的广告牌，它成为中国公司进入全球化的一道风景线。三九，让人们看到了中药复兴的曙光。

第一次扩张：“下山摘桃子去”

南方药厂归属解放军总后勤部之后，总后勤部先后3次将71家军队企业划归三九集团管理。这些企业分属旅游、农业、汽车、食品、酒业、房地产等多个行业，均与医药业无关。由此，三九集团搭建了一个多元化的成长平台。

对三九来说，这些企业好比是一堆“免费的果子”，看上去琳琅满目，吃下去却异常难咽。它们大多是20世纪70年代末期部队为了弥补军费不足而搞生产经营的产物，工业基础差，人员老化，关系复杂，经营思路狭窄。不过，赵新先对此却显得非常兴奋。他认为这是一次三九集团迅速做大的天赐良机。他打比喻说：“这就好比部队的一次大扩编，尽管收编的是杂牌军，战斗力不强，但毕竟人多了、枪多了，我们靠三九机制完全可以把它们改造好。”后来的事实证明，赵新先对机制的积极效应过于乐观，三九为了维持一些企业的正常运作，每年必须投入上亿元的资金。

1996年，全国的国有企业改革进入最艰难的时刻，在民营资本及跨国资本的双向夹击下，深受体制之困的国有企业在很多领域里都出现了集体溃退的现象，不少地方财政已经无力支撑沉重的包袱。于是，“国退民进”成了现实的策略，出售或并购国有企业原本是一种被禁止或不受提倡的行为，现在也成了最可选择的出路，各地政府纷纷推出老企业改组、嫁接的新政策，企业并购风起云涌。正在扩张兴头上的赵新先无疑看到了这一趋势。他在企业高层会上说：“社会上这么多的资产闲置，是三九下山摘桃子的大好机会，千万不能错过，过了这个村，就没了这个店。”很快，三九拟订了大规模收购兼并的战略。

三九第一次“下山摘桃子”就非常成功。四川的雅安制药厂是国内最早生产中药针剂的厂家之一，到1995年底，这家老牌国有企业已经到了山穷水尽的地步，全年产值只有1000多万元，利润仅2万元。赵新先在一次出差中发现了这家企业，当即拍板投资1700万元予以收购，并委派最得力的干将入川经营。雅安厂的针剂贴上三九的品牌，通过三九的营销网走向全国市场，一年后产值就达到了1亿元，实现利税2000多万元。并购效应之显著，出乎所有人的预料。

收购雅安的成功经验顿时让赵新先雄心万丈。他认为，国有老企业的所有痼疾都是由体制造成的，只要将三九的机制和品牌注入，再加上适度的启动资金，完全可以让它们一夜之间铁树开花。1996年底，三九召开雅安经验学习会。会后，赵新先宣布成立三九投资管理公司，委派60多名干部，奔赴全国各地，专事收购兼并工作。

笔架山上号令一响，一彪人马浩浩荡荡冲下山去。在当时国内，三九品牌响彻天下，举目四顾，像它这样既有国有企业的正宗血统，又有资金、品牌和销售网络者，几乎没有几家。把企业交给三九，不但能够得以救活，而且没有贱卖国有资产的嫌疑。因此，赵新先每到一个省，书记、省长必出面接待；到了市里，更是惊动五大班子集体迎送，各地媒体更是追踪报道，热烈捧场。一些偏僻地方的企业听说三九开始大并购，便千里迢迢地跑到深圳三九总部要求兼并。河南兰考县一下子就把7家企业都“送”给了三九；在西部某省，一个酒厂的厂长下跪恳请赵新先“吃”掉他的工厂。

赵新先并购企业，主要有3种方式：第一种是“承债式”，三九把企业的资产和债务全部打包吃下来；第二种是“控股式”，三九出一部分资金成为企业的控股方；第三种是“托管式”，只管经营，不承担债务，从增长的效益中分成。总体而言，三九的并购成本非常之低。赵新先最倡导的并购理念是“输出机制不投钱”，也就是说，当地政府把企业送给三九来管理，再搭上一大部分的股份，三九付出的是“三件宝”：机制、品牌和渠道。湖南的郴州药厂是赵新先常常用来做宣传的例子。这家老企业是妇科中药生产基地，多年来获得的药品批号有50多个，可其经营却一塌糊涂，在被三九兼并前，年年亏损，资产负债率高达99%。赵新先兼并该厂后做的第一件事情，就是给每个职工分送一本他主编的《论三九机制》，班组学习讨论两个星期，然后在企业内推行“干部能上能下、职工能进能出、工资能高能低”的市场化管理，药厂的产品也贴上三九的商标，进入三九的销售渠道。1年后，药厂实现产值2200万元，创造利税300多万元。很显然，这样的案例跟雅安经验一样实在太富有戏剧性，足以让所有的地方官员怦然心动。

在外人看来，三九的一次次攻城略地无疑是辉煌而炫目的。通过并购式的扩张，三九的产品从冲剂向针剂延伸，从消化类中药扩充到抗癌类、妇科类等多个门类，俨然已构成了一个中药帝国的雏形。1999年9月，踌躇满志的赵新先出席《财富》全球论坛上海年会并发表演讲，畅谈中医、中药是中华民族参与世界竞争非常有潜力的资源和最优秀的文化品牌。他提出，三九将用5年时间建成世界上最先进、最大的植物药生产企业，用10年时间把集团建成亚洲最大、最强的综合型制药企业，用15年的时间进入世界500强的行列。美联社记者问：“赵先生，您的演讲是一个脑子里的蓝图，还是战略目标？”赵新先用军人般的口吻坚定地说：“是一定要实现的战略目标。”在那次论坛上，他见到了自己的偶像——GE的杰克·韦尔奇。后者在回到美国后评论他所见到过的中国企业家时说：“他们好像是在演戏。”

从1996年到2001年，三九出手并购了140多家地方企业，平均每个月并购2家。其中，承债式占45%，控股式占35%，托管式占20%。就在这种跑马圈地式的疯狂并购中，三九集团迅速扩张成全国最大的中医药企业，总资产猛增到186亿元，所属企业遍及全国，形成了医药、汽车、食品、制酒、旅游饭店、商业、农业和房地产八大行业，其旗下甚至包括一家华南地区最大的夜总会。

2002年，三九厂庆，赵新先吩咐重新装修厂史陈列室。设计人员在陈列室的入口处，放置了一艘航空母舰的模型，军舰的甲板上放了56架飞机，它们分别代表了集团直属的56家二级子公司，在它们的旗下则还有上百家三级、四级公司。赵新先对这个创意十分满意，每有贵客来，他必在军舰前一一介绍。他说：“这就是中国中药产业的航空母舰，我们要让飞机达到100架。”到他退休之前，飞机最多的时候为98架。

发生在20世纪90年代中后期的那场国有企业并购浪潮被认为是“最后的晚餐”，很多国有企业经营者乘机将企业廉价改造，占为己有；有些人则上下其手，通过倒卖企业牟取暴利；也有一些企业则在这次浪潮中顺势而上，低成本地扩大了企业的规模。三九在并购中，便享受到了一系列的优惠政策，如挂账免息、低息贷款，以及低价获得土地等等。然而，在“摘桃子”的过程中，由于赵新先太过于心急，也盲目地吃下了很多“烂桃子”。它们看上去是免费的，但是要真正消化它们却耗费了三九很大的资源，有相当一部分最后还是拯救无术。1997年，三九以承债的方式兼并了太原洗涤剂厂，几年经营下来始终重振乏力，并且与地方政府的关系也搞得越来越紧张，最终在这个项目上亏损7000万元。此外，三九在兰考的项目也亏损了5000万元，郑州的少林汽车项目亏损6000万元，邯郸啤酒项目亏损1500万元，财务纠纷官司更是多达数十起。

据数据统计显示，三九在医药行业内的并购成功率高达70%，而非医药行业则大半以失败告终。扩张之初，企业的负债率为19%，而到1998年时，负债率却已高达80%。在第一次扩张中，三九看上去变得兵多将广，势力遍及全国，但是没有关联度、缺乏整合的并购战略其实已经埋下了十分危险的种子，它日日都在消耗三九的资本和品牌影响力。

第二次扩张：仅次于德隆的大鳄

正当赵新先宣誓打造全球第一中药企业的时候，中国企业界的生态突然发生了变化。从20世纪80年代以来，实业型企业家一直是业界的主角，在家电、食品及医药领域涌现出了一大批善于运作、精于管理的企业家。然而，随着互联网的兴起及资本市场在中国的苏醒，另一类型的企业家忽然成为新宠，他们更加年轻，更加善于运用资本这个放大器，同样是白手起家，却能在更短时间内完成财富的积累。面对这一势不可当的商业潮流转变，年近六旬的赵新先并没有茫然失措。相反，他在资本市场和互联网两大领域中，都表现得异常激进。

2000年4月，三九集团的旗舰公司“三九医药”以“000999”的代码在深圳证券交易所上市，国家药品监督局副局长亲自为股票上市敲槌开市，股票开盘当日升幅为177.5%，募集资金近16.7亿元，风光一时无二。

几乎同时，中国证监会批准江西的一家上市公司宜春工程正式更名为“三九生化”。宜春工程是一家主营轮式装载机及其配件的企业。它于1996年上市，3年后陷入经营困境。赵新先在四处并购的时候瞄中了它。三九购买了其上级公司手中持有的国有股，成为宜春工程的第一大股东，通过一系列的投资、重组，使其摇身一变为一家以生物制药为主的上市公司。

同年11月，赵新先再度出手，他收购了上海胶带股份有限公司29.5%的股份，成为该公司的第一大股东。胶带股份于1992年在上海证券交易所上市，是有名的“老八股”之一，其主营业务是输送带、三角带及其他橡胶制品。赵新先得手后，对其进行重组，使其变成一家主营生物基因工程药物的上市公司。2003年，该公司更名为“三九发展”。

赵新先在不到1年的时间里，强势出招，一举成为3家上市公司的主人，无疑称得上是国有企业资本运作的第一人。在当时的资本市场上，只有唐万新的“德隆系”同时控股了湘火炬、新疆屯河及合金投资3家上市公司。在一次与媒体记者的交谈中，赵新先不无得意地说：“在资本市场上，三九的表现仅次于德隆。”

事实正是，赵新先仅用1年时间，就为三九构筑了一个十分让人眼红的资本平台。在三九医药上市的同时，三九还获得特许，注资3.08亿元成立三九深圳金融租赁有限公司。这是国内最早由实业型企业发起并控制的金融租赁企业，它为三九的融资及并购提供了一个十分优越的管道。2001年3月，在公司的一次战略决策会议上，赵新先更是进一步提出了培育10个上市公司的设想。他认为，三九在各地并购的很多企业，通过重组包装，都具备了上市的条件。

跟草莽出身的新疆企业家唐万新相比，赵新先有太多的优越条件。他并购上市公司，不必像地下老鼠那样躲躲藏藏见不得人。作为一家大型国有企业的当家人，他的任何商业活动都代表了国有资本的利益，因而受到方方面面的关照和优惠；他的资金来源也没有唐万新那样紧张，银行的大门是朝着国有企业开的，尤其是三九这种效益良好的国有企业，无论哪个银行都随时愿意为三九贷款——有一次，赵新先抱怨说，都是因为银行不知节制地提供贷款，才让三九的负债率越来越高。它有一个太成功的产品和品牌，所有的投资故事听上去都是那么合理和富有想象空间。与赵新先形成鲜明对比的是，民间身份的唐万新没有显赫的资本背景和如此宽松的运作空间，因而他不得不更加善于投机，不得不更加狡黠和凶猛，不得不去构筑一个更加复杂而庞大的融资平台。因为资本属性的不同，作为资本市场上国有和民营资本的代表性人物，赵新先和唐万新的表现风格迥异，他们对中国资本市场的理解也完全不同。

赵新先有很深的实业情结，这也是他跟吕梁乃至唐万新等股市庄家们最大的不同。三九在资本市场上所宣称的项目，基本上都有投资和经营的痕迹，而不像其他资本炒家那样不知羞耻、信口开河。赵新先曾透露，“德隆系”、“中科系”都曾经跟他接触，希望联手炒作高科技概念，而他在再三思考后都没有答应。唐万新因此曾嘲笑他说：“老赵是资本市场上的八旗子弟。”意指他家境显赫、资源众多而不知“利用”。

除了在资本市场上的激情表演，面对汹涌的互联网热浪，赵新先也表现得非常积极。2000年4月24日，就在三九医药上市的同时，号称全国最大医药健康网站的999健康网开通。赵新先宣布，三九将采用“四网合一”的思路，以三九全国的销售网络为依托，以全国医药连锁店为端口，以三九健康网为枢纽，以中药远程诊疗网为延伸，组成一个超级医疗健康服务体系。在“概念就是一切”的互联网热中，赵新先的这番远景描述，自然又是受到市场的一片追捧。

然而，在日后的经营中，“四网合一”根本无法实现，健康网的定位摇摆不定，从健康门户网到学习型网站，再到电子商务，每一次转型就意味着大量的资金投入。赵新先为了展现公司在网络时代的超前形象，又不断收购中小网站，到2003年，三九名下共有13个公众服务网站和29个企业网站，其网站数目之多、性质之杂、烧钱之多都让人惊叹。

在这一时期，三九的发展战略已经从之前的“八大产业并举”，变成了“以生命健康产业为主营，网络信息和金融租赁两大产业为支柱”。赵新先的表述是：“主营好像是飞机一样，支柱则像飞机的两个发动机，它们推动主营发展。”

这样的描述看上去无比鲜亮，它既坚持了三九的中药路线，同时又嫁接了当今商业圈最炙手可热的两大产业——互联网和金融。三九的战略始终看上去非常美好，但是在执行中却缺乏整合和深耕，第二次的扩张，仍然没有让三九实现决定性的飞跃。

一个事实是，三九集团自1990年之后便再也没有开发出一个成功的中药产品。后来的10多年里，它一直靠三九胃泰以及皮炎平等“老臣”支撑着天下。2000年，深圳召开全国性的高科技商品交易会，三九集团一口气推出了一大批带有高新科技含量的医药医疗设备，如精制中药电子调配中心、三九智能煎药机、网上中医诊疗系统、近红外线乳腺癌诊断仪、数字化心脏介入C臂系统等。另外，还有一批网络信息产品亮相，如“VIOP”电话系统、三维数码立体图像制作系统、东方新干线网络信息系统等。这些新产品让三九成为高交会上最耀眼的明星，人们对它的科研开发能力大为惊叹。然而，让人遗憾的是这些高新产品最终都没有形成规模生产，自然也没有为三九带来相应的经济效益。

2001年8月27日，三九在猝不及防的情况下遭到中国证监会的警告。这天晚上，赵新先在中央电视台的新闻联播节目中意外地听到了自己的名字。新闻称，中国证监会公开通报批评三九医药，指称其在募集资本的使用上与招股说明书不符，大股东及关联方占用上市公司资金超过25亿元，占公司净资产的96%，严重地侵占了广大中小投资者的利益，直接威胁到上市公司的资产安全。通报还公开点名批评三九医药的董事长赵新先，称其“有重大失职行为，情节特别恶劣，应当予以谴责”。这是中国证券史上，中国证监会第一次用公开通报的方式，对一家上市公司董事长进行点名谴责批评。

这则新闻对一向形象良好的三九而言，损害之大可以想见。在过去的1年里，庄家吕梁事件、银广夏事件以及基金黑幕等证券市场的负面新闻已经让人们对上市公司失去了信心，中国证监会的公开谴责一发表，三九顿时成为又一个“股市巨骗”。

赵新先对这次事件毫无预知。在他的意识中，三九集团和三九医药本就是他的左口袋和右口袋，资金挪用应属正常之事。想当年他创办三九，便是把建职工用房的钱擅自挪用去买设备了，因此还被传为佳话。有一次，他去北京大学做演讲，还曾用嘲讽的口吻讲过一段他与外国投资商的“斗争”逸事：“当初外方收购我们的股权时，按照当时我们的财务管理，外方的钱进来，是进到财务结算中心的，这个财务中心的钱放在这里，大家可以花。我拿这些钱，搞了房地产，搞了旅游，外方不满意了。按他们的企业管理规则，公司的钱母公司不能占用，宁可存在银行里也不能动。外方的几个代表就到上级管理机关告我们的状，说你们的赵总花了我们的钱。上级领导也是业务干部，就说，你们看看《中外合资法》，上面写的是，为了利用外资搞中外合资企业，为什么赵新先给你们打工？不就是为了钱吗？”据记者记录，赵新先的这番话，“引来了巨大的掌声”。

没有想到此一时彼一时，反差如此之大。不过尽管内心不满，他还是表现出了企业家的风度和理性。3天后，他出现在中央电视台记者的镜头前，第一句话是“接受批评”，第二句话是“道歉”。不过他始终认为，自己“其实没有错”。他对记者说，我们这些项目没有造成国有资产的流失，而是为将来国有资产的增值做了保障。

第三次扩张：回归专业化的狂想

“公开谴责事件”让赵新先的资本扩张受到了战略上和心理上的双重打击。自此以后，“三九系”的多家上市公司基本上失去了融资功能。根据年报数据显示，到2002年底，三九集团的经营净利润只有2271.3万元，资产负债率高达92%，债务总额为191亿元，资产回报率仅为0.1%。在这种十分严峻的形势下，赵新先转变了多元化的资本扩张战略，而试图回归中药行业。然而，他的回归，仍然表现得激情无限。他提出了三九专业化的“三化战略”，即“中药现代化、中医专业化、健康服务化”。

他观察到，中国商业似乎进入到了一个“渠道为王”的时代，比如说在家电领域，国美、苏宁等连锁渠道商迅速崛起，对制造商构成了强大的渠道优势威胁。三九的药品绝大多数是通过医药站和医院出售的。赵新先敏锐地意识到，随着医疗体制的改革，连锁药店势将成为最热门的投资领域。这个时候，他已经对中国制药企业在技术上的开发和竞争能力产生了极大的怀疑。他认为：“对于没有太多核心技术的国内制药企业，其优势不在技术，也不在研发，而应该是在国外制药大佬进来之前尽快建立自己的生存壁垒。”他所谓的“生存壁垒”，就是要把三九从生产制造向营销、商业服务方向转型。

为了实践这个理念，他提出在国际和国内两大战线同时出击，分别实施“麦当劳计划”和“沃尔玛战略”。

“麦当劳计划”是在全球建立一个连锁型中药诊所网络。赵新先计划在5年内开办1000家连锁诊所。他算了一笔账，在美国开一家诊所大概需要20

万美元，一年可收入1000万美元，总额就可达100亿美元。根据他的调查，在美国就有大约1万家小型的中医诊所，在加拿大也有2000家，如果能够把这些资源整合起来，就可以十分轻易地建成一个全球性的中医连锁诊所。三九先是在加拿大多伦多创办了第一家中医药医疗中心，之后又在英国、美国和马来西亚等国家相继开设了50多家类似的中心。此外，还在洛杉矶开办了一所现代中医药研究院。然而，因为种种缘故，这个激动人心的“麦当劳计划”最终也跟三九的很多项目一样，成了一个“半拉子工程”。

“沃尔玛战略”则是在国内编织一张最大的连锁药店网络。赵新先对连锁药店的关注其实在2000年就开始了，在那年的7月30日，三九召开连锁战略研讨会，确定从金融租赁公司筹资13亿元，建立5000家连锁药店的发展计划。后来，这个计划又增加到了空前的1万家店。赵新先对连锁药店寄予厚望。他不断催促部下到各地跑马圈地，控制终端。他甚至认为，连锁药店将是三九集团的第一品牌。在短短1年多时间里，三九连锁药店就发展到了1000家的规模，但是由于开店费用很高，而规范化管理及营运成本控制不力，连锁药店很快呈现后续乏力之势。赵新先再次犯了“战略清晰、战术紊乱”的老毛病。美国的《财富》中文版在一篇评论中，直接称之为“中国‘大跃进’式的冒进，美国安然式的牛皮泡泡”。

三九的第二大“专业化工程”，是筹建一家中医院集团。它与海南省达成协议，收购海南中医院，同时还跟广东省的一些中医院商谈收购事宜。赵新先打算把这些中医院整合成一个新的集团，买壳在香港上市。同时，三九在深圳东部筹划开建一个规模惊人的健康城，其中包括90个洞的国际上最大的高尔夫城、一个超豪华的五星级健康宾馆，以及一个包括疗养院、临终关怀医院和特殊护理医院在内的大型综合健康服务系统，其总投资将超过40亿元。

赵新先是那种颇有战略直觉的企业家。在产业的每一个转型点，他都能很早就意识到，并迅速地做出反应。但他在项目的执行上却总是显得“大而不当”，在一次又一次的布局和冲杀中，三九的企业规模越来越大，但是能够给企业带来直接效益的项目却始终未出现。在第三次扩张中，赵新先的表现像一个巅峰已过、力不从心的老棋士，开局宏伟，中盘紊乱，尾局不堪入目。《新财经》的一篇评论中分析道：“三九的专业化战略让人疑惑，制药业属于生产领域，连锁药店业务属于流通领域，医疗健康更侧重于服务领域，三项业务均和'医药'有关,但实质则截然不同,投资风险更大。"在某种意义上,三九的此次专业化回归是一次缺乏深思熟虑、更具冒险性的赌博。

龙种与跳蚤

2003年,四处狂奔而无所收获的赵新先和他的三九冲到了悬崖的边缘。

5月,曼哈顿时代广场上的那块"999三九药业"广告牌被悄然拆除了,赵新先坚守了8年的梦想随风飘逝。为了这块广告牌,三九每月大约需支付12万美元,8年下来总金额超过1000万美元,三九的资金现状已经养不起这道昂贵的风景线了。

9月28日,《21世纪经济报道》刊文《98亿贷款:银行逼债三九集团》,披露三九共欠银行贷款余额98亿元,已经陷入巨额财务危机。此文一出,顿时把三九的资金窘境曝光天下,接下来的1个多月里,"讨债大军"纷至沓来,三九总部一片混乱。一些性急的银行开始封存三九资产,冻结质押股权,并向法院提起了诉讼。三九在全国各地的数百家子孙公司都成了银行逼债的对象。其中做得最绝的是浙江湖州的中国工商银行,索性冻结了三九湖州药厂的银行账户,将所有进入的流动资金全数扣押,造成药厂资金链断裂,生产经营陷入停顿,只好宣布破产。

对于所有企业来说,银行信用的破产几乎是无可救药的。三九到了自创办以来最惊险的时刻。在这样的时候,试图自救的赵新先突然把矛头对准了国有资产的拥有者。他认为:"三九负债率偏高的根源在于三九集团是一个怪胎,作为国有企业,其国有出资人是存在的,但却没有实际出资,国有出资人没有履行出资义务。对于三九集团而言,国家不仅没有出一分钱,而且也从未享受过债转股、贴息贷款等优惠政策。"

很显然,已经超过了60岁退休年龄的赵新先不想再坐等下去了。他想利用此次财务危机,彻底——至少部分地解决三九的产权问题。

在三九的产权问题上,赵新先表现得非常摇摆。

他一直觉得三九是他一手缔造出来的。甚至在一次中高层干部会议上,他对台下的部属说:"没有我赵新先,就没有三九。"这句话在某种意义上是不错的，在他治理三九的相当长时间里，几乎没有受到过太大的约束和干涉；他所受到的待遇也是极高的，除了全国劳模、全国政协委员等政治荣誉外，他还拥有军中文职二级官衔，享受中将待遇，这在中国企业家中绝无仅有。不过，尽管他缔造了三九，但三九却始终不是他的。

赵新先在很长一段时间里，没有思考过这个问题。1998年，国有企业改革进入攻坚阶段，产权明晰化试验一度受到默许，不少企业都开始尝试经营层MBO，南方的TCL、美的等企业先行一步完成了产权改造。对此，赵新先表现得很无所谓，对前来采访他的记者说：“三九是我做大的，MBO多此一举。”到后来，他开始意识到产权的重要性，但也仅仅轻描淡写地一句：“这个问题我考虑没有用，这要我的‘婆婆’去考虑才行啊。”1998年底，中央下达军商脱钩的命令，三九与解放军总后勤部脱钩，归口中央大型企业工委管理；到2003年，国务院成立国有资产监督管理委员会，三九作为中央直属187家企业之一，转属其管理。随着“婆婆”的变更，赵新先在产权改造上的主动性渐渐变得越来越小。

当2003年秋天的财务危机总爆发的时候，赵新先突然觉得这是一个可以利用的机会。

他算了一笔账：“三九发展到今天，上缴给国家的利税是40多个亿，上缴给银行的利息是30多个亿，上缴给上级将近10个亿。这个数字跟三九在银行的贷款数字相近，都在80亿元左右。”由此，他提出了两个要求：“一是实现出资到位的问题，解决50亿元净资产的最终归属；二是完成股份制改造，建立规范的法人治理结构，最终完成激励机制和监督机制的完善。”在一次媒体访谈中，当有记者提问“三九如何走出困境，继续去完成整合中国中药产业的使命”时，他直截了当地回答道：“不把我的产权问题解决

国务院国有资产监督管理委员会

好，三九就没有办法去整合这个产业，只有三九把产权问题解决了，它才有整合的力量、整合的动机。”

2004年3月，在北京召开的全国“两会”上，作为全国政协委员的赵新先在接受中外记者采访时，再度把矛头直指国资委。他说，国资委管辖的中央企业里，存在着部分这样的企业，即国家并没有投入资本金，企业是靠向原来的上级单位借款发展起来的，不仅在当初的两三年内还清了借款，而且向上级上缴了相当于借款数十倍的利润，这样的企业虽然归属国有企业，但国家早已没有了实际的、直接的资本金投入。因此，作为国有资产的代表机构，国资委应当担负起企业股东为获得发展的流动资金增加投资，投入新的资本金的职能。

赵新先的这些言论其实是拿他的职业生命当了赌注。他大胆逼宫国资委，无非想达到两个目的：其一，国资委担负起出资人的职能，对三九注资50亿元，这样，银行逼债风波自然化解；其二，国资委同意三九进行股份制改造，那么他及其团队就可以顺势成为三九的真正主人。这两个目的无论达成哪一个都是令人满意的。而他之所以敢于如此动作的原因是，三九自创办以来一直由他掌控，从人事、财务到产业没有第二人了然全盘，如今乱局如麻，除他之外何人敢接、谁人能解？

然而，事态的发展并非如他所愿。果不其然，就在北京“两会”期间发言的两个月后，5月16日，国资委党委书记李毅中亲赴深圳，突然宣布免去赵新先三九企业集团总经理、党委书记职务。其公开的理由是，国资委管辖的干部60岁必须退休，而赵新先已经63岁了，离职退休是正常的。他同时给予了赵新先很高的评价，称他“40年如一日，为我国的医药事业，为三九企业集团的发展，作出了突出贡献”。

赵新先的经历再次证明，企业家是一个多么残酷的职业。

1995年，正如日中天的赵新先作为特聘兼职教授，受邀参加清华大学经济管理学院的元旦座谈会。时任国务院副总理兼经济管理学院院长的朱镕基对他说：“你放心，即使南方药厂垮了，我还要请你当教授，为什么？因为你可以从这里总结经验，企业是怎么垮的。当然我不希望垮。”此言悠悠，竟藏无穷忧虑。

2004年10月，一直深受赵新先重用的三九集团副总裁、年仅43岁的陈重因病猝亡，在清理他的办公室时，发现数额巨大的不明存款；随后，审计署介入对三九的审计事宜，集团副总裁荣龙章、三九广州医院院长崔崇林、三九生化总经理张欣戎、三九汽车公司经理陈达成、三九工程公司总经理林长兴等相继被“双规”或通缉。种种迹象表明，这些三九重臣的问题都与赵新先有丝缕牵连。

根据后来的信息披露，赵新先涉嫌“向境外转移资产”。香港特别行政区公司注册处提供的资料显示，三九在香港注册了50多家公司，其类别均为“私人公司”，赵新先出任多家公司的董事长；而且在三九健康城等项目中，有数亿元资金不知去向。香港科技大学郎咸平教授在研究了三九的财务状况后，总结了赵新先的“捞钱六招鲜”：截、借、垫、套、挪、赖。

除了资金上的违法行为外，《财经》杂志则另外给出了一种观察的结果：赵新先被突然宣布退休后，其继任者一直难以开展工作。一方面，三九的各项业务均出现崩塌迹象，用“一地鸡毛”来形容一点不为过。号称投资数十亿元的健康城因土地审批问题胎死腹中，连锁药店项目难以为继，最后不得不以区区400万元的低廉价格转让。2005年5月，三九集团将其所持有的三九发展和三九生化的国有法人股，分别以3500万元和2.05亿元的价格出售给浙江、山西的两家民营企业，从这两家上市公司中彻底退出，所谓的“三九系”宣告瓦解。到秋季，有媒体报道，庞大的三九集团共有500多家企业，从总公司到分支公司共分五级管理，到第三级公司大多已出现鸟兽散的失控局面。另一方面，面对如此复杂、艰巨的重组工作，赵新先的一些旧部仍占住“小山头”不放，并且相信赵新先能再度复出。在此情形下，有关部门果断出手将赵新先“拿下”。

无论如何，原本以为能安全着陆的赵新先在退休两年多后又成了焦点人物。

赵新先被捕的经过是这样的：

2005年11月19日，赵新先去北京颐和园游玩，那天他的心情不错，一路上让家人拍了不少照片。在出园的时候，几名警察拦住了他。第二天，赵新先出现在南方的深圳梅林看守所。它位于笔架山西南侧一个很冷僻的山坳里，四周长满细高笔直的桉树和硕大树冠的荔枝树。赵新先被关押在一间只有几个平方米的囚室里，囚室的窗口很高，踮着脚往外望，瞧得见南方浩瀚的星空。从这个地方向东走1000多米，再拐一个弯，就是当年赵新先睡过狗棚的地方。

从狗棚到囚室，赵新先走了整整20年。

【三九大事记】

1985年8月7日，赵新先率14人上深圳笔架山，创办南方药厂。

1988年，赵新先首创出租车灯箱广告和明星代言广告。南方药厂实现产值18亿元，利税4亿元，居全国500家最大工业企业的第82位。

1989年4月，解放军总后勤部向全军作出了《关于向赵新先同志学习的决定》。9月，赵新先被国务院授予"全国劳动模范"的称号。

1992年9月，朱镕基视察三九集团。赵新先的"一人机制"轰动全国。

1995年5月1日，在美国纽约曼哈顿时代广场，竖起了第一块中国公司的广告牌——"999三九药业"的霓虹灯广告。

从1996年到2001年，三九出手并购了140多家地方企业，平均每个月并购2家，迅速扩张成全国最大的中医药企业，总资产猛增到186亿元。

2000年，三九集团的旗舰公司"三九医药"上市，同时并购江西和上海的两家上市公司，赵新先成为国有企业资本运作的第一人。

2000年4月，创办号称全国最大医药健康网站999健康网。到2003年，三九名下共有13个公众服务网站和29个企业网站。

2001年8月27日，三九在猝不及防的情况下遭到中国证监会的警告。中国证监会公开通报批评三九大股东及关联方占用上市公司资金超过25亿元，占公司净资产的96%。通报还公开点名谴责赵新先。

2002年，赵新先提出在国际和国内两大战线同时出击，分别实施"麦当劳计划"和"沃尔玛战略"，后都中途夭折。

2003年5月，曼哈顿时代广场上的广告牌被悄然拆除。9月28日，媒体刊文《98亿贷款：银行逼债三九集团》，三九的资金危机全面爆发。

2004年3月，北京召开全国两会，全国政协委员赵新先大胆逼宫国资委，声称：国有出资人是存在的，但却没有实际出资。他要求国资委为三九注资50亿元，或让三九产权明晰化。

2004年5月16日，国资委党委书记李毅中亲赴深圳，突然宣布免去赵新先的一切职务。

2005年，拥有500多家公司的三九集团呈现失控局面，“三九系”宣告瓦解。11月19日，赵新先涉嫌经济犯罪，在北京被拘捕。

赵新先出局后，三九重组成为众多重量级企业争夺的目标。上海实业集团、复星集团、德意志银行、华润集团和新世界集团等参与竞争。2007年3月，国资委决定，由央企华润集团重组三九。

【后续故事】

赵新先一直被关在看守所里，从未被投入监狱。2007年6月27日，他因“国有公司人员滥用职权罪”，被深圳市罗湖区人民法院一审判处有期徒刑一年零九个月。由于抵扣羁押时间，赵新先的刑期至2007年9月20日到期。也就是说，只要他认罪，在宣判两个月后就可以获得自由。面对一审判决结果，他“在综合考虑之下”，决定不上诉。

一年后，赵新先以顾问身份加盟南京小营药业集团。该集团前身为南京小营制药厂，隶属南京军区空军司令部，于2005年被永泰投资控股有限公司采用溢价方式收购改组。此外，他还受聘担任深圳清华大学研究院中药、天然药物研究中心主任。

据熟悉他的人称，赵新先一直“心有不甘”。他认为，自己当年以不到5亿元的价格买入大龙健康城项目，并因此获“滥用职权罪”，而到2009年地价已升至20亿元，“足证这一决策的正确”。赵新先自称是“中国最老的农民工”、“三无人员”。因为军转民衔接不畅，赵新先的退休手续一直办不下来，没有退休金、医疗保险，没有产权房，还在深圳住着三九集团的职工宿舍。年近70岁的赵新先在大连尚有九十高龄的父母，自谓仍须打工以尽孝养。

没有了赵新先的三九医药却呈现完全不同的命运。在被央企华润集团重组后，公司更名为“华润三九医药股份有限公司”。2008年，华润三九获评中国上市公司价值百强企业，被列入沪深300指数、深证100成分指数。2009

年,公司实现营业收入48.53亿元。

【八方说词】

赵新先的"捞钱六招鲜"

无节制的扩张、急速膨胀的债务和迅速上升的成本,无可避免地导致"三九系"资金链的紧张。为了解决资金的困境,赵新先通过三九集团旗下的3家上市公司进行资本运作,所用手法并非独创,但是其动作之大胆、视法规及股东利益为无物则非常罕见。财务专家郎咸平将之总结为"捞钱六招鲜",六招分别是:截、借、垫、挪、套、赖。

截字诀——直接截流上市公司从市场上融资所得的资金。2001年10月,深圳证券交易所公开谴责三九医药大股东三九集团占用上市公司资金25亿元。三九医药从股市实际募集资金16.7亿元。25亿元是16.7亿元的1.5倍,相当于三九医药净资产的96%,这意味着三九医药的资金几乎被全部占用,只剩下一个空壳。

借字诀——三九集团向下属上市公司借钱,往往有借无还。根据三九医药2002年的财务年报,集团累计向它拆借了21.9亿元的资金,还让它为另外一家三九数字健康管理有限公司"代垫费用"近4900万元。

垫字诀——以集团名义投资的项目,却让上市公司代为垫付投资款项。等到项目成熟后,集团再将该项目转卖给上市公司。这意味着,大股东不用出资,还可以赚钱。三九集团启动过一个中药调配柜的项目,三九医药投资2951万元作为启动资金,在即将进入赢利期时,集团以产业调整为名将之"剥离",然后以4236万元的价格将之出售给集团内的另一家公司。三九医药出资有份,获利无着。

挪字诀——挪用上市公司募集来的投资资金,资金投向计划频频更改或者取消。2000年,三九医药以投资新型人重组肿瘤坏死因子新药为名,先后募资3.2亿元。奇怪的是在3年后,三九集团宣布该项目开始生产,而投资金额却变成了1亿元,其余的2.2亿元不明去处。

套字诀——集团与上市公司发生各种关联交易,其共同的特点是,集团低买高卖，而上市公司则正好相反，个中缘由自然不言而喻，上市公司用真金白银换回了破铜烂铁。2000年，三九集团投资400万元创建三九健康网，1年后，网络泡沫破灭，集团将65%的股份以7800万元的高价转让给了三九医药，投资效益被放大了20倍。此次交易明显是将劣质资产抛给上市公司并乘机套利。消息公布后，三九医药股价应声下跌，三天内跌幅超过了10%。

赖字诀——2001年，三九医药被中国证监会查出挪用资金。于是，三九集团将“999”商标以无形资产作价6.3亿元用于还款。而实际上，三九医药过去已经拥有了三九商标的使用权，所以，此次还款并没有什么实质上的价值，几乎等于赖账。

【新新观察一】

一样的战略，不一样的结果

2007年，陷入绝境的三九被华润收编。在过去很多年时间里，华润和三九有诸多相似之处，它们同为直属国资委的大型央企，同样是狂飙突进的并购典范，但最后的命运却大相径庭。

华润曾经是一家注册于香港的国有贸易公司，通过一系列重组，它完成了从单纯的外贸企业到多元控股集团的转型，其总资产高达1700亿港元。同样的国有企业，同样的发展背景，同样的收购轨迹，究竟是什么样的神秘原因，毁灭了三九，却成就了华润？

2001年，就在赵新先完全依靠银行贷款发动第三次扩张的时候，宁高宁领导的华润也提出了“再造华润”的发展战略：计划在未来5年内在内地投资150亿到200亿元，形成与香港华润相若的“新华润”。

在这一计划的实施过程中，华润集团将其前期已经开始收缩的数十个业务领域进一步缩减至地产、零售、微电子、电力等少数行业，并分别对应于“日用消费品制造与分销”、“地产及相关行业”和“基础设施及公共领域”三大战略投资范畴。在收缩投资“战线”的同时，华润着力于每一个投资领域内的管理能力提升和价值创造，力求在“有限度相关多元化”的同时，在每一个投资领域内形成专业化的竞争力。按照宁高宁的说法，华润集团在整个发展过程中，银行负债不能超过股东资金的一半，这也意味着“再造华润”是以自有资金为主的一次资本扩张。

不同的“资本价值观”和企业发展理念，引领着两个企业走上了各自不同的道路：在2005年面临重组时，三九旗下拥有数百家“子孙”公司，内部管理混乱，加上错综复杂的内部担保与借贷，一度令债权清查陷入“迷宫”。华润集团则在2005年提前完成4年前定下的“再造华润”目标：营业额、总资产和税前利润比2001年增长1倍；2006年再获20%以上的增长，集团营业额、总资产和税前利润分别为648亿元、1697亿元及123亿元。与规模扩张相比，更加值得关注的是，华润集团的股本回报率持续上升，由2001年的6.6%增长至2005年的16.9%(2006年略微下降至16%)。这意味着华润的成长不仅仅是规模扩张，更为股东创造了实实在在的价值——企业赢利能力不断提高。

在貌似相近的扩张战略背后，有着完全迥异的操作理念和结果。这正如《孙子兵法》所云：“人皆知我所以胜之形，而莫知吾所以制胜之形。”

下面这篇短文为宁高宁(他于2004年12月转任中粮集团董事长)所作，题为“一样的战略，不一样的结果”。

香港有两家公司，十几年前差别不大，公司的规模和赢利相仿。两家公司十几年来所做的事也差别不大，你做地产我也做地产，你做基建我也做基建，你做电信我也做电信。可十几年下来，两家公司差别很大：一家成了世界级的企业，另一家不仅规模小多了，而且要被迫做债务重组。但这两家公司在几乎同样的战略方向下经营出很不一样的结果却让我们思考。

战略方向当然是很重要的，特别是在行业、地域、规模、时机的选择上，决策往往是短暂的，但影响是深远的。如果公司在前几年大量投资互联网，或者投资了后来被证明是不必要的梦想的全球卫星电话，又或者在1997年香港地产高峰期增加了大量的土地储备，这时公司要面对的麻烦是很战略性的，战术执行层面难以解决。

战略的错误可以导致公司的失败，但战略的正确却不能保证公司的成功，成功的公司一定是在战略方向和战术执行力上都很到位。何况在战略上完全踏空而失败的公司并不多，更多的公司是在几乎同样的战略方向下在竞争中拉开了距离。战术的执行力在公司的发展中起到了更持久的作用，它

不仅可以执行战略，而且可以在过程中巩固、优化战略的方向。像TOM.COM，它原本是一家纯互联网公司，可它的战略在执行中被优化了，才有今天的生命力。相反，因为战略与战术在不同层面上是有交叉的，其相互作用难以绝对分开，特别是公司在战略转型的时候，往往忽视对战术的执行力。因为对执行的结果不满意，又引起对战略的怀疑，甚至轻易地改变战略，这时公司不仅没有了战术，也没有了战略，没有了信心，问题就来了。

公司的经营决策就是一个处理矛盾和做选择的过程，战略与战术、长期与短期、发展与稳健、集权与放权，这些矛盾永远存在，选择永远是困难的。但在这些矛盾中，矛盾的主要方面随公司发展的不同阶段而变化。当公司的战略方向逐步清晰的时候，战术的执行力就变得更为重要。

我前几天去海南省，看了我们在那里的一项资产——石梅湾。那里有全世界最好的海水、沙滩、温泉、热带雨林。石梅湾还是一块处女地，我也相信未来海南一定是中国人最好的度假地方，可如何把石梅湾做好呢？从长远战略来说，这里是没有错的；从战术执行来说，我们要面对很多的考验，它不仅要考验我们的热情投入，还要考验我们的智慧和创造力。石梅湾只是一个例子，我们所有的工作都会长久地受到同样的考验。

【新新观察二】

三九之败，值得检讨的地方很多，一是缺乏产权背景和有效管理约束的“一人机制”，二是赵新先的冲锋式的多元化扩张。如日本战略专家大前研一所言：“中国的机会太多，以致很难有中国的企业家专注于某个领域。其实，进入一个行业，先专业化，然后全球化，这才是赚钱的唯一途径。”

大前研一的“专业主义”

在当今全球经济圈，无视中国存在的人几乎已经消失了，然而正如英国《金融时报》专栏作家马丁·沃尔夫所担忧的，“也许今天我们每一个人所议论的中国都是另外一个国家”。那些为中国一味欢呼或全力贬低的人，要么是别有用心，要么就是没有一个"负责的肩膀"。相对而言，我们更愿意听到一些有建设性的声音。

作为亚洲地区唯一进入全球前10位国际级管理大师排行榜的学者，大前研一曾经是"中国崩溃论"的提出者，可是在飞临中国50次以后，他现在成了中国经济繁荣论的最积极的鼓吹者。他曾经一再提及："未来10年，世界最重要的课题就是如何与一个强大的中国相处。"他同时相信，中国的崛起，对于世界尤其是亚洲，首先是一个重大的机遇，而不是什么威胁。

未来的竞争，企业——大前研一说国家亦如此——的财富不是源于自然资源，而是来自人的智力能量，这跟工业时代、大生产时代很不同。比如，在资源（能源、人力、物耗）型工业方面，人均国内生产总值3.5万美元的日本肯定无法与中国、印度和东盟抗衡，这就要求日本从其成功的传统模式中转变过来。这样的论述，对正在成长中的中国企业也不无启迪。

在所有的好奇者中，大前研一的观察也许比那些远隔重洋的欧美学者更为现实一点，毕竟他经历了日本经济腾飞的整个过程，并是其中最重要的民间策划人之一。作为毕业于美国麻省理工学院的原子物理博士，他在20世纪80年代到1995年期间一直领导着麦肯锡日本公司。他所创办的"一新塾"被称为是"新生代商界和政界领导者"的摇篮。他太熟悉一个国家从贫瘠走向繁荣，一个产业从起步迈向成熟所必经的曲折和艰辛了。

"历经20年的发展，中国企业有没有到自己寻找方向的时刻？"30多年前这个曾经让松下幸之助、井直熏们激动不已的设问今天终于降临到中国公司的身上了。沐浴过所有光荣和困顿的大前研一显然比别人更容易看到历史的轮回："在前发展时期，西方企业已经为后进的企业树立了追赶的标杆，我们知道该朝哪个方向努力，但现在，我们已经追到一个陌生的十字路口，一切该由自己来决定方向了。"

那么，中国企业家们做好自己来决定方向的准备了吗？2006年，中国的出版社引进了大前研一的新著《专业主义》，这个书名似乎就是直指中国公司而来的。这是一本论述企业家专业精神的著作，大前研一在一开始就预言："专家阶层的势力迟早会增强，并动摇日本的产业界。"这本书与他之前的一些著作颇为不同，正如大前研一在序言中所说："本书写作的目的并不在于做出预言，而在于强调培养专家的方法。"它不再大而论道，而是用更成

对中国企业家颇多批评的大前研一

系统的语言论述了专业主义对于E时代企业家的重要性。他的这些观念之形成并非一日，其实2006年他在上海接受采访时，就曾从这个角度考察过中国和中国公司。

“中国的机会太多，以致很难有中国的企业家专注于某个领域，并在该领域作出卓越的成绩。”在那次访问中，大前研一这样说，“但专注是赚钱唯一的途径。可口可乐专心做可乐，成为世界消费品领域的领先者；丰田专注于做汽车，成为日本利润最为丰厚的公司。进入一个行业，先专业化，然后全球化，这才是赚钱的唯一途径。”

在过去的这些年，“篮子与鸡蛋”的讨论一直在中国企业家中间翻来滚去，而我们看到的事实却是，几乎所有成功的企业都走上了多元化的道路。在未来的几年内，我们可以毫不费力地预测，那些自以为完成了原始积累的企业将相继杀进以下领域——汽车、房地产、医院、金融、教育及保险产业，可是它们中间有多少会成为专业者，却无从知晓。

大前研一的新观点是，在面向未来的激烈竞争中，一个公司或个人，唯一的生存之道是专业，任何企业家对自我的培训，必须向专家化的方向开展。这位早年曾领导麦肯锡日本公司的管理学家为此提供了一套新的评价和培训工具，其中包括提升领导者的“预测力、构想力、议论力、适应矛盾的能力”。大前研一说，我给中国企业家的建议是，专注于某个小的领域，争取在这个领域做到最强，这需要时间，但这与中国的文化不符。

中国的文化是什么？是秦始皇式的“大一统”？是唐玄宗式的“盛世幻象”？还是成吉思汗式的“跑马圈地”？欲言又止的大前研一把问号轻轻地悬晾于文字之外。

“中国企业必须找到未来获利的来源。利润来自于实力，而不仅仅是成本更低，在降低成本的同时，要努力做得更好。为了做得更好，你必须有自己的技术秘诀。否则,别人很容易仿造,竞争的结果就是被迫不断降价。"这是一段几乎不需要论证的逻辑,只要稍稍懂点经济学常识的人大概都不会反对,可是当它从大前研一这位日本管理大师嘴中一字一顿地说出来的时候,让人听来竟有一种悚然的宿命感。

托普
十年一觉TOP梦

宋如华的商业故事其实是由三个悬念构成的:

一、一个从来没有商业经验的大学教授投身商海,将以怎样的方式构筑他的商业梦想?

二、面对巨大的诱惑和凭空而降的机遇,大学教授与草莽出身的企业家是否将作出不同的抉择?

三、当公司濒临无药可救的绝境时,企业家该选择一种有尊严的失败还是自保其身?

跟无数热血的中国知识青年一样，宋如华在创业之时就将取得像比尔·盖茨般的成就视为自己的远大目标。

那个美国青年白手起家，靠一套软件系统打造出一个不可一世的商业帝国，并在将近30年的时间里一直是地球上最富有的人。这样的"美国梦"曾经激励过无数的中国青年。

宋如华在某些时刻，甚至已经逼近了这个目标。他被认为是中国式比尔·盖茨的代表人物之一。

然而，故事最终以崩塌结束。当灾难降临的时候，当公司的最后一张底牌被猛然揭开的那一刻，所有的关注者都突然哑然失笑。

蹬三轮：大学教授敢下海

1992年3月，全中国的报纸都在无比兴奋地报道邓小平南方谈话的新闻，这位87岁的老人再次吹响了加快改革开放的号角。便是在这种空前热烈的氛围中，30岁的成都电子科技大学应用物理系副教授宋如华突然辞职经商去了。

在此之前的宋如华没有展现出任何商人的天赋。他出生于浙江绍兴县的一个小山村，家境贫寒，7岁丧母，考上大学之前还没有看到过飞机的模样。在大学读书的时候，他给自己定过一个"八不原则"：一不出国，二不经

宋如华

商，三不抽烟，四不喝酒，五不唱歌，六不跳舞，七不看电影，八不逛公园。就凭着这股苦读劲，他因成绩优异毕业后留校任教。在那些年，他教的课是学生们最喜欢听的，后来创办了网易的丁磊曾经旁听过他的公开课。1991年，他被破格晋升为副教授，并被授予全校唯一的“机电部青年教书育人特等奖”。就是这个看上去前途远大的青年教授，决定下海创业。

宋如华后来回忆说，让他痛下决心的一个细节是：这一年元旦他回家探亲，在火车上，一个手持“砖头式”大哥大的暴发户一人占了两个位子，宋如华客气地请他腾一个出来，那人瞟了他一眼，露出满脸的不屑。

对清贫命运的不甘和对火热的商业大时代的憧憬，让内秀而又个性倔犟的宋如华走出了校园。他和一个好友凑了5000元钱，注册了一家名叫“托普电子科技发展公司”的企业，托普的英文是TOP，“顶峰，顶尖，卓越”的意思。宋如华对同伴说：“我们要做就做最顶尖的，我们的目标是比尔·盖茨。”

宋如华是学天文物理的，他所学的知识与商业有很大的距离。因此在一开始，一心想像比尔·盖茨一样的他只能靠倒卖电脑起家。那些日子，他整天骑着一辆三轮车在成都城里跑来跑去，一边蹬一边给自己打气：“蹬一下一毛钱，蹬两下两毛钱，100下就是10块钱。”在当时的全国大学教授中，肯下海蹬三轮车的，除了宋如华还有几人？

托普的第一单大生意是从天上掉下来的。有一天，四川建设信托投资公司给电子科技大学打电话，希望有人替他们安装一个电子显示屏。接电话的恰好是宋如华的一个相识。于是，他顺口把这件事告诉了正四处瞎找业务的老朋友。宋如华其实对这个项目一无所知，而且委托方又要求15天内完成安装调试，可是当他听说项目的合同金额为32万元时，便一口应承了下来。接下来的日子里，宋如华每天只睡两个小时，从原料采购到印制板加工，再到安装调试，他竟只用了12天就完工交货了。

宋如华和他的创业元老们

真正让托普完成原始积累的项目也是从天上掉下来的。1994年10月,成都金牛区税务局向托普买几台电脑。在交谈中,当局长得知宋如华是电子科技大学的教授时,便无意中问了一句:“你们能开发自动打印发票的计算机软件吗?”

当时正值经商热潮,税务系统整天为日日猛增的计税事务忙得焦头烂额。国家税务总局也专门下过文件,要求“在本世纪末,全国各税务局、所均要实现从申报、登记、开票、会计的计算机化”。然而,国内几乎没有一家计算机公司有成熟的产品提供。在税务局长提问之前,宋如华从来没有接触过软件开发业务,托普公司里也没有一个软件工程师,但是,“吃了上顿没下顿”的宋如华说:“当然能。”就跟做显示屏的那单生意一样,宋如华先是大胆地签下了合同。然后,他转身回母校招进3个大学生,把他们关进一个小房间里日夜开发。3个月后,托普计算机自动计税系统1.0版诞生了,输入纳税人信息后,计算机就能自动打印出发票。金牛区税务局非常满意,托普的软件系统真是帮了他们一个大忙。很快,别的区得知了这个信息,也主动上门来找托普了。宋如华发现,一个大金矿突然袒露在他的面前。

托普以前做电脑销售,只能赚取那点可怜的代理费,而有了计税软件系统之后,硬件与软件搭着卖,价格就由托普说了算。宋如华计算了一下,全国的大小税务局有4万多个,每个局、所投入10万元,就是几十亿元的大市场。宋如华当即决定,放下手上的其他一切业务,专心一致主攻计税软件的市场开拓。在半年多时间里,他跑马圈地攻下了大半个四川省,同时组建营销网络,杀向西北和华东各省。到这一年底,托普的税务软件销售收入达到4000多万元,其中最大的一个工程是西安市地税工程,合同金额达1500万元。

那是一个充满了暴利气息的年代。市场对办公自动化的巨大渴求与这个领域的科技神秘性,营造出一个难以想象的赢利空间。宋如华凭着他惊人的商业直觉，抓住了这个百年一现的机遇。一个日后看来非常成功的策略是，在发现了市场机遇的时候，宋如华没有把主攻目标放在北京或上海等大中城市，而是在县市级税务系统四处出击。那是一个需求旺盛，而公关难度相对较低的市场。一位早年跟宋如华打天下的托普旧部回忆说："托普的软件系统只要一演示，就八九离不了十，接下去的工作就是跟税务局长们喝酒。那个时候喝了多少酒啊，宋总一个人就可以喝一斤半白酒，整个公司都在喝。"

1995年前后的中国计算机市场并不让人乐观，人民币的持续贬值造成进口零部件成本大大提高，而国际品牌电脑商大肆冲击市场，更是让联想、长城等国内制造商们只有靠打价格战才能喘一口气。在这样的大背景下，毫无技术和制造优势可言的托普却成了少见的亮点，在当年，唯一可以与宋如华比肩的是深圳华为公司的任正非。跟税务系统一样，20世纪90年代中期的中国电信市场才复苏，随着程控技术的推广，全国电信网络面临一次全面的更新改造。刚刚自主开发出程控交换技术的华为公司抓住了这个机遇，同样在行业内毫无知名度的任正非跟宋如华如出一辙，依靠"农村包围城市"的策略，从一些偏远的城镇电信局突破，迅速抢去了一块大公司们还没有来得及发掘的大"蛋糕"。

放卫星：托普一夜暴大名

造化总是在最不经意处弄人。当命运对宋如华绽开第一缕微笑之后，突然又猛地沉下脸来。

正当托普在计税软件市场上如鱼得水之际，北京中关村的大公司们如梦方醒，偌大"蛋糕"岂容一个名不见经传的托普独享，他们只动用了小小的一招就让宋如华痛不欲生。1996年春，国家税务总局出台政策，认定目前的计税软件标准不统一，因此，对各地税务局自行上马建设的计算机税务系统进行限制，必须由国家启动统一的"金税工程"。此令一出，托普顿时陷入困境。仅半年时间，托普公司的全国业务尽数萎缩，数百万元应收款无法收回，10多个省级办事处分崩离析，经营骨干纷纷出走，技术人员离职过半，有几个不久前还在宋如华面前信誓旦旦的副总裁乘机出走，办起与托普抢市场的企业。宋如华在高层会议上发狠说:“你们哪个敢在背后捅我刀子,我就抱炸药和他同归于尽。”

就这样，毫无政府背景与资源可言的托普被灰溜溜地赶出了一个由他们率先启蒙的市场。

内心悲愤却又无处诉说的宋如华知道,当全国统一的“金税工程”启动的时候,像托普这样的地方小公司根本就没有任何插足的机会。他开始重新游猎。秋天,他参加了科技部组织的印度考察团。在“南亚硅谷”班加罗尔,他看到了大批软件公司的集群和崛起。他问一位同行者:“中国有没有可能也搞出一个班加罗尔?”被问的是一个东北企业家,他告诉宋如华,沈阳有一家叫东大阿尔派的企业好像在搞一个类似的项目。回国后,宋如华飞赴沈阳。当他回到托普的时候,他对同事们说:“我们要搞一个‘西部软件园’。”

宋如华的逻辑判断是：中国的计算机软件产业正处在喷发的前夜——托普搞了一个计税软件便吃得撑饱肚子——预计到2000年前后，全国电子信息市场将达1万亿元人民币,将有无数的软件企业诞生。借鉴印度的经验,完全有必要建设一个软件工业园区，以起到集约研发和孵化器的作用。当时,东大阿尔派已经在沈阳开办了一个类似的园区,受到政府的欢迎。

托普同人听宋如华巧舌如簧,却如坠云里雾里。公司一无背景,二无资金,三无技术,四无土地,只有一群找不到业务方向、人心渐散的热血青年,怎么去搞软件工业园?唯有宋如华决心放手一搏。他跑到成都附近的郫县红光镇。此地在“大跃进”时曾闻名全国,是四川省第一个“亩产超千斤”的“放卫星公社”。1958年3月16日，毛泽东曾亲临视察，一时成为全国学习的典型。1997年3月,宋如华在这里选中了一片100亩大小的菜花田,竖起一块“西部软件园”的大木牌子。这样,在将近40年后,“绍兴师爷”宋如华在红光镇又放出了一颗“大

宋如华放出的第一颗“卫星”——西部软件园

卫星”。

恐怕连宋如华自己也没有想到，他在菜花田里放出的这颗“卫星”居然如此光芒耀眼。就在托普开了一个小型的新闻发布会后，热烈的掌声就从四面八方汹涌而来。当时，全国各省市正掀起一个信息化建设的高潮，年初，四川省将信息产业列为重点发展的“第一产业”，然而各市县却罕有拿得出手的项目。宋如华的“西部软件园”甫一宣布，顿时让人眼睛一亮——软件公司的集群、产业化的发展理念、“西部”概念的提升——哪里去找一个更让人兴奋的宏伟概念呢？地方政府一下子表现出前所未有的热情。就在宋如华把木牌竖在菜花田两个月后，“西部软件园”就被列为全国四大“首批国家级火炬计划软件产业基地”之一。而当时，托普还拿不出任何像样一点的投资规划和建设蓝图。用宋如华的话说：“我们被政府追着往前跑，大胆透支，及时补证。”接着，托普又成为四川省政府宣布的35家重点扶植企业之一，宋如华本人也被评为当年度的“四川十大杰出青年”之一。

如果说计税软件的开发与经营是在地面飞奔的话，那么，“西部软件园”却让宋如华和他的企业飞了起来。几乎是在一夜之间，托普成为中国西部名头最响亮的高科技企业，各项扶持政策、税收优惠和社会荣誉接踵而至。一个尚在空中的“西部软件园”让宋如华醍醐灌顶。**他突然发现，中国商业的游戏规则实在是非常神奇，有时候，你辛辛苦苦做好一个产品，不如在某个夜晚喊出一个新概念，财富的聚与散往往随着大势的摇摆而动。他意识到，财富钟摆已经摇到了自己的面前，此时若不及时伸手，将遗恨终生。**他引用《追求卓越》中的一句话跟同伴们说：“如果你不相信我们正在开启大时代，你一定是个白痴。”5年的商海历练，让这个昔日纯真的大学副教授已经非常老练和功利，他决心借用软件产业和西部开发这两大含金量无限的概念重新规划他的“TOP梦想”。

1997年6月，四川省委书记和省长一起考察托普，当被问及有什么要求时，宋如华提出，希望有机会上市，实现直接融资。

在1997年前后，上海、深圳两大股市的上市指标基本上都为国有企业所垄断，民营企业要想直接上市近乎天方夜谭。而另一个事实则是，很多上市的国有企业都是一些烂摊子，那些融到的资金仅仅被挥霍了一两年，就再度陷入困境，最终成了一批“壳资源”。宋如华对省委书记和省长描述说，托普上市,一方面可以用“新产业和新体制激活老的国有企业”,另一方面则支持了像托普这样的“新生事物”,正可以一举两得。很显然,宋如华又一次把“改革概念”送到了政府手上,省领导当场表示支持。在省长的亲自牵线下,一个“壳资源”很快被找到了,它是四川省自贡市的长征机床股份有限公司。这家老牌国有企业在1995年上市后,仅1年多后就报亏,每股收益从上市时的0.26元降为0.01元,已经失去了在资本市场上圈钱的“配股资格”。

托普收购川长征,最终成为一幕高潮迭起、充满了血腥气息的资本大戏。宋如华自此彻底转型,从实业家变成了资本大玩家。

这起收购案从一开始就很受市场瞩目,它被认定为中国民营科技企业“借壳上市”第一例,赫然是一个足金百分百的炒作题材。宋如华更是不断提出新概念,一会儿是“托普将进入国家100强企业之列、成为中国三大软件研发基地之一”,一会儿又宣布将把川长征做成“中国信息产业第一股”。于是,在股市庄家和传媒的推波助澜下,一家奄奄一息的机床工厂顿时被披上了一件金光灿灿的“高科技外衣”,让人不可逼视。

与此同时,宋如华适时地组建了证券部。它被设在托普公司总部的顶楼,一般员工均不得进入。宋如华甚至在总裁会议上要求,“希望个别高层领导要有风度,不要干扰操盘”。就在他的翻云覆雨之下,股价一日三涨,扶摇直上。在宣布收购的1997年12月,川长征的股价为每股6元上下,到第二年的4月13日,股价已创下24.58元的历史新高,涨幅达400%,市盈率近1900倍。宋如华在高层会上宣布:“我们今年赚了2个亿。”

托普收购川长征,按照公告内容,它需支付1亿元左右的现金。然而当时,托普的全年销售额不过数千万元,宋如华手中除了“西部软件园”一块招牌外,根本拿不出足够的钱——能动用的钱都被他砸到了公司顶楼的证券部里了。在这个过程中,这位“绍兴师爷”尽展腾挪斡旋的空手道才干。他时而宣布有广西一家上市公司将出资5000万元购买“西部软件园”的品牌,暗示将在四川省外选择“壳资源”;时而召开记者招待会表示将单方面退出重组,过不久他又刊登“澄清声明”,宣布一切尚在商议中。

托普的“进退摇摆”让四川的官员们左右为难,此次收购从一开始就被高调地宣传为“民营高科技企业重组老牌国有企业的重大改革”,如果托普真的半途退出,无疑是让各级官员都百般难堪的事情。于是,尽管官员们对宋如华“师爷式的狡黠”非常愤怒，可是也只好陪他咬牙往前冲，四川省及自贡市两级主要领导人分头到中国证监会“做工作”，最终中国证监会同意豁免托普的“全面要约义务”。1998年4月6日，收购案尘埃落定，托普受让川长征48.37%的国家股，需支付1.0996亿元，其中7791万元是川长征高价购买了托普的股份，其余近3000万元，则是自贡市国资局“全部借于川长征用于未来发展之需”。也就是说，宋如华没有从口袋里掏出一分钱，就凭空得到了一家上市公司。

借壳“川长征”一役让宋如华在资本市场上暴得大名，其进退诡异，设计机巧，几乎是牵着官员们的鼻子走。多年后，他得意地回忆说：“我这叫掌握主动，步步为营，每走一步就钉下一个楔子，造成既成事实，叫对方没有退路。”不过，商业上的任何得失都有报应，宋如华在此役中所表现出来的处心积虑，让先前那些无比信任他的四川官员颇为寒心。日后，托普陷入信用危机时，四川全境再无人肯出面为之缓颊解困，这些自然已是后话。

软件园：跑马全国成地主

就某种意义而言，“西部软件园”其实是一个商业地产项目。

在商业理念上，这是一个十分值得尝试的模式：通过产业基地的打造，把众多高科技企业吸引到一起，以实现集约效益，体现高科技企业的孵化器效应。作为园区的投资商和管理者，托普的长远效益非常可期。印度的班加罗尔以及中国台湾的新竹科学园区都是可以借鉴的模式。1995年，苏州与新加坡政府联合启动的苏州工业园区更是一个近在眼前的样板。托普之所以被资本市场追捧，其实也是看好它的模式优越。1997年的宋如华其实有这样的机会：依靠政府的全力支持以及资本市场的信赖，把“西部软件园”这个项目落到实处，做到极致，真正地引进一些高科技公司，或许真有可能建成中国西部的一个“硅谷”。

在公开的运作上，宋如华似乎也在朝着人们的期望前行。在收购川长征后，他组建成都西部软件股份有限公司，将中国科学院软件研究所引入，让其以无形资产入股的方式成为第二大股东，宣称“将把‘西部软件园’建成国内最大的软件中心和工程中心，争取到2000年实现产值50亿元，2010年达到500亿元，在2050年赶上国际一流的高科技园区，产值达到500亿美元”。在红光镇的那块菜花田上，也盖起了软件工厂、别墅群、对外学术交流中心以及一家用于接待的高级宾馆。可是，他的宏大建设工程到此就止步了。接下来，他施展出一连串令人眼花缭乱的扩张行动。

对于已经在概念狂热和资本炒作中难以自拔的宋如华来说，将一家又一家科技企业引到园区中来，静下心来把“西部软件园”一砖一瓦地建设好，实在是一件太漫长的任务了。他想要把“软件园效应”数十倍、上百倍地放大，如果罗马城不能在一日之内建成，那么，他宁可另建“帝国”。

他的计划是，借着“西部软件园”的轰动性效应，把软件园模式“复制”到全中国去。很快，他又像数年前推销计税软件系统那样飞遍全国，忙碌而充满激情，此刻，他推销的是“软件园模式”。

宋如华在各地推销软件园的方式，是那么强势而让人难以拒绝：与地方政府洽谈，宣称将投入1亿元以上的资金，在当地建设一个宏大的软件园，承诺在若干年内引进上百家软件公司，使之成为该省或该地区最大的高科技园区。

这样的合作条件，加上“西部软件园”的“成功经验”，几乎没有哪个地方官员可以抵挡得住诱惑。宋如华的圈地之行称得上是无往而不利。

1999年8月，托普宣布投资1亿元，在鞍山修建东北软件园；仅1个月后，宋如华在自己的家乡浙江省绍兴市落下第二枚棋子；以后，在江苏常州、南京、无锡，浙江嘉兴、金华、台州，山东威海以及上海南汇等地，一个接一个的托普软件园相继开建。每到一地，当地政府最高首长必莅临开园仪式，众多媒体热烈报道，托普俨然成为点燃各地高科技产业热情的“火神”。

为了让自己宏大的软件园规划带有更强的国际化特征，宋如华甚至还在美国注册了一家托普国际，宣称“在宾夕法尼亚州立大学附近建立了基地，用于承载技术开发实验点和国际采购的功用”。2000年9月，宋如华富有想象力地向国家科技部火炬中心提出了构筑“千里软件产业带”的恢弘计划。该计划宣称，托普集团将在中国经济最发达的华东地区建设东部软件园，“通过托普在华东地区的几十家公司，形成上海、江苏、浙江、山东等多个战略支撑点和网络式的核心企业框架。软件园将在1到3年内初见成效，4到6年基本建成，

6到11年全面完成，到2010年末达到累计投资29亿元，带动地方经济290亿元，软件规模每年20亿元，园区占地200万平方米，园区人数3000人”。这个乌托邦式的规划在递交的2个月后，居然被正式批准为国家火炬计划项目。

托普的高调运作，加上国家部门的深度认可，使得宋如华的跑马圈地充满了大喜剧的轻快色彩。他成了各地市长们争抢的“香饽饽”和座上客。几乎所有的软件园项目都被列为市长的“一号工程”，政府对其用地更是给予了最优惠的出让价格，有些心情急迫的地方甚至是免费送给了托普。很显然，对一些地方官员来说，引入托普的软件园项目，是一个很可以自豪的政绩工程。正是在这种各怀心思的合力推动下，托普软件园的园区面积也是一个比一个大，从鞍山、绍兴的五六十亩起步，到嘉兴的台商信息产业园已经达到占地4500亩的空前规模。宋如华的投资额也水涨船高，从一开始时的1亿元到后来信口开河的100亿元。宋如华也很能体会官员们这种好大喜功的心态，因此在园区定位和规划上，大打“形象牌”。在上海南汇建东部软件园时，他突发奇想地将之设计成一张“世界地图”：“五大洲”被设计为园区中的人工湖，房屋和道路都设计在“四大洋”上，东面垒起一个高坡，宛若虎头，西边一溜土堆，号称龙形，美其名曰“藏龙卧虎”。这种土洋结合的奇妙构思，自然博得前来参观的官员们的啧啧赞叹。

就这样，从1999年到2002年的4年间，宋如华落子如飞，赫然成局，托普在全国数十个省市开建了27个软件园，平均不到两个月新建一个，占用土地超过1.2万亩。靠一个“软件园概念”，宋如华竟成为中国企业界最大的地主。

托普建软件园，动辄宣称投入数亿元乃至上百亿元。其实，它投入的资金并不大，靠的是“在当

托普东部软件园

地挖潜,利用地方资金和资源滚动开发”。

“当地挖潜”的第一种,是获得当地银行的资金支持。托普的软件园项目几乎都伴随着一份与当地银行合作的信贷协议,托普低价甚至无偿获得用地后,当即通过抵押或担保等方式向银行套取资金。能不能获得银行贷款,成了建不建软件园的前提条件。宋如华曾明确指示部下:“一个软件园项目,在本地银行都融不到钱,那就证明各方面的工作都不到位,也就不要做下去了。”便是在这一过程中,托普在各地编织了一张旁人无法理清的、错综复杂的财务网络,在资本日渐膨胀的同时,也埋下了无穷的后患。

第二种是获得当地的软件改造项目。在鞍山东北软件园签约的同时,托普便利用与政府的热络关系,得到了鞍山体育场显示屏、市教育信息化改造的近2亿元工程合约。在绍兴、金华、大庆等地建园时,托普都相继接下了当地政府委托的数千万元的软件开发合同。

第三种是获得垄断性资源。2000年,托普在湖南宁乡建设软件园,宣称将在5年内投资10亿元,将之建成具备年生产、开发60万套软件能力的“开放式软件基地”。这成为当年度湖南最大的高科技引资项目。作为“配套性项目”,托普向湖南省政府提出创办湖南托普信息技术教育学院,由此顺势进入了民营资本很难参与的高等教育领域。这种配套模式,后来在长沙、上海、成都和绍兴等地复制,托普相继建起了4家信息技术院校,在校学生一度多达万人。

曾经四处可见的托普招生信息

正是凭借着这些胆大无比的空手道技巧,深谙中国政商之道的宋如华一次次获得了成功。于是,他的商业心态也渐渐地浮现出难以掩饰的暴戾之气。有一回,他对友人说:“以托普现在的名气,我只需要在软件园开发中心招聘100个毕业生,带银行行长看一看,就可以贷款了。”

还有一次，他更是大言不惭地向人传授经验道："软件公司很像皮包公司，除了人没有别的东西，如果你只有半层楼几间屋，你搞软件的信用度就不够，客户觉得你寒酸；你有了园区，那是实力的象征，客户会觉得自己寒酸。"

在说这段话的时候，那位本分诚信、立下过"八不原则"的大学教授和他的书生意气都已荡然无存了。

"托普系"：生产"概念"的公司

"西部软件园"的意外成功，让宋如华的商业生涯拐入了一个莫测的峡谷。

在此之前，无论是做电脑显示屏还是推销计税软件系统，他一直走的是实业型的道路。在一次记者访谈中，他说："企业不要去从事自己不熟悉或没有优势的行业。世界上很多知名企业都有这样一条经验，我们托普就绝不去搞证券、房地产，这在我们的公司典章里有明文规定。托普希望成为中国最大的软件商和工程中心。"

可是，1997年之后的他已经彻底地改变了观点。收购川长征之后，他一度也想花精力把它搞活，在1年时间里，他曾经70多次去自贡现场办公。可是，要整治一家积重难返的老国有企业谈何容易？因为治理无度，工厂数度发生罢工事件。他被工人"绑架"批斗，有一次还差点出车祸丧生。这段经历让宋如华伤透了心，终而对搞实业丧失了信心。

企业尽管重振无术，可是在资本市场上，重组效应却"立竿见影"。1998年，已经更名为托普软件的上市公司宣布实现主营业务收入2.21亿元，比上年增长232%，实现利润增长近5467%，净利润增长率和主营业务收入增长率居高科技软件行业第1位。2000年5月，公司获得了增发资格。宋如华宣布将实施"软件国际化及倍增计划"，先后投入10个重大的高科技项目。借着这些令人浮想联翩的宣告，托普软件一举募资9.5亿元。在炒作行情的推动下，公司股价高涨至每股48元，成为深圳股市绩优高成长股票的代表，公司连年入选"中国最具发展潜力上市公司榜"。

自此，囊中丰裕的宋如华更是痴迷于资本经营，对实业经营再无兴趣可言。他终于发现,要在产业实务上搞好一家企业是多么的困难,可是要在资本概念上“重组”它,却是多么的容易。

随着软件园工程在全国的遍地开花,托普公司的名声如日中天。这一切都让宋如华感叹“好风凭借力,送我上青天”。他开始潜心构筑自己的“托普系”。头顶着高科技企业的光环,一些老牌的国有企业成了这位资本玩家手中的玩物,“始乱之,终弃之”。

托普集团旗下的第二家上市公司便是又一则资本重组的绝妙案例。

世纪之交,互联网热浪席卷全球,向来对新事物颇为好奇的宋如华自然不会旁观。就当他在软件园项目中屡有斩获的同时,他的一位名叫丁磊的晚辈校友却靠创办网易公司而获得了比他更大的财富和声誉。他曾不无酸意地对人说:“我在电子科技大学教书的时候,丁磊还可能听过我的课呢。”1999年初,宋如华在美国注册了一家公司,然后以12万美元的代价从一位朋友手中买到了www.chinese.com的域名。

很显然,这是一个TOP级的域名,谁都掂量得出其中潜藏着的商业价值。2000年7月,托普宣布投资6亿元建设面向全球华人的“炎黄在线”。宋如华决心狠砸广告,把名气一下子打响。一时间,全国的各类报纸上都刊出了“炎黄在线”的“红色风暴”,广告词只有很醒目的一句:“让我们一起搞大。”这一次,宋如华是实实在在地烧了钱。根据全球最大的传媒监测公司AC尼尔森的数据显示,“炎黄在线”在2000年共投放广告3691.6万元,也就是每天烧掉10万元,在中国互联网公司中,仅次于他的晚辈校友丁磊的网易公司。

可是,投了那么多的钱,宋如华始终没有搞明白,“炎黄在线”到底该“搞大”什么。一开始,网站被定位于“横跨全世界五大洲的华人聚集社区”,不久后,宋如华意识到这是一个无法实现的目标。他迅速将之转型为“全球华人商业网站”。直觉告诉他,互联网将对传统商业模式进行全面的颠覆。他曾经描述说:“成都每年都搞全国糖酒交易会,那么多人坐飞机、坐火车赶到成都来,吃吃喝喝弄一天就走了,最多签了一些合同,如果在网上签,不知道会省下多少成本。”在当时国内,跟他说过同一番话的还有一个人,那就是正在杭州用50万元积蓄苦苦创办阿里巴巴网站的马云。两人的区别是:一个手握上亿元资金的人只看到了方向,另一个“穷光蛋”却找到了方法。

商业网站的路径找不到,宋如华又提出要进入资讯产品通路领域,把

“炎黄在线”打造成一个“零售行业的解决方案专家”。几番折腾之后，网站始终没有起色。不过，尽管宋如华在互联网产业上毫无灵感，可是在资本市场上，长袖善舞的他却狠狠地赢回了一票。

就在常州投资软件园的时候，他瞄上了当地的一个“壳资源”。2000年9月，在深圳证券交易所上市的金狮股份发布公告，向托普集团转让26.83%的股权，后者成为第一大股东，股票随之更名为“炎黄在线”，成为中国股市上第一家以网站名称命名的上市公司。金狮股份是常州一家自行车制造工厂，上市两年后企业效益急剧滑坡。并购之前，宋如华一行到工厂考察，看到的是齐腰高的荒草，一派破败景象。随行人员开玩笑地说：“今后的金狮股份会有两高，一是股价高，一是茅草高。”果不其然，并购重组后的当年，“炎黄在线”声称成功开发了“网络化通用物资采购招标管理系统”及“网络化办公自动化系统”，年底的财务报表更是让人惊喜：实现主营业务收入同比增长318%，利润同比增长139.16%。股价由此持续攀升，从最初的不到10元一直涨至33.18元的高位。

在互联网领域中失去的巨额广告费和商业自尊，宋如华从资本市场上一把抢回来了。

如果不是通过这种抽丝剥茧似的描述，对中国商业潜规则缺乏了解的人们，自然很难识破那些被光环笼罩着的神话。在2000年前后的商界，托普成了一家最耀眼、也是最神秘的“高科技概念企业”。

尽管年年凯歌高奏，可是没有人搞得清楚，托普到底是做什么的，在靠什么产业赢利。

一位商业观察人士写道：“托普从1999年开始生产电脑，但至今在全国各大IT市场鲜见其名；托普的手机，尽管在距离北京机场不远的高

长满了荒草的托普手机基地

速公路上就可以看到其醒目的广告,但在市场上似乎也尊容难见;曾经热闹一时的炎黄在线,业务到底是在网上还是网下,就连成都本地的记者们都说不明白。"曾出任托普集团公共关系部总监的杨志宏在《托普检讨》一书中记录了一个"真实的笑话":在向银行申请贷款时,某行长笑问:"市场上很少看到托普的产品,你们报表里的销售收入到底是哪里来的?"托普的经办人半开玩笑半认真地说:"我们有一个子公司,专门做走私的。"行长大笑作罢,不再深究。

《成都商报》的一位记者在报道中描述了一个他目睹的细节:在一次企业家论坛上,华为公司的任正非问坐在旁边的宋如华:"托普到底是做什么的?"宋如华想了半天也答不上来。到后期,连宋如华自己也不得不有点无奈地承认:"说到托普软件,股民都知道,炒起来很有搞头,但托普软件到底是什么东西,哪些方面知名,很多人还不知道。要达到这个目标,还需要未来3至5年甚至更长的时间,任务还相当艰巨。"

大招聘:那最后一根稻草

2002年前后,宋如华的"TOP梦想"似乎即将实现。

他在全国各地的27家软件园相继开工,由150家子公司组成的托普集团俨然成为中国最庞大的高科技公司集群,集团的总资产号称突破100亿元,他本人早在两年前就被《福布斯》的"中国富豪榜"列入前50位。更让人垂涎三尺的是,在软件园工程中,他以难以想象的低廉成本,在数十个省市的最佳商业地段敛聚了1.2万亩的优质土地,在土地成本日渐高涨的年代,这庞大的土地储备足以给他带来无限可能的财富暴增……

2002年7月,托普创业10周年大庆。一向喜欢热闹的宋如华把它操办得红红火火,庆典共历时12天,耗资上千万元,活动遍及全国十几个省市,参与者不下10万人次。宋如华还租赁了两架小型商务专机,供公司高层辗转各地使用。这些天里,位于成都苏坡乡的托普集团总部大楼落成,上海东部软件园开园,占地4500亩的嘉兴台商信息产业园庆典,中国农业银行授予托普"最佳诚信客户"称号,并在北京人民大会堂北京厅与托普集团签订银企全面合作协议……

一切都好像是盛世景象。然而谁也没有料到，压垮托普的最后一根“稻草”就在此刻落了下来。

这根“稻草”是宋如华自己扔下来的。他宣布“向社会招聘5000名软件工程师”。

托普集团总部大楼

很多年后，托普的研究者一直弄不懂宋如华为什么要在这时实施这个夸张的举措。一位托普的资深副总裁曾对友人推测说：“宋老板的大招聘是做给银行看的。”这应该是最接近事实的一种可能性。当时，托普的园区不断开建，可是入驻的公司却非常之少，而集团的现金则入不敷出，宋如华想通过这种轰动性行为吸引企业和金融机构的注意力，以此得到银行贷款和推动园区的招商工作。

事实上，这次史无前例的大招聘在公司决策层从来没有被认真讨论过。2002年6月14日，在10周年庆典的最后一次高层动员会上，宋如华发表了题为“托普、托普哲学以及未来10年的构架与运作体系”的报告。在演讲的最后，情绪高涨的他说：“我们今年准备招5000人，这里面可能有人要走，走了没关系，但是构架要先搭起来，4年之内要招2万人，可能进进出出就10万人，这些人将来会与我们建立很直接的真正的客户关系与合作伙伴关系。”

正是在这样的让人热血沸腾的蓝图描述中，宋如华被自己打动了，他相信“伟大的预言都将自我实现”。于是，“招聘5000人”成了10周年庆典的一项献礼工程，而到最后，它就衍变成了“招聘5000个软件工程师”。7月，正当庆典时分，一则“托普：从风雨中走来，诚聘5000软件工程师共创辉煌”的广告铺天盖地般出现在全国各大媒体。宋如华还特别指示，要把北京到广州的东南沿海各条高速公路都“包下来”，竖大型的招聘灯箱广告牌。

宋如华企望中的轰动效应即刻迸发，在招聘广告刊发后，中国IT业如同遭遇了一场龙卷风，所有的公司都岌岌可危，生怕自己的人才被托普席卷了去。

可是,也就在这时,这则招聘启事的荒唐性也显露无遗。微软公司中国区的一位人士在接受采访时算了一笔账:按照国内软件业的管理现状,一支5000人的软件工程师团队每月至少应为公司创造出1亿元的产值,加上托普公司对全国27个软件园的巨额投入,托普软件一年至少需要完成100亿元的销售收入才能达到收支平衡,但上一年全国软件业的总产值才300多亿元。况且,整个托普集团只有1500个技术人员,一次性招进5000个软件工程师,根本无法管理控制。

在大招聘广告发布的1个月后,8月19日,《21世纪经济报道》刊发长篇调查报道《托普泡沫》,记者杨瑞法和茅以宁对大招聘提出了质疑。同时,他们还实地走访了几个托普软件园,其目睹的事实让人颇感意外。在常州软件园,记者看到除了一幢办公楼和宾馆有人走动外,其余的楼房均空空荡荡;在宣传得最为神奇的南汇软件园,已建成的63幢楼房中,只有托普自己的一家合资公司进驻;在绍兴的软件园里,培训中心被承包成了旅馆,园里的小河段被当地农民搞成了养鱼塘。此外,记者还对托普旗下的一些公司提出了业绩质疑,一家名叫长征网络的公司主营业务只有3227万元,净利润却高达2069万元;一个被托普宣传得神乎其神的顶尖软件M++Builder,在全国软件业中居然无人知晓它是什么产品。

这一系列的质疑,把托普推到了舆论的风口浪尖。让人疑惑的是,一向善辩的宋如华此次竟选择了沉默。在接下来的3个月里,他一直在闹"失踪",跟媒体玩捉迷藏。可是,财经记者们的追踪报道一浪接一浪地席卷而来,托普又相继被曝出担保丑闻、产业空心危机、拖欠民工工资、现金链断裂等负面新闻。到11月,宋如华不得不出来面对公众,可是他仍然没有对哪怕一项指控进行澄清。他的答复竟是如此轻描淡

位于绍兴城东的"浙江托普软件园",主体建筑已被爆破,早已没有了昔日雄风

写："我现在银行存款有18个亿，我还有上市公司股权，我有那么多园区建设，1万多亩地、100多万平方米的房子，就算都是空的，对银行来讲都无所谓；我还有10多个亿的其他资产，桌子、椅子、板凳、电脑、系统，还有5个亿的应收账款……说托普资产100个亿，是不是有点吹牛？我跟你讲，我在四川的存款就有12个亿，所以我为什么要紧张？我为什么要怕？"

当一个拥有数家上市公司的集团公司董事长用这种口吻回答媒体疑问的时候，谁都听得出其中的虚弱和惊恐了。当这番答记者问如实刊登在报纸上的时候，宋如华的企业家信用其实已经破产了。

两元钱：了结一场TOP梦

接下来的1年多时间，对宋如华而言如同煎熬。

5000人大招聘变成了一场噩梦般的闹剧。2000多个青年被托普录用，在短暂的试用后又被相继裁员。宋如华自嘲："现在起码有100万人都讨厌宋如华。"托普股票在证券市场上一再上演跳水惨剧，一家又一家银行向托普急急地追债，很多债权公司纷纷向法院提起诉讼，原本让他感觉自豪的150多家子公司现在成了150多个"烫手山芋"。前些年视他如财神的各地官员也嗅出了异常，各地软件园情况也开始不妙，政府开始以开发不力等理由收回先前协议中的土地，而园区招商工作更是寸步难行。

在招聘事件后的将近两年时间里，面对重大危机的宋如华自始至终显得茫然无策。其实，当时托普名下仍有不少优质资产，特别是各地的软件园土地价值已经飞涨数倍——托普危机爆发的时候，正是中国房地产井喷的疯狂时刻，天津顺驰的孙宏斌正四处高价买地，如果运作得当，大可以选择若干块有操作空间的土地割肉止血，渡过难关。而其旗下的3家上市公司也很有出售融资或寻求合作的空间。可是，宋如华却表现得非常迟滞，好像还一直在祈求有奇迹再次发生。

在2003年的很多时候，他试图通过内部整治渡过危机。他先后完成了40个基本管理制度的起草和制定，对全国各家子公司的管理职权进行了重新界定，并确定了"物流服务"、"在线培训"和"健康护理"三大业务方向。这些决议，日后都被证明是纸上战略，从来没有被认真地执行过。

回天乏术的他继续游走全国各地，寻猎机会。在浙江慈溪，他宣布将打造一个全新的“数字慈溪”；两周后，他又出现在四川彭山县，与当地政府合作开发彭祖山；再数日后，他又现身成都，成立了一家“华侨健康产业股份有限公司”。他在演讲中宣称：“IT业已经不景气了，我驰骋商场多年，始终认为教育和保健这两大产业前景最为可观。”他的这些举措，一次又一次向人们表明，托普的核心业务链已分崩离析。

也是在这段时间，宋如华又被媒体发现有转移资产的嫌疑。在再三宣称“决不放弃托普”的同时，他不动声色地对集团的资产、债务及应收款项进行了一个大清理，此外还进行了很多让外人看不懂的投资活动。《21世纪经济报道》刊发的一篇调查中评论说：“有理由怀疑这是托普在四处撒网、既得利益却甚少的情况下，玩的一招‘金蝉脱壳’的游戏，利用股权关系，将托普的资产通过其他途径转移……”

面对这些质疑，宋如华仍然不给予任何回应。时间最后让所有人失去了信心，到2003年年底，公众眼中的托普已经是人心涣散，一地荒凉，剩下的最后一个悬念无非是：宋如华将以怎样的背影离去。

到2004年年初，银根开始紧缩，宏观形势趋紧，宋如华丧失了一切自救机会。3月18日，托普软件发布公告，身兼公司法人代表、董事长兼总裁的宋如华因病辞去所有职务；第二天，再度发布公告称，宋如华将自己所持有的1800万股股权，竟以1元的价格分别转让给两位同乡虞新友和夏育新。

这样，宋如华以2元钱抽身托普，留下的是跨越10省12城市的12家银行间的巨额债权债务，仅上市公司托普软件一家，就通过信用担保及关联转贷骗取贷款22亿元，此外还违规担保累计金额21亿元。四川省银监局称，托普在四川一省造成的银行贷款损失就达20亿元左右。而直到3年后，有关部门仍称：“银行至今还无法弄清楚托普在全国到底办了多少家子公司，有多少关联企业。”

唯一弄得清楚的宋如华早已于2004年3月初飞赴美国，从此一去不返。他没有如之前对部属们承诺的那样，“如果垮了，一起再去蹬三轮车”。年底，那个曾经给宋如华带来无限辉煌的“西部软件园”被人承包，改造为一家休闲娱乐中心。

2005年5月，中国证监会宣布对宋如华实施“永久性市场禁入”。

一些后续性的报道显示，宋如华在大洋彼岸仍然做着“自己喜欢的事情”：他用Harrison Song的名字办了一个网上书城和网上茶馆，在洛杉矶开了几家名叫“书原广场”的华人书店，还成立了一个文化传播促进会，办了一份《炎黄文化半月刊》。一些相熟的四川籍企业家赴美，想与他谋面叙旧，他总以事务太忙一一地婉拒。

2003年7月，正在危机中苦熬的宋如华飞到东海普陀山烧香拜观音，一次捐出20万元香火钱，和尚送他一幅《金刚经》中的偈语：“一切有为法，如梦幻泡影，如露亦如电，当作如是观。”宋如华默念一遍，无语转身离去。回成都后，他在全国各地的托普软件园搞了一次“树碑运动”，把各园的建设过程和托普业绩刻在大型的花岗岩上，以期“名与石俱在，流芳过百年”。刻在他家乡绍兴托普信息技术学院的铭文是这样写的：“托普集团之创始人宋如华先生，绍兴县平水人氏。年少贫而好学，尽磨难而不屈。少小离家，求学蓉城。始从师教，后举实业，敬业笃学，功垂名成。”2007年1月，我为写作此案，专程到这家学院实地调研，发现校名已改，而花岗岩碑则无处可寻。

1998年，刚刚借壳上市的托普出资10万元赞助在成都举办的世界“女飞人”挑战赛，主持人把风华正茂的宋如华介绍给短跑名将“女飞人”马里奥·琼斯。当主持人用英语说“这位是中国的比尔·盖茨”时，琼斯闻言当即瞪大了眼睛，投来钦慕的神情。36岁的宋如华谦逊而略带羞涩地笑了，露出一排洁白的牙齿。

十年一觉TOP梦，悄悄地生成，淡淡地退去。

【托普大事记】

1992年3月，成都电子科技大学副教授宋如华和好友凑了5000元钱，创办了托普电子科技发展公司。

1995年1月，成功开发托普计算机自动计税系统1.0版。到年底，托普税务软件实现销售收入4000多万元。

1996年春，国家税务总局启动统一的“金税工程”，托普业务陷入绝境。

1997年3月，受印度班加罗尔模式的启发，宋如华在成都郫县红光镇选中一片100亩大小的菜花田，宣布建设“西部软件园”。两个月后，“西部软件园”就被列为全国四大“首批国家级火炬计划软件产业基地”之一。托普成为四川省政府宣布的35家重点扶植企业之一，宋如华本人则被评为当年度的“四川十大杰出青年”之一。

1998年4月，托普受让川长征48.37%的国家股，借壳上市。

从1999年到2002年，托普在全国数十个省市开建了27个软件园，平均不到两个月新建一个，占用土地超过1.2万亩。

2000年9月，受让金狮股份的股权，更名为“炎黄在线”，成为国内第一家以网站命名的上市公司；2004年6月，“炎黄在线”董事会成员遭中国证监会公开谴责。

2000年前后，托普注资《商务早报》、《蜀报》和《四川文化报》，后相继退出，亏损4300万元。

2001年2月，托普科技在香港创业板上市，开创了第一家A股上市民营企业分拆赴香港挂牌的先河；2004年4月，因重大违规遭停牌。

2002年7月，托普10周年庆典，同时高调宣布“招聘5000名软件工程师”。

2002年8月，报纸发表《托普泡沫》，公开质疑托普的招聘行为及软件园经营不善等问题；11月，宋如华回应：“我现在有银行存款18个亿。”

2003年，大招聘以闹剧收场：银行追债，客户诉讼，股价大跌，各地政府收回软件园部分土地，托普危机全面爆发。

2004年3月，托普软件发布两则公告，宋如华辞去董事长、总裁职务，将所持1800万股股权竟以2元钱的价格转让他人，赴美不归。

2005年5月，中国证监会宣布对宋如华实施“永久性市场禁入”。

【后续故事】

托普系在中国资本市场的彻底落幕是在2007年。该年5月17日，深圳证券交易所发布公告，决定从该月21日起终止托普软件的股票上市。托普系另外一只股票托普科技，在同一天被香港联合证券交易所宣布从18日起摘牌。

出走美国的宋如华定居在洛杉矶地区。他在去美国之前，就通过托普集团收购了OTCBB(场外柜台交易所)上市公司Quixit Inc。托普出资20万美元拥有其80%以上的股权，实现了借壳上市。2005年下半年Quixit Inc公司更名为TOP Group Holding Inc，之后又更名为Soyodo Group Holding Inc，宋如华出任CEO。不过，他在中国股市所积累的财技，似乎在大洋彼岸没有用武之地。

宋如华创办的"书原广场"销售两岸的中文图书，到2007年前后，他已经开了3家网上书店，分别面向上海、旧金山和洛杉矶。在全美，"书原广场"至少还有9家门店，其中洛杉矶4家、旧金山2家，此外，还有芝加哥店、纽约店等。宋如华的目标是在全球建立服务于海外华人社区的服务网，用他自己的话来讲，就是建"北美华人的精神家园"。"书原广场"的网页上也醒目地写着"走近书原，胜似回国"。

2011年10月29日，远逃美国8年的宋如华在双流机场入境，很快被成都警方带走。

2013年4月10日，宋如华被控"涉嫌挪用资金及合同诈骗"，在成都开庭。10月14日，成都市中院一审判决，宋如华合同诈骗罪不成立，挪用资金罪成立，判处有期徒刑9年。

【档案存底】

2002年8月的招聘风波后，宋如华在年终的董事局会议上对托普10年进行了反思，其中多为争辩打气之辞，但也不乏检讨的内容。以下文字为摘编部分。标题为著者所加。

"我不是一个合格的CEO"

在这里，我要检讨我自己。

应该说，10年来，我认为自己很宽容，现在我发现其实不尽然。我经常说，不要发牢骚，不要发怨气，但是我还是经常在讲话中发一些牢骚，特别是最近出了些事情之后。我希望自己经常保持一个良好的心态。但事实上，我发现自己还是一个比较普通的人，是一个很一般的人，也可以说是一个“小人物”，而不是一个“大人物”，没有肚子里能撑船的宰相度量。有时甚至为了赌一口气，与大家关系搞得很紧张，当时还觉得自己很英雄，现在看来完全没有必要。一般人也就是为了养家糊口，捧个饭碗，而托普的管理者们却应该为了创立一番事业而工作。如果逞一时之勇，能成什么大事呢？包括我宋如华。我们现在这么多麻烦就是这样一点一点积累起来的，是我宋如华带头的，我们高层领导积累起来的。

托普从3个人、5000元钱起家，现在有6000名员工、100亿元资产，这两句话概括了托普的成长，但我们老是提，就害了托普。现在的问题是托普内部之间、内部与外部之间的状态和状况非常差，5000元变成100亿元，是怎么来的？不说清楚，问题也就出来了。

托普这班人，原是穷书生，有了8亿元、10亿元，就会想入非非。当然，成功的投资也不少，问题就在于精打细算考虑得太少，加之心态有问题，以为这些钱都可以用，实际上这些钱是股东的钱，不能随便动……我们这几年太急躁，太冒进。

对托普这一段时间发生的这些事情，我应该做迅速、全面、深刻的检讨：

1. 我不是一个合格的CEO。我领导的也不是一个真正意义上的大公司，是一群小的公司的集合。从这个意义上来说，我也不是一个真正的CEO，只是一群小企业联合会的会长。我们的企业之所以难以做大，关键就在于企业领导人缺乏大胸襟、大智慧和大视野。

2. 在公司内没有起到核心带头作用。

3. 愧对员工们对我的深深理解与各方面的支持。在改革开放初创阶段时发展事业，需要我们付出更多的辛劳。在我这个位置，对自己的要求就应该更高，处在这个位置的人做任何事情一定要非常全面，一定要出于公心，一定要富于进取心，非常有智慧、有头脑、有知识。大家也要出自内心地去反思，处在不同的位置，每个人的责任也是不一样的。

4. 没有履行好社会赋予我们这一代人的责任。

5. 没有以一个“托普人”的标准严格要求自己。

【新新观察】

大学教授出身的宋如华并非对失败毫无警觉。1997年，他专程去看望危机中的巨人集团史玉柱和南德牟其中，试图从他们那里汲取教训；他还专门研究过三株吴炳新的败局案例，认为“巨人和三株之败都是因为不懂资本经营”。然而，在托普的经营中，他在超速扩张和创造概念等方面比史玉柱、牟其中、吴炳新等人有过之而无不及，而其危机处理能力的羸弱也堪有一比。

托普的衰亡，在很大程度上是一个失去控制的案例。宋如华有惊人的创造概念、攫取资源的天赋，可是他却始终没有能够将手中的资源转化为企业的核心竞争力和抗风险力，企业也一直处在外延式的疯狂扩张中。因此，当危机突然降临的时候，庞大而缺乏整合的“商业帝国”——如他自己所说的“一群小的公司的集合”——便会可怕地摇晃，并最终失去了控制。

“我无法控制哥伦比亚”

1959年，哈罗德·杰林被聘用为ITT公司的总裁。在第一次董事见面会上，这位乐观而倔犟的经营奇才便向董事们承诺，他有办法让ITT成为全世界最大的联合企业。

杰林的办法就是收购，收购，再收购。在他的领导下，ITT购买公司就像伊梅尔达买鞋一样上瘾。在以后的10年时间里，杰林一口气在70个国家买下了400家公司，平均每年要买40家，ITT真的在杰林的手里变成了当时世界上最大的、令人畏惧的巨无霸企业。

如何管理好这样的巨型企业，对几乎所有的企业家来说，都是不可思议的，然而在杰林看来却未必。他以旺盛的精力和热情管理着它们，像一只尽职的老母鸡管理一大群嗷嗷待哺的小鸡。在一份年度报告中，他这样描述自己的工作：“每天办公超过10个小时，一年超过200天投身于全世界不同管理层面的管理会议，这些在纽约、布鲁塞尔、香港、布宜诺斯艾利斯召开的会议，决策基于推理而产生——商业推理影响决策的制定，而因为所有决策必须依赖的事实都是存在的，所以作出的决策几乎都是必然的。计划和会议的作用是把推理硬性地推到前面，使它的价值和需要被大家所认同。”

正是依靠这种近乎疯狂的工作热情和以直觉、经验判断为主的“推理式决策”，ITT取得了令人瞠目的成长。公司销售额从杰林上任初始的7亿美元剧增到280亿美元，赢利从2900万美元增长到5.62亿美元，在华尔街股市上，ITT股票的每股赢利从1美元增加到4.20美元。哈罗德·杰林成为全美最具传奇色彩的企业家。《商业周刊》在一篇对他的专访中，直截了当地以“巨大的神话”为标题，称颂他是一个“伟大的传奇综合体”。

1979年，68岁的杰林在一次凯旋式的聚会中辞去董事长职务。然而，可怕的事情很快就在杰林尚未淡远的身影后面发生了。杰林辞职后的第二年，ITT惊报巨额亏损，他的继任者显然无法承受像他一样疯狂的工作方式，ITT大厦发出了吓人的呀呀声响。在以后的10多年里，老杰林无可奈何地目睹这座由他亲手打造并投注终身精力和智慧的帝国是如何江河日下的。1997年，一代商界枭雄哈罗德·杰林在一间酒店里落寞去世。同年，昔日四处侵吞、不可一世的ITT被兼并。

杰林的悲剧，是一个关于控制的故事。任何企业决策都可以被还原为控制，而不同的控制技巧和理念则会产生不同的经营风格。

可口可乐是全球专业化做得最成功的公司之一。它的一位总裁曾经夸过海口：哪怕某一天，可口可乐在全世界的工厂被一夜烧毁，但就凭可口可乐这个品牌，它第二天就能重新站立起来。

说这句话的，是一个叫罗伯特·戈伊祖塔的古巴人。在20世纪80年代到90年代的16年间，正是在他的领导下，可口可乐成功地实现了全球化营销，公司市值从40亿美元增加到1500亿美元——在同时代的企业家中，其创造的增长奇迹或许唯有GE的CEO杰克·韦尔奇可与其媲美。而杰克·韦尔奇还比他多花了4年时间。

在戈伊祖塔上任伊始，他就向董事会承诺：“要积极扩展到那些我们现在还没有进入的产业部门去，只有具有国内增长力的市场才有吸引力。”在再三斟酌之后，戈伊祖塔斥巨资收购了著名的哥伦比亚影业公司。然而，在5年之后，他突然宣布把哥伦比亚影业公司卖给日本索尼公司。

他的这个决定引起了轩然大波。其实，当时哥伦比亚影业公司并没有发生什么危机，它每年出品的影片都还算卖座，而且还向可口可乐贡献可观的利润。但是，戈伊祖塔却有了异于他人的感觉。他在向董事会解释这次出售行为时说，放弃的原因是，“我无法控制哥伦比亚”。

他说，影业公司达不到我们所要求的“每个季度必须有可预见与可靠的稳定收入”，然而，并非娱乐业的利润就不能做到“可预见与可靠”，而是因为一个不懂它的人在经营。不懂，就没有控制感，而没有控制感的经营注定会失败，其区别仅仅是时间的早晚而已。

企业决策，特别是资本活动，在很多状态下是很难进行量化判断的，企业家的决策在相当程度上取决于他对市场、公司走向的判断；另外一个很重要的考量依据就是，你对自己的经营行为有没有足够的“控制感”。在这个意义上，我们再来解读ITT的案例便可以有新的认识。哈罗德·杰林之所以是天才，是因为他确乎能控制住一个由数百家公司组成的大怪物，而他的继任者则不能。

近10多年来，中国商界风云诡谲，每隔一两年便有一些庞大而知名的企业轰然倒地。在《大败局》的众多案例中，那些曾经不可一世的企业家缺乏现实的控制感和控制艺术大概是最为致命的弱项——仰融无法控制华晨、唐万新无法控制德隆、顾维军无法控制科龙、宋如华无法控制托普、李经纬和赵新先无法控制他们一手创办的健力宝和三九，等等，一切悲剧都潜伏着惊人一致的逻辑。1981年，当有点口吃的杰克·韦尔奇被任命为GE新总裁后，他跑到洛杉矶附近的一个小城市去拜访当世最伟大的管理学家彼得·德鲁克，他问的第一个问题就是：“我怎么控制GE下面的上千家公司？”

一切伟大的治理都是从学习控制开始的。

跋

彼得·德鲁克说自己“在学术界不是很受人尊敬的原因”，是他跟大多数管理学家和理论家不一样，他认为管理首先是一种实践，而后者认为是“科学”。在为1983年再版的《公司的概念》一书所作的跋中，这位商业世界中最著名的“旁观者”进一步阐述说，管理学其实是一门诊治型的学科，对于临床医学的检验不在于治疗方法是否“科学”，而在于病人是否康复。

当我在2001年写作《大败局》的时候，一直拿德鲁克的这段话自勉。它被出版社定位为“迄今唯一一本关于中国企业失败的MBA式教案”，不过，它的写作手法却似乎是非商学院式的。6年后，中国企业的商业案例写作已颇为繁荣，蔚然成风，在几乎所有的大学商学院里，但凡涉及中国企业的失败案例教学，《大败局》都会成为最主要的推荐读本之一。这是我当年所始料未及的。

在创作《大败局Ⅱ》的时候，我已经无须再面对“专业上的质疑”，而更大的挑战来自于对案例本身的描述。在多年的企业调研和案例研究中，我深深知道，所有的商业故事其实都没有所谓的“正确答案”，任何一个商业故事都有可能出现多种结局，而最终实际出现的那个则往往充满了种种偶然性。因此，对于后来者而言，我们需要关心的是“什么才是正确的”，而并不是急于给出“科学的答案”。所以，写作者的责任是尽可能清晰而详尽地将内部发生的事实完整而不带情绪地记录下来。

为了尽到这份责任，我在写作过程中，曾赴广东、四川、上海、江苏、浙江、天津和新疆等省市自治区实地调研，尽可能多地访谈有关的当事人或相关人士，查阅这些企业案例的相关资料。同时，我要感谢很多在新闻一线辛勤工作着的传媒业同人们，在很多重要的企业败局中，他们作为第一目击者记录了很多珍贵的现场资料并进行了深度的调研和思考，他们恪守了一种古老的职业道德，以富有独立精神的工作责任感留存了中国商业进步的第一手资料。在创作《大败局Ⅱ》的过程中，我参考了以下作者的图书：何志毛的《红黑科龙》、陈磊的《顾雏军调查》、李国华的《科龙变局》、段传敏的《科龙革命500天》、唐立久的《解构德隆》、王云帆的《俘获者》、李德林的《德隆内幕》、赵龙的《德隆真相》、李建立的《战略德隆》、徐明天的《三九陷落》、何忠平与杨志宏的《托普检讨》、丁秀洪与林佑刚的《健力宝沉浮》、郑爱敏的《解读顺驰》、徐寿松的《铁本调查》。对本书中的败局案例有更多兴趣的读者，可以去购买上述图书，它们将提供更为详尽的内容。

我要感谢何志毅教授。作为中国公司研究和企业管理案例库建设最重要的推动者，他一直对我的工作予以热情的支持。蒙他应允，本书中的部分案例曾在《北大商业评论》中率先刊出。

我在本书中引用了很多学者和企业家的观点。这些学者和企业家分别是吴敬琏教授、张维迎教授、周其仁教授、郎咸平教授、赵晓教授、胡舒立主编、牛文文主编、秦朔主编、鲁冠球先生、王石先生、荣海先生、郭广昌先生、王巍先生，等等，我要特别感谢他们。如引用曲解其意，责任全部由我承担。

感谢出版社对本书的厚爱。一个不为人知的细节是，《大败局》的书名灵感来自于楼贤俊先生。感谢许智慧律师，从6年前开始，他就一直在为我尽职“护航”。

最后，我当然要感谢我生命中最重要的两个人——妻子邵冰冰和女儿吴舒然。跟我所有的作品一样，邵冰冰是本书的第一个读者，她总是没有原则地认为我干得不错。而读小学四年级的吴舒然同学有一次问我：“你那么能写，为什么不去给周杰伦写歌词呢？”

吴晓波

2007年4月于杭州

声　明

由于本书所用图片涉及范围广，部分图片的版权所有者无法一一与之取得联系，请相关版权所有者看到本声明后，与蓝狮子文化创意有限公司联系，以便敬付稿酬。

来信请邮寄到：杭州市下城区绍兴路538号三立时代广场19楼
邮编：310004
电话：0571-86535629

浙江大学出版社
杭州蓝狮子文化创意有限公司
2013年11月

图书在版编目(CIP)数据

大败局. 2 / 吴晓波著. —修订本. —杭州：浙江大学出版社,2013.12(2015.3 重印)

ISBN 978-7-308-12343-3

Ⅰ.①大… Ⅱ.①吴… Ⅲ.①企业管理-案例-中国 Ⅳ.①F279.23

中国版本图书馆 CIP 数据核字(2013)第 255639 号

大败局Ⅱ(修订版)

吴晓波 著

策　　划 杭州蓝狮子文化创意有限公司

责任编辑 胡志远

出版发行 浙江大学出版社

(杭州天目山路 148 号 邮编 310007)

(网址:http://www.zjupress.com)

排　　版 杭州天一图文制作有限公司

印　　刷 浙江印刷集团有限公司

开　　本 710mm×1000mm 1/16

印　　张 17.5

字　　数 270 千

版 印 次 2013 年 12 月第 1 版 2015 年 3 月第 9 次印刷

书　　号 ISBN 978-7-308-12343-3

定　　价 40.00 元

浙江大学出版社发行部联系电话(0571) 88925591